# LA INDEPENDENCIA DE MÉXICO

ERNESTO DE LA TORRE

# LA INDEPENDENCIA DE MÉXICO

EDITORIAL MAPFRE

FONDO DE CULTURA ECONÓMICA

MÉXICO

Primera edición (Editorial MAPFRE),   1992
Segunda edición (FCE),                 1992

Este libro forma parte del proyecto editorial de la
Fundación MAPFRE América, denominada Colecciones MAPFRE 1492.

ISBN 84-7100-283-3 (rústica)
ISBN 84-7100-284-1 (empastada)


D. R. © 1992, FONDO DE CULTURA ECONÓMICA, S. A. DE C. V.
Av. de la Universidad, 975; 03100 México, D. F.

ISBN 968-16-3882-4

Impreso en México

# ÍNDICE

# APÉNDICES

# PRELIMINAR

La formación de un imperio se realiza a través de décadas y siglos. Unos surgen con lentitud, pausadamente; otros en forma violenta, casi sorpresiva. La conformación de los estados imperiales se hace en igual forma y su extinción puede ser súbita o lenta. Esta clase de estados ha existido siempre, pero adquieren, de acuerdo con el tiempo y las circunstancias, características diferentes, muchas de las cuales contribuyen a su formación y extinción.

A partir del siglo xv, el descubrimiento de América y el establecimiento de las rutas oceánicas, la aparición de amplios imperios sujetos a diversos estados europeos dieron origen a lo que un eminente historiador calificó como «preponderancia» española, francesa, inglesa y holandesa. Sobre varios territorios descansaron esos imperios, los cuales, a lo largo de tres siglos, emergieron, brillaron y desaparecieron. Los resultados fueron muy diversos social, económica y culturalmente. Unos representaron dominios de explotación económica y social; otros, formas de sujeción política y aprovechamiento de los recursos humanos y naturales de sus territorios; otros trasladaron sus instituciones, sustituyeron las culturas originales por las europeas y produjeron un amplio mestizaje biológico y espiritual, pero representaron también una dependencia entre la metrópoli y las llamadas colonias o reinos.

A finales del siglo xviii surgió, con la rebelión de las colonias inglesas en el norte de América, el resquebrajamiento de los imperios coloniales en nuestro continente. De 1776 a 1824 se efectúa la desaparición de los imperios inglés, francés y español en el Nuevo Mundo. El movimiento emancipador en cada porción del continente tuvo características peculiares, ritmos diferentes y también un sentido diverso. Si bien todo él estuvo dirigido a obtener la autonomía política respecto a su metrópoli, es posible distinguir ciertas modalidades en algunos de ellos.

El caso de la emancipación de México, muy similar al de las otras colonias hispanoamericanas, se diferencia por haberse convertido de una guerra que aspiraba a la libertad política, en un auténtico movimiento social que trascendió la pura decisión política. Este aspecto hemos de ponerlo de relieve, pues diferencia el de México de los restantes movimientos de emancipación de las colonias españolas.

La Independencia de México se inserta tanto en el desarrollo histórico universal como en el emancipador americano y específicamente en el de Hispanoamérica.

En relación con el desarrollo histórico universal, debemos entenderlo: a) como resultado de los cambios socioeconómicos y políticos efectuados en el mundo occidental que modifican macizas y antiguas estructuras; b) como derivado de las rivalidades y luchas de potencias europeas, principalmente Inglaterra, Francia y España como potencias de primer orden, y el encumbramiento de Inglaterra como potencia dominante sobre sus rivales, los reinos borbónicos de Francia y España; c) como obra del deseo de expansión territorial inglés y francés a costa de los vastos imperios español y portugués, y de la necesidad de apoderarse de sus amplios recursos y mercados; d) como fruto de la aparición de nuevas normas políticas, económicas, sociales y culturales, y de los nuevos modos de vida de una fracción importante de la sociedad occidental, la burguesía, que surge en el escenario de la historia y trata de imponer su ideología e intereses; e) como efecto del surgimiento de tendencias nacionalistas en recias comunidades de origen, cultura y desarrollos similares, lo mismo en Europa que en América; y f) como producto del crecimiento de agrupaciones políticas con potentes recursos económicos fuera de Europa, por ejemplo los Estados Unidos.

Como parte del movimiento emancipador americano, y más particularmente con el hispanoamericano, hay que considerarla como efecto: a) de los conflictos entre España y su Imperio, surgidos de la oposición de intereses políticos y económicos, agravados en el siglo XVIII por la administración borbónica; b) del amplio desarrollo demográfico de las diferentes provincias que integraban el Imperio Español, desarrollo que provoca problemas muy variados; c) de la aparición de importantes grupos, económicamente fuertes, que deseaban participar en la dirección y el dominio económico-político de sus provincias; d) del surgimiento de una élite directiva poseedora de amplia cultura y de una clara conciencia de su destino y posibilidades; e) de la aparición y expansión, en grupos cada vez más amplios, de un sentimiento nacionalista nacido en algunas provincias y del reencuentro y la estimación de sus dobles raíces, las indígenas y las ibéricas; en otras, del conocimiento y aprecio del adelanto intelectual obtenido y de la igualdad y aun superioridad de la mente y capacidades americanas en relación con las españolas; f) del malestar generalizado de grandes comunidades indígenas y mestizas por el mal trato, exacciones económicas, explotación de su fuerza de trabajo y penosas y aflictivas desigualdades, tanto legales como de hecho, que sufrían; g) de haber llegado las colonias americanas a una mayoría de edad aunada a la existencia de vastos recursos económicos, desarrollo cultural y experiencia administrativa que les aseguraban su autonomía; h) de la difusión en una minoría ilustrada de una serie de principios filosóficos, jurídicos y políticos de origen ilustrado y liberal, procedentes tanto de Europa como de los Estados Unidos, que actúan como pensamientos rectores; i) de la coyuntura política que surge en 1808 con la invasión de España por las fuerzas napoleónicas, la abdicación de los reyes españoles y el inicio de la Guerra de Independencia española en contra de los franceses invasores, a más de otras causas específicas que cada provincia presenta.

La emancipación americana se presenta en forma sincrónica, específicamente en Hispanoamérica, entre los años de 1808 a 1824, en que el triunfo de los ejércitos bolivarianos sobre los españoles en Ayacucho da término a la guerra de emancipación política.

Tanto si establecemos la relación con el desarrollo histórico universal como con el movimiento emancipador americano, veremos que uno y otro aparecen influidos por una corriente ideológico-cultural, que es la Ilustración, y con una doctrina económica que explica los conflictos económico-políticos y buena parte de las rivalidades de las potencias europeas, doctrina que es la mercantilista, aun cuando a finales del siglo XVIII los principios del liberalismo se difundirán, actuarán y modificarán las perspectivas.

# I

## LA ILUSTRACIÓN Y EL MERCANTILISMO, MARCOS CONCEPTUALES Y REALES EN NUEVA ESPAÑA

La Ilustración es una fase y un aspecto de la modernidad, esto es, del cambio de mentalidad que se produce en el mundo occidental a partir del siglo XVI, y cuyas causas y consecuencias son de muy variado tipo, pues responden a móviles culturales, religiosos, políticos, económicos, sociales, es decir, a las diversas formas de expresión de la actividad humana. La Ilustración se inserta en el amplio marco de la historia universal y presenta manifestaciones muy diversas. Se entrelaza con el desarrollo económico, social y político del mundo moderno y se revela fundamentalmente en el campo de la cultura, en donde la filosofía y la ciencia, como máximas expresiones del espíritu y del intelecto humano, son sus portadoras y sus medios de manifestarse.

Emmanuel Kant definió la Ilustración como:

> La salida del hombre de la minoría de edad, debida a su propia culpa. Minoría de edad e incapacidad para servirse, sin ser guiado por otros, de su propia mente. Y esta minoría de edad es imputable a él mismo porque su causa estriba no en la falta de una mente, sino en la falta de decisión y de valor, del valor de utilizarla sin ser guiado por nadie. *¡Sapere aude!* ¡Ten el valor de servirte de tu propia mente! Éste es el fundamento de la Ilustración.

De esta acepción derivan algunas conclusiones:

— El ilustrado es un hombre que quiere emanciparse más que los otros de la sujeción a entidades extrañas: la autoridad política y religiosa, la tradición, las supersticiones, etcétera.

— El ilustrado trata de realizar esa emancipación apoyándose en la mente pura, en la razón.

— El ilustrado debe ser un hombre con valor, pues aisladamente, con su pensamiento, debe liberarse de todo opresor [1].

No es un conspirador o revolucionario de tipo social, sino un anticonformista que combate la tradición anquilosada y todo aquello que tienda a aceptar pasivamente lo existente. Pero si su actitud no es la de un revolucionario, sí orienta e influye en aquellos que aspiran a realizar una revolución social y política.

Esta actitud que surge del desarrollo del pensamiento humano, que es una actitud psicológica y que cobra fuerza al surgir la modernidad en el siglo XVI, se convierte en impulso militante de la cultura en la segunda mitad del siglo XVII y cristaliza en el siglo XVIII, inspirando y apoyando tanto una serie de revueltas políticas, entre otras la de la emancipación política de las colonias norteamericanas, como una político-social, que fue la Revolución Francesa de 1789.

Veamos en seguida cómo se ligan y combinan otras manifestaciones humanas, la económica y la política, y posteriormente, cómo se presenta en el mundo novohispano y cómo se desarrolla y fructifica. Se relaciona con la economía porque se produce dentro de una circunstancia económica que, a la vez que la origina, la explica e impulsa.

Es una corriente o doctrina económica que tiene también sus orígenes en el inicio de la modernidad y aun antes con la que se entrelaza, con el mercantilismo, cuyos lineamientos más generales vamos a exponer [2]. Esa doctrina tiene como fundamento las premisas y objetivos siguientes:

1) Una gran preocupación por el Estado. Éste es a la vez sujeto y objeto de la política económica del mercantilismo. El mercantilismo surge al mismo tiempo que los estados que aparecen después de la caída de la monarquía universal romana, delimitados territorialmente y en

---

[1] A. Plebe, *Qué es verdaderamente la Ilustración*, traducción española por D. Fonseca, Madrid, Doncel, 1971, 166 pp. Muy importante para el ámbito hispanoamericano es la obra de J. Sarrailh, *La España Ilustrada en la segunda mitad del siglo XVIII*, traducción de A. Alatorre, México, Fondo de Cultura Económica, 1957.

[2] E. F. Kecksher, *La época mercantilista. Historia de la organización y las ideas económicas desde el final de la Edad Media hasta la sociedad liberal*, traducido por W. Roces, Fondo de Cultura Económica, México, 1943, XIC-874 pp.

cuanto a su influencia, pero soberanos. La lucha del mercantilismo está dirigida contra los organismos sociales delimitados: las ciudades, las provincias y las corporaciones. Representa un sistema unificador que tiende a imponer los objetivos del Estado en un campo económico homogéneo, supeditando toda acción económica a los puntos de vista que convienen a las necesidades de éste y de su territorio concebidos como una unidad. Las preguntas esenciales de los mercantilistas fueron: ¿Cómo impulsar su florecimiento y bienestar? ¿Qué es lo que determina la prosperidad y decadencia de los países?

2) El Estado debe ser un poder fuerte dentro y fuera. Hay que unificar todas las fuerzas económicas en su beneficio. Su política se interesará en la riqueza considerada como fundamento del poder del Estado y no como valioso para el individuo, como posteriormente la concebirá el liberalismo. Esa política implica un programa de progreso para la nación, pero, al mismo tiempo, la obligación de satisfacer las necesidades de sus súbditos. Para ello aplica un sistema de protección en el cual, dentro de un sistema monetario estable asentado en la llamada teoría de la balanza comercial, el dinero juega un papel preponderante. Su objetivo es conseguir una balanza comercial activa por medio de la exportación de productos suntuarios. En cuanto al comercio interior, el mercantilismo propugna la supresión de las aduanas interiores, la creación de monopolios estatales y la de manufacturas subvencionadas.

Establecidas estas premisas, podemos decir que el mercantilismo es la política encaminada a la total transformación de la sociedad y de su organización, tanto la del Estado como la de sus instituciones y también la sustitución de la política económica local y regional por una estatal y nacional.

El Estado, por su esencia, se concibe como una autoridad sobre otras autoridades, esto es, como una corporación coactiva. El principio que Maquiavelo llamó «razón de Estado» no es sino el derecho de éste a que su interés de poder se sobreponga a toda otra consideración. Así, la vida económica deberá estar al servicio del interés del poder del Estado como un fin en sí, y no al servicio del pueblo. En la medida que los estados nacionales se fortalecen y tornan absolutos, esta razón aumenta, como ocurrió durante el régimen borbónico.

Como sistema de poder, el mercantilismo empleó una serie de medidas prácticas, a saber: a) proyectar de antemano la economía sobre los objetivos específicos impuestos por el poder político y el militar; y b) crear una especie de receptáculos de recursos económicos generales para que la política de poder obtuviese de ellos cuanto necesitase para cumplir sus fines.

Entre los objetivos de carácter político y militar perseguidos, hay que señalar: a) la defensa por tierra, mediante la creación y el establecimiento de ejércitos, fortalezas, fábricas de municiones y armas; b) la creación de una armada, esto es, la construcción de navíos para el transporte comercial y militar, con lo que se consigue una doble escuadra, comercial una y militar la otra, esta última como la de Lepanto, la Invencible o la de Trafalgar. Esto implicó también que el Estado prestara ayuda a los grupos marineros, a los armadores y abastecedores de toda suerte de provisiones y materias primas; c) la política colonial se orientó en beneficio de los intereses económicos del Estado aun cuando debilitara a las colonias; el abastecimiento por los propios medios; tanto en tráfico de fuera hacia adentro del reino como en el de adentro hacia afuera, las colonias se convirtieron en complementos de la Metrópoli, otorgándoseles una situación privilegiada sólo a algunos de sus productos por el establecimiento de monopolios de tráfico y cultivo y por la demarcación de zonas para el mismo (como el tabaco). Así se explican los monopolios de la lana, azogue, papel, naipes, etcétera; la prohibición de aprovisionarse por sus propios medios impedía que las colonias se desarrollaran, que pudieran organizarse por su cuenta y llegar a ser políticamente independientes; d) el mantenimiento de una política de población para incrementar y mejorar la cantidad y calidad de la misma, política referida al engrandecimiento del Estado más que al beneficio del pueblo.

También mantuvo el Estado una política definida frente a las mercancías: unas eran vistas como medios de trueque y por tanto sólo interesaban al comercio intermediario; otras, consideradas desde el punto de vista de la poca demanda por parte del consumidor, tendían a desembocar en la baratura, y otras más, que, según su escasez, imponían el alza. Por ello el Estado tenía que cuidar de las altas o bajas extremas mediante una sana política monetaria. El fortalecimiento del Estado y de su economía requería también una política ocupacional. Era necesario mantener activa a la población, apoyar a la apta y eliminar a la estéril. Por ello se combatió a las clases ociosas, a la abundancia de religiosos y vagos. Se propugnó que todos trabajasen. La dinastía borbónica llevó esto a sus extremas consecuencias y para ello realizó abundantes obras públicas y procedió al destierro de los vagos y ociosos a colonias militares y penitenciarías. Se autorizó y fomentó el trabajo de los menores. Se intensificó la población, principalmente en zonas que habían sido descuidadas, como en el norte de Nueva España, zona fronteriza que empezó a dar problemas, y en otras regiones del Imperio.

La sobrepoblación provocaba baratura de mano de obra en determinadas zonas, y descenso en el valor de las mercancías. Cuando éstas subían, la población sufría, se quejaba y en ocasiones se rebelaba, como ocurre en diversos momentos en varias regiones, principalmente en el centro del país. La política tendía a que todo el mundo trabajara, pero la riqueza producida beneficiaba más al propio Estado y a algunos grupos, y no al pueblo. La mayoría estaba excluida de la riqueza. Las medidas tomadas no hicieron que dejara de prevalecer el interés de los patrones sobre el de los trabajadores.

Si el dinero y los metales preciosos ocuparon el interés central del Estado, éste tuvo que obedecer también a tres factores de su política íntimamente enlazados: los descubrimientos geográficos, la política colonial y la política exterior, esto es, aquella que debería mantener con otras potencias.

El mercantilismo rompió también con las viejas tradiciones morales y los principios sustentados anteriormente relativos a la usura y al lujo desenfrenado, principios que habían regido con los Austrias. Se utilizó la fuerza de todos los hombres, inclusive la de los delincuentes y los esclavos de guerra, en la construcción de fortificaciones, en el trabajo de obrajes y batanes. Hay una renuncia al ideal ascético y la aceptación de debilidades humanas. Se disculpa el afán de lucro.

Esa política chocó igualmente con los intereses económicos de la Iglesia. Si Colbert tuvo dificultades con los hugonotes, a quienes finalmente expulsó, los Borbones los tendrán con la Compañía de Jesús, y la expulsarán de sus dominios. Se combatió el celibato y el fortalecimiento de las órdenes religiosas, prefiriendo el clero secular o las congregaciones que se plegaban a los intereses estatales. Mientras que Colbert combatía a los jesuitas y a varias órdenes en Canadá, Campomanes, Floridablanca y Aranda lo hacían en la Península Ibérica y en las colonias.

El mercantilismo va a tratar de encontrar los fundamentos racionales de muchos problemas económicos, sobre todo de los que afectaba al Estado. Por ello los mercantilistas consideraron la naturaleza como un factor que repercutía en el terreno de lo social. Aceptaron que había una relación entre la sociedad y la naturaleza a la que más que contrariar, deberían aprovechar. Ello llevó a ajustar la vida administrativa de las colonias tomando en cuenta su diversa geografía, y por ello surgieron reformas administrativas en el siglo xviii que tendían a aprovechar mejor los recursos naturales de las diversas regiones. En ese momento la Metrópoli advierte cómo otros estados obtienen de territorios coloniales mayores recursos, y ante ese hecho inicia una serie de informes, semejantes a los del siglo xvi, que den cuenta a la población de sus recursos y funda instituciones político-administrativas, como las intendencias, y otras mercantiles y crediticias, como los bancos. Más tarde, bajo la inspiración liberal, se decreta la libertad de comercio, se fomentan sociedades económicas, como las llamadas de «Amigos del País», y se intensifica la educación y la cultura, pues se estima que el Estado debe estar formado por ciudadanos conscientes que lo fortalezcan.

La Metrópoli, en relación con sus colonias en América, aplicó buena parte de esas medidas. En relación con la producción de metales preciosos, fomentó su extracción y aseguró su envío a España. Vigiló las zonas mineras, las favoreció y facilitó el instrumental necesario y la mano de obra, pese a consideraciones humanitarias en contra, y evitó, no totalmente, que en la minería interviniesen los extranjeros. Se restringió la actividad comercial, la cual se canalizó en una sola dirección. Así se evitó el comercio de las colonias entre sí: Perú y Buenos Aires, Perú y México, Perú y Filipinas. La industria estuvo controlada y sólo aparecían formas artesanales incipientes. La ausencia de una industria manufacturera impidió a España abastecer por sí misma a sus colonias, las cuales consumieron productos extranjeros llegados a través de la flota o por el contrabando que se intensificó en el siglo xviii. Sólo había aquí industria azucarera, panificadora, de velas, jabón y pólvora.

Es dentro de ese marco económico donde nace y se desarrolla la Ilustración, y es también en medio de una lucha de los individuos que tratan de que sus derechos naturales les sean garantizados y de que tengan, frente al Estado absolutista, sin control de ninguna naturaleza, una serie de garantías que les hagan vivir en libertad, poseer libremente bienes que les permitan llevar una vida mejor y poder manifestar su pensamiento sin cortapisas, a través de los medios de comunicación existentes, y progresar dentro de un conjunto de normas que rijan tanto la vida del Estado y sus representantes como la de ellos mismos, la de los ciudadanos, esto es, dentro de una forma institucional.

Las últimas décadas del siglo XVIII mostrarán la influencia de los principios liberales en varios aspectos, principalmente en el económico y político; y en otros, como el cultural y el educativo, la Ilustración proseguirá su acción en forma constante. El incremento de la cultura y de la instrucción pública se convertirá en postura de todos los gobiernos liberales.

Es, pues, el mercantilismo una política encaminada a la total transformación de la sociedad y de su organización. El Estado crea y fomenta las instituciones económicas, administrativas y culturales que el pueblo requiere y vela por él, pero no le permite inmiscuirse en el Gobierno, el cual está en las manos del Rey y de sus ministros.

Aun cuando España giró en torno a esta doctrina, su propio desarrollo histórico no le permitió aplicar todas y cada una de las premisas que la constituyen. Algunas de ellas tuvieron vigencia, pero otras no fueron observadas o se aplicaron tardíamente y en forma parcial, de tal suerte que España, si bien movida por esa política, no presenta las características que otras potencias adquirieron con su cumplimiento. Sin embargo, es posible afirmar que el principio político esencial, el de fortalecer al Estado y subordinar toda la economía a sus intereses, sí se cumplió, aun cuando se lesionaran los intereses y el bienestar económico de sus colonias. También debe admitirse que, de acuerdo con esa política, se crearon instituciones tendentes a hacer más efectivo el uso de los recursos naturales en beneficio estatal; a controlar económica y políticamente a la población, como fue el caso de la implantación del sistema de intendencias; a vigilar el territorio del Imperio, principalmente en las regiones limítrofes críticas, estableciendo un sistema militar de defensa a través del sistema presidial y la red de misiones; a fomentar la creación de instituciones culturales, científicas y literarias que apoyaran el desarrollo científico y tecnológico que requerían las colonias para su mejor explotación y también la educación del pueblo, tanto la elemental, a la que se trató de impulsar, como la superior y artística.

Si bien hay que aceptar estas medidas positivas, también hay que admitir que se tendió a recibir colaboración de la sociedad colonial, siempre y cuando no se opusiera a los planes políticos del Estado.

Cuando los grupos criollos que llegaban a descollar culturalmente y a desarrollar una fuerza económica poderosa trataban de salir de los lineamientos que el Estado trazaba, éste los desbarataba con habilidad y rigor. Grandes personalidades criollas como Francisco Javier Gamboa, en México, y José Baquíjano y Carrillo, en Perú, junto con otros personajes, tuvieron que sufrir el real disgusto, salir de su patria y aceptar por la fuerza las razones de Estado, que desde Maquiavelo se interpretan como el interés del Estado sobrepuesto a toda otra consideración.

Es dentro de ese marco político-económico donde se produce la Ilustración en España y en sus colonias. Dentro de ellas, minorías aisladas que disfrutan de los beneficios de la cultura, que se percatan de que «está preñada de valores infinitos y sólo a través de ella puede regenerarse el país y devolver su dignidad y su libertad al individuo» [3], van a entablar una lucha tenaz, implacable y positiva, para dar a los hombres el pan del cuerpo y del espíritu, la garantía de que sus derechos naturales les sean respetados, de que gocen de su libertad y puedan poseer libremente los bienes que les permitan llevar una vida mejor, expresar sin cortapisas su pensamiento a través de la letra impresa y progresar dentro de un conjunto de normas que rijan, tanto la vida del Estado y de sus representantes, hasta entonces caprichosa y absoluta, como la de ellos, que debe reposar para vivir en paz, en justicia y libertad, en una serie de derechos y deberes consignados dentro de unas normas legales superiores, esto es, dentro de una constitución.

Preguntemos ahora: ¿Cómo y cuándo penetran las ideas ilustradas en México y cómo se manifiestan? Difícil responder a esta interrogante, pues las ideas, como las ondas hertzianas, penetran imperceptiblemente y no hay posibilidades de registrar con precisión su inicio. Sí tenemos que admitir que el humanismo integral vital, aportado a México en el siglo XVI por una minoría de egregios (Zumárraga, Garcés, Quiroga, Gante, Las Casas, De la Veracruz, Ghilberti), sentó las bases sobre las cuales otros hombres, cada uno a su tiempo, injertaron en la cultura mexicana diversas manifestaciones ilustradas.

---

[3] J. Sarrailh, *op. cit.*, pp. 155 y ss.

ANTECEDENTES

Si la base esencial de la Ilustración es el uso de la razón para interpretar la vida del hombre y cuanto le rodea, hay que aceptar que esa idea penetró y se concretó en el siglo XVI a través del pensamiento y la actitud del obispo de Tlaxcala-Puebla, fray Julián Garcés. Su defensa apasionada del indio como ser racional, como individuo que por su capacidad intelectual puede, al igual que todos los seres humanos, conociendo y practicando la verdad evangélica, no sólo pertenecer al mundo civilizado y a la cristiandad, sino salvarse, lo acredita como uno de los primeros que sostuvieron la igualdad intelectual y espiritual de los americanos. Debido al trato continuo y esmerado que para con los indios tuvo a fin de convertirles, y que, como afirma, le costó no pocos sudores, puede escribir atestiguando ante el pontífice que los naturales de México:

> Son con justo título racionales, tienen enteros sentidos y cabeza —esto es, mente capaz—. Sus niños hacen ventaja a los nuestros en el vigor de su espíritu, y en más dichosa viveza de entendimiento y de sentidos, y en todas las obras de manos.

Y pues tenían razón dispuesta y la empleaban, había que mantenérsela, encauzándola tan sólo hacia la buena nueva y hacia la adquisición de la cultura europea.

Aceptada la capacidad intelectual, el ejercicio racional, la cultura con sus instrumentos y esencias, se sentaba con ello la base de todo cambio, del progreso, del bienestar futuro. Catecismo y cartilla fueron los instrumentos para transformar la sociedad indígena. La letra impresa, el alfabeto, posibilitaría el acceso a niveles culturales más amplios, como el que instauró desde muy temprano fray Alonso de la Veracruz en Tiripietio, en donde por vez primera se enseñó la filosofía en México, entre otros a un descendiente de Caltzontzin. En ellos, al entrar en contacto con el pensamiento universal de todos los tiempos, se podrían incorporar no sólo el saber puro, sino también las formas prácticas de aplicarlo. Escuelas de artes y oficios dieron a los naturales las técnicas que ellos no manejaban y abrieron su sensibilidad hacia otros horizontes artísticos. El esfuerzo educativo realizado en este período va a ser mucho mayor que el que se realizará en siglos posteriores.

Y para confirmar ese pensamiento y mostrarlo materializado, el obispo-jurista Vasco de Quiroga realiza en Michoacán la más notable experiencia de la Edad Moderna, la de hacer efectiva una utopía, la más perfectamente concebida por la mente humana, la de Tomás Moro, instaurando en sus comunidades indígenas formas electivas auténticamente democráticas, con objeto de que se hiciera posible una sana convivencia y que esas comunidades pudieran regirse por sí solas. Aspiraba a la creación de auténticas repúblicas, «en las que los indios podrían desarrollar —bajo la tutela amorosa del genuino espíritu cristiano— sus capacidades latentes de vida ciudadana».

«El mismo Quiroga en sus alegatos jurídicos sostendrá la igualdad esencial de los indios como sujetos de derecho y partícipes —por el simple hecho de ser criaturas racionales— de todos los fueros y prerrogativas que nacen de la naturaleza misma y constituyen la dignidad humana», como escribe Gabriel Méndez Plancarte [4].

Y si de encendidas defensas en torno a la igualdad, la fraternidad y la libertad se trata, el mismo Quiroga, al igual que Las Casas, Zumárraga y Gante, no solamente escribirán profundos y valerosos alegatos, sino que actuarán haciendo realidad esos principios. Así, desde muy temprano, declaran abolida la esclavitud de algunos servidores y luchan por la extinción general de esa aberrante y cruel institución.

Y en torno a las formas de gobierno, a los derechos que tienen los súbditos de todo Estado, a la necesidad de que éste no atienda tan sólo a sus intereses, sino que vea por los de los miembros, fray Pedro de Gante recordaba al emperador que «mire como buen pastor por sus ovejas, y que mire que Cristo, nuestro redentor, no vino a derramar su preciosísima sangre por sus tributos, sino por sus ánimas». Esta reflexión tan aguda es la que insistentemente se estará dirigiendo al monarca para que atienda a sus colonias y al bienestar del pueblo y no sólo los intereses de política europea. También se habrá de recomendar buen tino en la selección de los administradores, para «que no sean lobos entre ovejas» y para que «no destruyan y engañen a los súbditos, ni se sirvan de ellos, sino que brevemente les hagan justicia y auxilien» [5].

[4] G. Méndez Plancarte, *El Humanismo Mexicano*, Selección y prólogo de O. Valdez, Seminario de Cultura Mexicana, México, 1970, 237 pp.
[5] E. de la Torre Villar, *Fray Pedro de Gante, maestro y civilizador de América*, Seminario de Cultura Mexicana, México, 1973, 143 pp., ils., facs., pp. 90 y ss.

Estos principios, esparcidos en el anchuroso campo de México desde el siglo XVI y mantenidos con ardor por los sucesores de esos primeros apóstoles, fueron los que infiltraron en el corazón y espíritu de los mexicanos las ideas de fraternidad, de igualdad y de libertad, el libre uso de la razón y la creencia en el valor liberador de la cultura, así como en la realidad de que el ciudadano participe en las decisiones político-gubernamentales.

Podemos afirmar que nuevos refuerzos a esos principios llegaron en siglos posteriores a Nueva España, aportados por civiles y eclesiásticos, pero principalmente a través de los libros que inspiraban a los espíritus selectos. Por ello no es nada extraño que ciertos principios del cartesianismo se encuentren en las obras de la décima musa; que don Carlos de Sigüenza y Góngora haya realizado notables obras de agrimensura, cartografía y astronomía resumiendo el espíritu de erudición, racionalismo y cientificismo propio de su siglo; que las ideas de Malebranche, Newton, Gasendi, en el campo de la ciencia, aniden en algunas mentes, así como las de los jusnaturalistas Grocio, Puffendorf, Wolf e Heinecio en varios juristas, y que las de los ilustrados franceses, Voltaire, Rousseau, Condillac, Diderot, Montesquieu, en otros seres y colectividades novohispanos.

Por otra parte, como ha sido expuesto genialmente por Bataillon, Sarrailh, Ricard, Delphy y también por Gaos, Navarro, Quiroz, González Casanova, Pérez Marchand, Méndez Plancarte, el paso de las ideas ilustradas, si bien muchas veces fue directo, en la mayoría de los casos se hizo a través de la Metrópoli, que después de una era de gloriosa prosperidad se había sumido en pesado letargo. De su postración trataron de sacarla en el siglo XVIII un puñado de gigantes, como los llama Marañón, «quienes se encargaron de que no se rompiese la línea de continuidad de la civilización»; «resueltos», escribe Sarrailh en su trascendente estudio, «con todas las fuerzas de su espíritu y todo el impulso de su corazón, a dar prosperidad y dicha, cultura y dignidad a su patria». Y añade: «Estos filósofos a la manera internacional — aunque por otra parte fuertemente apegados a su tierra— sacuden viejos prejuicios y una agobiante tradición espiritual y, con una mirada nueva, se ponen a medir el retraso de España respecto de las demás naciones europeas y a predicar incansablemente los remedios que acabarán con ese retraso»[6]. Algunos

---

[6] J. Sarrailh, *op. cit.*, pp. 12-13.

de ellos se expresan con fogosidad, como Cabarrús; otros con serenidad, como Jovellanos o Cavanilles; pero todos trabajan por esa restauración, ya deseada y planeada en la generación anterior por hombres como Ward y Bowles, extranjeros conquistados y asimilados por España. Multiplican sus averiguaciones y sus estudios, sus escritos y sus discursos. Con tierno y minucioso cuidado, visitan todos los rincones de su amada patria. De este contacto carnal sacan preciosas enseñanzas y razones para esperar un porvenir mejor; anhelan progreso material, desde luego: es preciso que las fábricas se multipliquen, y se multiplicarán cuando los artesanos sean más instruidos y más inteligentes los dueños. Pero más todavía, el progreso moral. Se habrá dado ya un gran paso cuando la vida sea menos dura y miserable, cuando el obrero de las ciudades y el jornalero de los campos, mejor tratados por sus patrones, adquieran conciencia de la dignidad humana [7]. Gracias a la cultura y al estudio, el hombre nuevo se lanzará fuera de las disciplinas estrechas y anticuadas, y conocerá ahora sus fuerzas y obligaciones. Se convertirá en un ciudadano «consciente de su fidelidad a un monarca, a quien se ama cuando es justo, virtuoso y bienhechor como Carlos III pero a quien no se dejará de juzgar si es débil e indolente como Carlos IV. Pese al prestigio místico de su función, el Rey no podrá ya creerse por encima de las leyes eternas dictadas por la razón y que no tardarán en quedar inscritas en una constitución».

Todos estos anhelos formulados por la minoría ilustrada española pasaron íntegramente a la mente de la minoría ilustrada criolla novohispana, que añadió a ellos algunos más, privativos de nuestra circunstancia, y no se preocupó por algunos que, si bien en España tenían razón de ser, aquí no constituían problema alguno, como es el caso de la antirreligiosidad. La Ilustración penetró en nuestro ambiente, pero sin afectar la ortodoxia por el filtro que España le impuso.

## La Ilustración novohispana. Algunos aspectos

Señalemos enseguida algunos logros conseguidos por esa minoría ilustrada española para ver cómo éstos repercutieron en Nueva España.

---

[7] *Idem*, p. 195.

El bien común, la utilidad pública, es la meta sagrada de muchos de ellos. Jovellanos hace de ella el único móvil de su obra escrita, de su actividad y conducta. «El deseo del bien de este país me devora», escribirá, y a conseguir ese bien consagra todas sus fuerzas. De esa manera apoya la creación de un sistema de enseñanza, que va desde la elemental a la superior, que pudiera aplicar el saber ahí adquirido a objetos útiles y de común provecho y no quedarse en un simple arbitrio para buscar el sustento; fomenta la justa distribución de la riqueza y una más equitativa repartición de la propiedad agraria, para la cual elabora una ley; impulsa el desarrollo industrial y mercantil, el establecimiento de sociedades económicas propagadoras de las buenas técnicas y del progreso generador de prosperidad, así como la fundación de instituciones consagradas al cultivo de las manifestaciones estéticas y literarias. Había que impulsar la ciencia y tecnología para mejorar la economía, pero también la letras y el arte. Éste debía encauzarse, a través de la Academia, de los cánones clásicos y de las normas trazadas por los grandes arquitectos y estetas de la antigüedad, revalorados por los preceptistas Palladio, Vitrubio, Vignola, hacia nuevas realizaciones, desterrando las libertades del barroco, que comenzó a verse no sólo como expresión de mal gusto sino, más que nada, como símbolo del Antiguo Régimen. Se daba en todos los campos una vuelta al clasicismo y esa vuelta la confirmaba la Francia revolucionaria apoyada en las formas grecorromanas, en las formas más que en su esencia, que se mantendrán hasta bien entrado el siglo XIX.

La Ilustración apoya de esta suerte el surgimiento del neoclasicismo racionalista que en ocasiones produce, cuando falta el genio, obras frías, acartonadas, rígidas, sin relieve. Es innegable que el neoclasicismo produjo tanto en Francia como en España y México obras excepcionales, pero otras no tuvieron el aliento vital que muchas barrocas poseían.

La imitación extralógica hecha por artistas de poco valor y escasa imaginación, contribuyó a la destrucción de notables obras de arte de los siglos anteriores, las cuales fueron sustituidas por otras de muy escaso valor. Con la independencia, que rompió los lazos políticos con la Metrópoli, todo cuanto estaba ligado al pasado colonial, aun el arte, consideróse como expresión de un régimen despótico y se trató no sólo de crear uno nuevo, sino de destruir el existente, causando daños irreparables al país. Renovadores y teorizantes, como Tadeo Ortiz, Ignacio Ramírez y otros, son claros ejemplos de ese nuevo espíritu.

Para lograr la transformación del país y de las mentalidades, había en suma que introducir las técnicas científicas más novedosas, únicas capaces de desarrollar la industria y crear un núcleo artesanal progresista y próspero; pero también impulsar la cultura en todas sus manifestaciones, pues «sólo ella liberará al país de sus cadenas espirituales, del yugo aplastante de la filosofía escolástica, del principio de autoridad que se ríe de los hechos y de la razón». Y esa cultura tenía que ser impulsada fundamentalmente por el Estado, esto es, ser una cultura dirigida, aun cuando entidades particulares como las Sociedades de Amigos del País, también apoyadas por el Estado, contribuyeran a ello. Escuelas, bibliotecas, expediciones científicas, academias de arte, nuevos planes de estudio y novedosas tendencias pedagógicas en las que las ideas del *Emilio* y de *la Nueva Eloísa* influyen extraordinariamente, espurgándolas de algunos principios chocantes por contrariar la ortodoxia; gabinetes de experimentación, como los que Feijoo y Cavanilles, todo eso que se reclama y poco a poco se consigue en España, va reclamándose y obteniéndose también en las colonias durante largos años.

A pesar del marasmo general, en la Vieja y en la Nueva España las ideas de Benito Jerónimo Feijoo y de don Vicente Tosca, que marcan ya la trascendencia del cartesianismo, no su conocimiento, que había tenido lugar el siglo anterior, lograban abrirse paso y desplazar la filosofía escolástica decadente que atendía sólo a la letra, a la disputa, a la sutileza dialéctica y no al espíritu; a la posibilidad de abrir horizontes al pensamiento. Esa filosofía era la que calificaba en México don Antonio López Portillo, como «filosofía intrincada, vacía y fastidiosa en extremo, que por entonces se enseñaba en las escuelas, y comprendía todas aquellas oscurísimas cuestiones que estaban más allá de la inteligencia propia de la edad de los estudiantes y explicaba fácilmente los temas más difíciles» [8].

Si en España Feijoo, Tosca y posteriormente otros pensadores se rebelaron contra las viejas y negativas formas de enseñanzas y lograron, a partir de la segunda mitad del siglo XVIII, renovar los métodos, instaurar nuevos planes de estudio, clausurar viejas e inútiles instituciones

---

[8] B. Navarro, *La introducción de la filosofía moderna en México*, El Colegio de México, México, 1948, 312 pp.

sustituyéndolas por otras en las que los aires de la modernidad impe-
raban, en Nueva España también se inicia a mediados del siglo XVIII
una fuerte corriente de renovación ideológica. Esta renovación, en su
primer momento, se ocupa de la educación, de la filosofía y de la ciencia y, posteriormente, toma un carácter político y se inicia ya dentro
de los colegios que la Compañía de Jesús tenía establecidos en Nueva
España como en otras instituciones educativas eclesiásticas.

La reforma ideológica se apoyará, tanto en un fomento de la instrucción pública en todos sus niveles y para todos los miembros de la
sociedad —incluso para los indios a quienes se intenta castellanizar—,
por lo cual hay una gran apertura hacia la educación femenina, como
hacia la necesidad de secularizar, hasta donde fuera posible, las instituciones, dándoles un tono moderno y alejándolas de la dependencia
eclesiástica. Hay un esfuerzo que prohija la educación elemental en la
que los monarcas están interesados. Los nuevos sistemas pedagógicos
para instruir a las grandes masas de analfabetos, puesto en boga por
Lancaster, serán apoyados por el Estado. En las instrucciones que se
dan a los Virreyes (las de O'Donojú son bien claras en este sentido,
aun cuando hayan sido muy tardías), se recomienda propiciar la instrucción del pueblo a base del sistema lancasteriano.

En el campo de la educación femenina hay que citar la fundación
del Colegio de la Compañía de María o de la Enseñanza, llevada a
cabo en 1755 por la rica criolla María Josefa Azlors y Echevers, influi-
da por las instituciones francesas de enseñanza. En este mismo campo,
la creación del Colegio de San Ignacio, fundado por los vizcaínos en
1732 y confirmado por Cédula Real de 1753, muestra el anhelo de fomentar la educación de la mujer perteneciente no sólo a la aristocracia,
sino también a la clase media y humilde, con un claro sentido secula-
rizador además.

Veamos panorámicamente cómo se realiza esa renovación en algunos planteles.

La Compañía de Jesús era una institución renovadora, próspera, rica
y cosmopolita, que posibilitaba a sus miembros tranquilidad espiritual y
seguridad material y contaba con las mejores bibliotecas, en las que se
encontraban toda suerte de obras, y con un personal internacional que
permitía el intercambio de experiencias aportadas por italianos, austria-
cos, alemanes, bohemios (esto es húngaros y checos), franceses, etcétera,
quienes estaban más al día de los adelantos realizados en sus países. Los

maestros, por entonces, poseían sólida formación y, a través de sus métodos pedagógicos, habían despertado en sus alumnos una insaciable sed de saber y una amplia curiosidad que se incrementaba por el trato con los europeos y por los libros que llegaban periódicamente.

Los numerosos colegios con que contaba la Compañía, distribuidos en las poblaciones más importantes, no sólo en Nueva España sino en toda América, colegios que intercambiaban continuamente su personal, permitían no sólo que circularan libremente las ideas, sino también el aprovechamiento de las cualidades culturales y humanas de sus miembros. Cierto es que algunas provincias tuvieron más relieve y nombradía, y que su influencia se dejó sentir en muy lejanas tierras. La provincia mexicana, con sus casas de México, Puebla, Guadalajara y Valladolid, ejerció en el vecino reino de Guatemala gran influjo. Buen número de mexicanos trabajó en estas casas jesuitas de Guatemala, principalmente en las de San Lucas, San Francisco de Borja y aun en la Universidad de San Carlos, efectuándose entre ellas benéfico intercambio. Debemos mencionar también el que se dio con las Antillas, con Cuba principalmente. Hacia el norte, importantes focos culturales fueron las casas de Chihuahua, Durango, Saltillo y otras.

Hacia 1748, en el centro de México, un grupo homogéneo integrado por Rafael Campoy, Francisco Javier Clavijero, Diego José Abad, Francisco Alegre, Pedro José Márquez, Salvador Dávila, Julián Parreño, Andrés Guevara y Basoazábal, Andrés Cavo, Juan Luis Maneiro y otros más, inicia un movimiento no de estudio, sino ya de enseñanza de la filosofía moderna y ostenta como principios salientes la «oposición a la Escolástica tradicionalista; amplísima y comprendida información de los sistemas filosóficos modernos, puntos capitales: evidente y decidida adopción de importantísimas orientaciones metodológicas, en el plano de la misma reflexión filosófica, para el estudio de la ciencia, sobre todo experimental o física, y para la enseñanza y la educación. Se aceptan doctrinas modernas en el campo de las ciencias puras y experimentales: física, astronomía, biología, fisiología. Sin embargo, lo más genuino y original en ellos es la similación de los valores de la modernidad a lo que la tradición tenía de positivo, todo ello impregnado de un sentimiento humanista cristiano»[9]. Ellos fueron los primeros que sentaron

---

[9] G. Méndez Plancarte, *El Humanismo Mexicano*, Selección y Prólogo de O. Valdez, Seminario de Cultura Mexicana, México, 1970, 237 pp., pp. 23 y ss.

las bases de la ciencia y de la filosofía mexicana, y quienes además supieron fundir, por su extracción criolla, junto con otros hombres insignes, como Juan José de Eguiara y Eguren, los valores de las culturas indígenas con los de la española. Fueron ellos también los que por vez primera se sintieron mexicanos y quienes, también por vez primera, proclamaron la excelencia de la patria americana. Mexicanos los más, iguales sentimientos tuvieron sus colegas de Guatemala o de la Habana, y con firmeza, años después, al contacto con formas culturales del Viejo Mundo, equipararon sus testimonios con los de los pueblos indianos, como hizo el padre Márquez, y contaron las excelencias del cielo y de la tierra americana con añorante amor, como el guatemalteco Rafael Landívar.

Hasta el momento de su expulsión, este grupo, que labora entre 1748 y 1767, logra formar un nutrido conjunto de alumnos que seguirán sus pasos; unos interesados en las cuestiones científicas, como el guanajuatense Ignacio Bartolache, José Antonio Alzate y otros que, aunque no directamente, sí reciben su influencia; otros, individuos preocupados por los problemas sociales y políticos, entre los que se contará a don Miguel Hidalgo, a Ignacio Guridi y Alcocer; y otros que se convertirán en insurgentes, como Ignacio López Rayón, José Sixto Verduzco, José María Liceaga y algunos más.

Los jesuitas, después de una labor de 195 años que impulsa la transformación de México, partirán en su mayoría a Italia; y es en Europa en donde logran plasmar su pensamiento al aparecer en el Viejo Mundo sus obras de filosofía, teología, historia y literatura. Su ausencia la llenan de discípulos, quienes no estarían consagrados a la especulación filosófica pura ni tendrán las mismas preocupaciones humanistas, sino que, influidos por el desarrollo científico y motivados por la aplicación de la tecnología moderna en la resolución de los problemas patrios, tomarán otras vías. Algunos más, preocupados por los desajustes sociales y económicos del pueblo mexicano e influidos por corrientes políticas revolucionarias, desembocarán en un pensamiento y en una conducta autonomista, y originarán el movimiento de independencia. Pero veamos esto ordenadamente: Bartolache estuvo preocupado por la ciencia, que empieza a enseñar en 1763, aun cuando sólo publica en 1769; Alzate inicia su actividad más saliente en 1768 y la concluye entre 1795 y 1799, año este último en que muere. Alzate y Bartolache difundirán e impulsarán en sus propios escritos y en los pe-

riódicos que editan: *El Mercurio volante* y *la Gaceta de literatura,* las doctrinas científicas, el conocimiento científico y técnico, y se unirán en
su esfuerzo con otros hombres, como Antonio de León de Gama, y
Velázquez de León, ligados por completo a instituciones científicas y
técnicas, como el Real Seminario de Minas. Su acción va desde 1768
hasta fines del siglo, en donde se liga con los trabajos de Guridi y Alcocer, que exceden al siglo XVIII.

Nueva España, rica en metales preciosos, vio surgir desde el siglo
XVI una industria minera próspera y activa, la cual, aun cuando se vio
afectada en determinados momentos por crisis económicas mundiales
y por problemas internos, progresó y creció.

Su madurez e importancia se revela en la formación, en el año de
1777, del Cuerpo de Minería, que congregaba a los más importantes
mineros en torno del Real Tribunal de Minería encabezado por don
Juan Lucas de Lassaga, Joaquín Velázquez de León, el guanajuatense
Tomás de Liceaga, Julián del Hierro y otros. El Tribunal elaboró sus
ordenanzas, que se promulgaron en 1783. Fallecidos Lassaga y Velázquez de León en 1786, fue nombrado como director don Fausto de
Elhúyar. Este personaje, eminente científico, hermano de otro notable
(Juan José, descubridor del wolframio, estimado en los medios científicos europeos, y de gran habilidad política, pues llega a ocupar el grado de Gran Maestro de la masonería), percatóse de que la minería novohispana requería la formación valiosa, pero también riesgosa, de
mineros empíricos; coincidiendo su opinión con la del notable hombre de leyes don Francisco Javier Gamboa, quien en 1761 publicó sus
*Comentarios a las Ordenanzas de Minas,* en los que hizo gala del conocimiento que tenía de la legislación no sólo minera sino general, del
dominio doctrinal que poseía y de la experiencia en la economía y
condiciones político-sociales de Nueva España.

Elhúyar propuso la creación de una escuela o seminario de minas
destinado a la formación profesional de los mineros en donde pudieran estudiar a fondo y de acuerdo con los lineamientos científicos más
avanzados, matemáticas y física, con sus especialidades: mecánica hi-
dráulica e hidrostática, química, mineralogía, metalurgia y dibujo. Este
seminario creóse definitivamente el 10 de enero de 1792 y tuvo notables maestros, como el propio Elhúyar, Andrés Manuel del Río, Manuel Antonio Bataller, Luis Linder, Luis Fisher y otros. Con el tiempo,
los alumnos más sobresalientes apoyaron la labor de sus maestros.

Diez u once años más tarde, el Real Seminario de Minas destacaba entre las instituciones científicas mexicanas y era objeto de elogios por parte de sabios tan notables como Alejandro de Humboldt. El número de sus maestros había aumentado y también sus alumnos. Contaba con un cuerpo de egresados cuya competencia en la minería era reconocida. Algunos enseñaban en el Seminario y en instituciones de cultura de provincia, y trabajaban como peritos o asesores en algunos reales de minas de importancia de Guanajuato y Zacatecas. Entre ellos destacan José Antonio Rojas, quien pasó a Guanajuato en 1804 y se caracterizó por sus ideas renovadoras y aun revolucionarias. Su figura, estudiada por el historiador guanajuatense Nicolás Rangel, se nos presenta como un precursor de la Independencia. Otros egresados distinguidos fueron también José Mariano Jiménez, Rafael Dávalos, Casimiro Chowell y el filipino Ramón Fabie, los cuales se unieron al movimiento de independencia de Guanajuato; y también Isidro Vicente Valencia, incorporado a las fuerzas de Hidalgo en Zacatecas. Todos ellos, que pusieron al servicio de la causa de la libertad su saber y su vida, fueron hombres ilustrados, seres que desearon la renovación de la patria, su libertad e independencia y que, en aras de esa transformación, ofrendaron su vida.

Estos distinguidos miembros del Real Seminario de Minas, que se esforzaron por engrandecer México mediante la aplicación del conocimiento científico, mostraron con su sacrificio que los ideales de renovación que latían en ellos eran firmes y que su cumplimiento ameritaba una entrega total, aun de propia vida.

Si el Real Seminario de Minas fue la institución más saliente, próspera y organizada, que reveló perfectamente el interés de la Ilustración por las ciencias puras y las aplicadas, hay que mencionar que se puede muy bien advertir cómo el espíritu científico y el interés por la tecnología encontraron en Nueva España tierra abonada para su desarrollo. Tanto la madurez intelectual de los mexicanos, como la solidez de las instituciones educativas y el deseo de provocar un cambio en todos los órdenes, aun en el cultural, base de muchos otros, favoreció la creación de varias instituciones innovadoras y la reforma de otras ya existentes.

En el campo de la medicina, hay que mencionar la Real Escuela de Cirugía, que inició sus trabajos en 1770 y que renovaba las prácticas y enseñanza que se acostumbraban en el protomedicato. De enorme valor, como lo demostró José Joaquín Izquierdo, fueron los escritos y lecciones del doctor Luis Montaña y de Daniel O. Sullivan, quienes apoyaban sus lecciones clínicas en la práctica rigurosa de la anatomía y de la fisiología.

Las ciencias naturales y la botánica, principalmente, encontraron en Vicente Cervantes un gran cultor. El Jardín Botánico que funcionó dentro del Palacio de los Virreyes y en su local del paseo de Bucareli era como una prolongación de los trabajos que realizaba el sabio Mutis en Nueva Granada. En ese campo son dignos de mención los estudios de Sessé y Mociño, ligados con las expediciones científicas que prohijara la Corona Española, entre otras, la de Malaspina (1789-1794).

A semejanza de la Real Academia de Artes de San Fernando, en México se creó en 1781 la Real Academia de las Nobles Artes de San Carlos, en la que enseñaron, entre los grandes renovadores de los gustos estéticos, Jerónimo Antonio Gil y Manuel Tolsá. Esta Academia fue enriquecida con una soberbia biblioteca y reproducciones de las obras escultóricas clásicas más salientes. Tolo ello constituye parte de nuestro rico patrimonio histórico cultural.

Si por un lado un importante núcleo jesuita sentó las bases de la renovación y mostró en toda su actitud las ideas ilustradas, también hay que mencionar, como muestra de ese espíritu de renovación que era general, al oratoriano Juan Benito Díaz de Gamarra, cuya obra *Elementa Recentioris Philosophiae,* publicada en México en 1774, representa una apertura al moderno estudio de la filosofía, así como otras producciones suyas como por ejemplo *Errores del entendimiento humano,* en las que es dable ver la huella de ilustrados como Rousseau.

Si la Compañía de Jesús, con su personal cosmopolita y el intercambio de profesores y alumnos, favoreció la renovación, ésta también se vitalizó con los contactos que la sociedad novohispana tuvo con destacadas personalidades ilustradas del clero, la administración pública y el ejército. Si en México (Puebla-Michoacán) figuras como Pérez Calama promueven una auténtica renovación cultural que más tarde desearon extender hasta el Ecuador, también hay que mencionar que el paso de canónigos y obispos, de oidores, funcionarios y militares de un sitio a otro favorece la transmisión de nuevas ideas y representa un fermento en distintos sectores ya abonados para el cambio. El traslado de éstos de uno a otro sitio tuvo el efecto de una roturación del terreno propicio. Hacia el sur, hacia América central, es importante la acción de eclesiásticos como fray Fernando de Guadalupe López Portillo, de Guadalajara, quien estableció en Comayagua cátedras de filosofía y realizó notable labor; de Juan Gómez de Parada, igualmente de Guadalajara, mitrado de Guatemala y posteriormente de su provincia natal, gran promotor de estudios en sus diócesis, creador de diversas instituciones y realizador de obras públicas, cuyos sucesores en sus diócesis centroamericanas, Pedro Cortés y Larraz, y Cayetano Francos y Monroy, proseguirían su notable labor de prelados ilustrados.

En el campo de la administración podemos mencionar a don Antonio Echevers y Subiza, gobernador y capitán general del Nuevo Reino de Guatemala, que auspició la publicación de la *Gaceta de Guatemala* y la creación de la Casa de Moneda, así como de su familiar, Fernando de Echevers, quien publicó sus *Ensayos mercantiles* en 1742 e intentó crear una compañía de comercio; al sucesor de Antonio de Echevers y Subiza, don Pedro de Rivera y Villalón, uno de los primeros en describir el estado general de las provincias internas novohispanas en su *Diario y derrotero de lo caminado...* editado en 1736; y en este mismo campo puede mencionarse a Alejo García Conde, perteneciente a la categoría de intendentes ilustrados, como Flon y Riaño, quien en el Reino de Guatemala efectúa una obra tan valiosa como la que sus familiares realizan en el norte novohispano. Los intendentes, casi todos ellos ilustrados, promoverán cambios económicos muy significativos, pero también reformas culturales e intentos secularizadores y hasta actitudes de enfrentamiento a la Iglesia que hay que considerar con detenimiento.

Para no alargar estas menciones, a finales del siglo un jurista, don Jacobo de Villaurrutia, oidor en Guatemala y creador de la Sociedad Económica de Amigos del País en ese reino, promoverá una notable labor de transformación que prosigue en México al ser trasladado a esta Audiencia.

En esta acción de cambio debemos señalar la presencia de hombres de otras latitudes igualmente penetrados del espíritu ilustrado como Pedro Pardo de Figueroa, limeño, quien fue el primer arzobispo guatemaleco; el habanero Tomás de Acosta, gobernador de Costa Rica, quien introdujo en ese país el cultivo del café; y fray Agustín Morel de Santa Cruz, en la sede de Costa Rica y Nicaragua. De extrema importancia es la acción de Matías de Gálvez, miembro de la familia que tanto influjo tuvo en la política española e hispanoamericana, política netamente ilustrada. Martín Reyes de Mayorga, que fue capitán general en Guatemala y que luego actuaría en México, es hombre de esa promoción y ejemplo de cómo se movía la vida material y espiritual de Hispanoamérica.

La Universidad Real y Pontificia, aun cuando era más apegada a las formas tradicionales, a través de personalidades excepcionales como León y Gama, dio un viraje hacia las nuevas corrientes. Por otra parte, el clero secular, parte criollo, parte metropolitano, aportó de Europa nuevas tendencias reformistas, y en los colegios-seminarios de Puebla, Valladolid, Guadalajara, Monterrey y Mérida circularon las tendencias renovadoras de la filosofía y ciencia modernas, como también de la política. El surgimiento en años posteriores en esos planteles de hombres como Ramos Arizpe, Severo Maldonado, Huerta, Verduzco y Zavala revela que esas instituciones eran semilleros de renovación, de cambio. La creación a finales de siglo, en 1782, de la Universidad de Guadalajara significa que los requerimientos educativos y culturales presionaban y había que atenderlos. Lo mismo revela la petición de los franciscanos para establecer una Universidad en Celaya y la existencia de la de Mérida. Los colegios franciscanos de Michoacán, Jalisco, Guanajuato y Querétaro, en los cuales se educaban grandes grupos de criollos pertenecientes a familias principales y a los que venían también hermanos de religión españoles y sudamericanos, constituyeron también focos reformistas. Los casos del mercedario peruano fray Melchor de Talamantes, quien vivió entre los franciscanos, y de fray Vicente de Santa María, religiosos ilustrados, no son casos aislados, sino muestra de que ahí el espíritu se inquietaba y tendía a romper sus amarras.

Primero en Puebla y posteriormente en Valladolid, venido como familiar del obispo Fabián y Fuero, extremado realista ilustrado y elevado a la dignidad canonigal, actuó don José Pérez Calama, de quien sabemos promovió en torno a las instituciones educativas reformas importantes, dentro de la tendencia regalista que él representaba. Se le atribuye el impulsar al joven estudiante Miguel Hidalgo al estudio de la filosofía moderna y el ser un difusor de la obra de Luis Antonio Verney, *Verdadero método de estudiar*. Esta obra de «El Barbadiño», como generalmente se le denominaba, traducida al español en 1760, tuvo en España gran trascendencia «en la reforma de los estudios y de las universidades de España y la tendrá en América para demoler y también para edificar». La utilización que el joven Hidalgo hizo de esta obra ha sido estudiada en el lúcido y penetrante escrito de Gabriel Méndez Plancarte *Hidalgo, reformador intelectual.*

Junto a la obra de «El Barbadiño», vendrán otras más que adquieren gran difusión dentro de la ortodoxia, pero también se filtra el pensamiento de Condillac, de Rousseau, de Montesquieu, lo que significa que se está pasando de lo puramente filosófico a lo político.

La expulsión de la Compañía de Jesús del Imperio Español y, por tanto, de la Metrópoli, dejó un hueco muy difícil de llenar en el campo de la cultura. Si bien algunas casas mantenían un misoneísmo rígido, en otras la modernidad se abría paso, lenta pero seguramente. El gobierno español, aun cuando criticó la enseñanza dada en los establecimientos ignacianos, se preocupó por llenar el vacío. Así, en la Península, reorganiza el Seminario de Nobles de Madrid, a cuya cabeza pone al notable Jorge Juan y, en el año 1770, mediante Real Decreto del 6 de marzo, funda los Reales Estudios de San Isidro en Madrid, en los que se estudia, con un profesorado selecto, bellas letras, griego, árabe, matemáticas, física experimental, derecho natural, derecho de gentes, disciplina eclesiástica, liturgia y ritos sacros. En ese mismo real decreto se indica que en esos colegios y en otros semejantes «haya un maestro que enseñe lógica según las luces que le han dado los modernos, y sin disputas escolásticas ni de escuela: otro que enseñe la física experimental; otro que enseñe por algún compendio las matemáticas, para que los discípulos aprendan por lo menos la aritmética y geografía a fin de entrar en la clase de física experimental» [10], disposiciones que pondría en juego el colegio que la Congregación del Oratorio tenía en San Miguel el Grande, dirigido con gran acierto por el filósofo Benito Díaz de Gamarra.

Esta disposición y el ejemplo de lo que ocurría en España animó a las instituciones enseñantes a abrir sus puertas a la modernidad. Por otra parte, la renovación de las ideas, el cambio de dirigentes, los intereses de todo tipo habían penetrado también en el Tribunal de la Fe, que representaba la barrera contra la que se estrellaban las innovaciones. La Inquisición cambia de actitud en el siglo XVIII, principalmente en su segunda mitad, como tan bien lo ha demostrado Lina Pérez Marchand, y ese cambio significará una libertad para intentar muchas

---

[10] J. Sarrailh, *op. cit.*, p. 205.

reformas que antes no podían efectuarse. Hay que señalar un hecho: que el doctor Díaz de Gamarra, el gran innovador e introductor de la filosofía moderna, era miembro del Santo Tribunal. Ante estos hechos resultaba lógico que la Ilustración penetrase más y más en el espíritu de los mexicanos, y además de convencerles de su capacidad intelectual, de mostrarles, como hizo Eguiara, sus grandes posibilidades culturales que les liberaban de cierto sentimiento de inferioridad (liberación que se confirma cuando los más salientes espíritus criollos defienden el mundo americano de la calumnia europea y rebaten con juiciosos argumentos y testimonios irrebatibles las afirmaciones interesadas de Robertson, de Raynal y de otros escritores que, esgrimiendo la leyenda negra, imputaban a la acción de España y al atraso de las culturas indígenas la falta de desarrollo espiritual, intelectual, económico y social del Nuevo Mundo), les llevará poco a poco a reforzar en su ánimo un viejo anhelo de liberación política, un deseo de autodeterminarse, de participar en la acción gubernamental y administrativa.

La recepción del pensamiento político ilustrado europeo, tanto en Nueva España como en otras dependencias españolas; el conocimiento que grupos selectos van a tener del aprovechamiento de ese pensamiento por las colonias inglesas en el septentrión, en cuyas Constituciones por vez primera se enuncian organizadamente los derechos del individuo; el arribo de los ideales libertarios de la Francia revolucionaria que sintetizó y presentó con la claridad de que es capaz la mente francesa los derechos del hombre; y la acción promotora de la masonería que cataliza los anhelos libertarios, reformaron el ansia de disfrutar plenamente de ellas. Si los excesos revolucionarios contuvieron la admiración hacia Francia, el advenimiento de Napoleón significó el pretexto magnífico para intentar la liberación política. El ejemplo napoleónico, sus instituciones, sus formas, su legislación como resumen de la Ilustración van también a seguirse. De ahí se tomarán muchas normas constitucionales, la organización institucional y jurídica, e incluso las formas. Si la Revolución Francesa, y más tarde Napoleón, se inspiró en los moldes grecorromanos, esos mismos moldes sirvieron más allá de la muerte de Iturbide a muchos de nuestros políticos y dirigentes culturales.

En el campo del arte, la influencia neoclásica se acentúa. La Ilustración francesa revitalizó la tradición clásica y, como señalamos ya,

Palladio, Serlio y Vignola impusieron una vuelta a los grandes estilos. Francia se coloca a la cabeza, sus artistas y monumentos, los mejores y más suntuosos, tienden a ser imitados por los españoles e hispanoamericanos. En México, Tolsá, Tres Guerras, González Velázquez y Castera transforman la arquitectura urbana y los gustos estéticos. Al lado de estos notables artistas, ingenieros militares como Constanzo y en Guatemala Luis Díaz de Navarro, quien edifica el Palacio de los Capitanes Generales en La Antigua, y Francisco y Javier de Gálvez, que concluyen la Casa de Moneda, realizan una serie de obras muy importantes en las cuales el lema borbónico se hacía patente: «Para utilidad y adorno de la ciudad». Obras bellas, sí, pero de gran utilidad y calidad arquitectónica, fueron las que dejaron por todos lados estos arquitectos e ingenieros ilustrados.

La renovación artística va, como otras manifestaciones, apareada a la renovación filosófica. Los innovadores ideológicos son los admiradores y partidarios de los nuevos artistas. Por eso nada tiene de extraño que Benito Díaz de Gamarra, en sus escritos, se exprese con gran elogio de Francisco Eduardo Tres Guerras y alabe su labor que moderniza el paisaje mexicano. Iguales elogios recibirá la *Biblioteca Mexicana* de Eguiara y Eguren, notable monumento de erudición y del espíritu nacionalista mexicano.

La instrucción pública, piedra angular de la reforma ideológica, ya lo dijimos, es una de las preocupaciones mayores de los ilustrados. Si Jovellanos y otros peninsulares destacados dieron grandes batallas para extenderla y hacerla efectiva, en Nueva España muchos hombres ilustrados no descansaron en su lucha por sacar al pueblo de su ignorancia. Desde 1779 el arzobispo guatemalteco Cayetano Francós y Monroy se impuso la tarea de instruir a la sociedad guatemalteca, para la cual hizo construir escuelas y formar maestros. La *Gaceta de Guatemala*, al igual que las novohispanas, difundirán escritos con el mismo sentido. Francisco Severo Maldonado, en Nueva Galicia, se preocupa asimismo de la educación, preocupación que pasa a un coahuileño educado en Guadalajara, a Miguel Ramos Arizpe, quien, en los informes relativos a la provincia de Coahuila y Texas, de la cual era diputado, lamenta la falta de instituciones educativas.

Y valiéndose de los diarios, del papel periódico que logra mellar la conciencia de muchos lectores, Fernández de Lizardi, en *El Pensador Mexicano*, insta a las autoridades a «desembrutecer e ilustrar al pueblo», con el fin de preservarlo de una vuelta a la dependencia política de España y de caer en el absolutismo. Por ello escribirá:

> Es menester creer y confesar que mientras no haya cuidado en un pueblo católico de instruir a su mayor parte en los principios de nuestra religión, en la sana moral, y en aquellos primeros rudimentos de leer y escribir bien, jamás sabrá usar de su razón y sus potencias, ni menos las obligaciones que lo ligan con Dios, con el rey, consigo mismo, no con los demás hombres.

Y agrega:

> Sólo los tiranos han procurado en todos tiempos destruir los caminos que conducen a sus pueblos a su mayor ilustración. Tanto déspotas como bárbaros han creído que, en la ignorancia de aquellos hombres infelices que trataban como esclavos, consistía la seguridad de sus ensangrentados tronos. Por esto, unos desterraron a los filósofos de sus estados, otros quemaron las más preciosas bibliotecas y todos conspiraron contra aquellos pocos hombres que se decidían a desengañar a sus semejantes de algunos errores [11].

Y estas ideas eran también consignadas como obligaciones fundamentales del Estado por los hombres que, por vez primera, dieron a México en octubre de 1814 su primera Constitución, la de Apatzingán. De ahí la retomarán e incluirán en sus planes de gobierno Severo Maldonado, Prisciliano Sánchez y Tadeo Ortiz y, posteriormente, el ilustre guanajuatense José María Luis Mora y su grupo.

Dijimos que la Ilustración, que se inició por una reforma o renovación del pensamiento filosófico, que impulsó la revolución y el avance científico como medio de progreso material, devino en sus últimos momentos en un movimiento de reforma política. La Independencia de los Estados Unidos, la Revolución Francesa, la madurez de las ideas liberales, todo ello penetró y se fusionó en el espíritu ilustrado. Por ello nada tiene de extraño que sus manifestaciones últimas estén teñidas de manifestaciones políticas y sociales de importancia.

---

[11] E. de la Torre Villar, «La Reforma como proceso ideológico», *Cuadernos Americanos*, México, año XXXVI, núm. 4, julio-agosto 1977, pp. 178-89.

El desajuste social y económico en que Nueva España vivía, contemplado por propios y extraños y sufrido por vastas capas de la población, inquietó a los espíritus sensibles, quienes, además de anhelar la independencia política, trataron de solucionar algunos de los problemas sociales más angustiosos, como el de la servidumbre y la esclavitud, que si bien afectaba a no demasiados seres, sí representaba una vieja lacra que había que destruir. Otro más lo constituyó la mala repartición de la tierra.

Si el espíritu de fraternidad y de igualdad social que el cristianismo impuso, y por el que lucharon desde el siglo XVI los creadores de la patria mexicana, había impedido la discriminación por razón de raza, las diferencias económicas entre los grupos que integraban la sociedad mexicana había creado distinciones socioeconómicas perjudiciales que constituían un freno al desarrollo y progreso del pueblo. Si en las mentes selectas existía animadversión hacia esas diferencias, las disposiciones de la Convención y Asamblea Constituyente francesa que abolió la esclavitud y las discusiones doctrinales, entre otras las del abate Gregoire, contribuyeron sin duda alguna a mostrar cómo el Estado moderno debía liquidar esas lacras. Ese espíritu fue el que impulsó la decisión de abolir la esclavitud que mostraron, uno tras otro, Anzorena, López Rayón, Hidalgo y Morelos; decisión no surgida del azar, sino de una convicción sincera y unánime.

Otro aspecto, el de la distribución de la tierra, se revela en los proyectos de organización del país que desde finales del siglo XVIII elabora Severo Maldonado y en el rudo pero realista plan de los hermanos González, también guanajuatenses, que proyectan la repartición de las haciendas.

Y para organizar el país como ente jurídico-político autónomo, la Ilustración nos llevará también a la idea de una Carta Magna, de un pacto originario en que piensa el padre Mier; a los planes de organización del país de Severo Maldonado y a las ideas políticas que expusieron y trataron de realizar Hidalgo, Rayón y Morelos.

Éstos son algunos aspectos en los que la Ilustración se muestra en Nueva España.

# II

## NUEVA ESPAÑA A FINES DEL SIGLO XVIII Y PRINCIPIOS DEL XIX. VISIÓN GENERAL

EL TERRITORIO

El virreinato de la Nueva España, el primero instituido por España en las Indias Occidentales, el 17 de abril de 1535, tuvo un territorio bastante impreciso, producto tanto del desconocimiento inicial del mismo y de la posterior acción expansiva de este virreinato hacia el norte, como de la penetración en el mismo Septentrión de colonos rusos, anglosajones y franceses que cercaban en esa dirección al Imperio Español. De toda suerte, aun cuando expediciones españolas subieron a partir de 1775 por el Pacífico hasta Nootka para contener el avance ruso e inglés, el pleno dominio del territorio sólo llegó hasta la postrera misión de San Francisco, fundada en junio de 1776.

Desde este punto, una frontera muy mal determinada, que en dirección al Oriente cruzaba los hoy estados de Nuevo México y Arizona, llegaba a Nacogdoches y colindaba con la posesión francesa de la Luisiana; además servía de límite, primero con algunas de las colonias inglesas que se expandían paulatinamente hacia el Oeste, más tarde con la república de los Estados Unidos, igualmente en expansión y con quien España fijó el 22 de febrero de 1819, a través del Tratado Adam-Onis, un límite definitivo que quedó señalado por los ríos Sabinas hasta el paralelo 32° 2', de ahí al río Rojo, y de éste al meridiano 100; de aquí al río Arkansas y su nacimiento, y de este punto, por el paralelo 42, al Pacífico.

La frontera Norte permanecerá así hasta el año de 1848, cuando, debido a la guerra con los Estados Unidos y mediante el Tratado de Guadalupe Hidalgo (2 de febrero de 1848), México perdió la mitad de su territorio retrocediendo los límites hasta el río Bravo, de cerca de Ciudad Juárez al Oeste por el paralelo 31° 47' hasta el meridiano 108° 12'; de ahí, descendiendo por el paralelo 31° 20' hasta la proximidad de Nogales, Sonora, de donde sube al meridiano 115°, o sea, a la confluencia de los ríos Gila y Colorado, para seguir al Oeste en línea recta hasta llegar adelante de Tijuana. En 1853, por la compra de La Mesilla, a que dio lugar el Tratado de Gadsden, se sacrificó una porción de Chihuahua y Sonora ya comprendida en los límites señalados. A través de esas cesiones, el territorio, que era de 4.156.483 km², quedó reducido a 1.963.390 km², es decir, a dos millones aproximadamente, pues se perdieron las grandes extensiones de Alta California, Nuevo México, Texas y parte de Tamaulipas.

Hacia el sur, el virreinato lindaba con el reino de Guatemala, creado a expensas de Nueva España; mas esa gobernación a la que perteneció Chiapas, y que pronto contó con una audiencia, la de los Confines, y más tarde con una universidad, la de San Carlos, recibió siempre la influencia cultural y política de Nueva España, la cual llegó hasta Costa Rica. Ese inmenso territorio, política y administrativamente, estuvo dividido hasta 1776 y 1786, momento en el que se hicieron reformas territoriales en cinco reinos: Nueva España, Nueva Galicia, Nueva Vizcaya, Nuevo León y Nuevo México. En 1776 las regiones septentrionales fueron reorganizadas y subdivididas en varias ocasiones, denominándose las provincias internas de Occidente y de Oriente, tal como las encontró la guerra insurgente. La primitiva división se abandonó en el año de 1786 y el territorio se repartió en doce circunscripciones llamadas intendencias. Esta división tendía a descentralizar el mando y a asegurar un mayor control político y económico de los recursos naturales y humanos, tal como se había establecido en el modelo francés, de donde procede este sistema. Las doce intendencias fueron México, Puebla, Guadalajara, Veracruz, Oaxaca, Valladolid, Zacatecas, Guanajuato, San Luis Potosí, Mérida, Durango y Arizpe. La mayor parte de los intendentes fueron hombres ilustrados que promovieron la realización de importantes obras públicas, el desarrollo cultural, un mejor aprovechamiento de las riquezas de sus demarcaciones y una más rigurosa tributación fiscal que gravó la economía de grandes núcleos, principalmente la de los más desheredados.

El vasto territorio novohispano estaba flanqueado por dilatados mares (uno, el Atlántico, que representaba la vía de comunicación con la Metrópoli y en general con el mundo europeo, y el otro, el Mar del Sur u océano Pacífico como posteriormente se le denominó) que nos ligaban en primer término con las provincias septentrionales del poniente, las Californias entre otras, y que resultaba la vía más expedita de penetración en ellas. Hacia el Sur establecían la comunicación con las provincias de la América ítsmica y también con los puertos sudamericanos de Guayaquil y El Callao, que, pese a las restricciones establecidas para negociar directamente con ellos, siempre mantuvieron ligas con Nueva España. Al extremo Oeste, con las Filipinas, bastión de la España Imperial en el Oriente, mantenidas como avanzada militar en Asia, sostenidas económicamente por Nueva España y en donde la influencia cultural hispánica dejó importantes huellas. En los archipiélagos del Pacífico con algunas islas más, como las de los Ladrones, las Marianas y otras, que eran también puestos de avanzada del Imperio en el que no se ponía el Sol, y su vigilancia y sostenimiento se realizaba desde la Nueva España y no desde la Metrópoli. Las islas situadas en el mar Caribe, hacia el Atlántico, las Antillas, representaban la defensa del Imperio hacia el Oeste. Fuera de Cuba, que tenía más recursos, pero que necesitaba productos de México, con las Antillas Menores, como Puerto Rico, Santo Domingo y Trinidad que dependían del situado y vitallas, principalmente harinas, procedentes de México. La política económica que dificultaba la existencia de marinas locales, la pérdida de algunas islas importantes, como Jamaica (1670), y de otras menores que pasaron a manos de potencias rivales, impidieron mantener igualmente con ellas una relación más constante, la cual estaba atenida a la llegada de la flota y de los galeones que venían de Sevilla y de Cádiz.

La geografía mexicana, variada y difícil, dificultó el establecimiento de buenas y abundantes vías de comunicación. Sus ríos, en su mayoría, no eran navegables, y la diferencia de altura entre los litorales y las mesetas centrales, flanqueadas por imponentes cordilleras, hacía que los caminos fueran pocos y difíciles de establecer y mantener. Los litorales cálidos insalubres no posibilitaban la creación de amplias ciudades, las cuales se establecieron preferentemente en los valles centrales. El seno o Golfo Mexicano, por donde se comunicaba México con el Viejo Mundo, tuvo como puerto principal Veracruz, adonde llegaban y de donde partían los navíos con destino a España. Puertos menores, como Tuxpan, Coatzacalcos, Campeche, Sisal y otros, mantenían relaciones de sabotaje para la extracción de determinados productos o la comunicación con provincias del Sureste y Noroeste. Veracruz resultaba la llave del Virreinato y desde ese puerto se estableció hacia la capital el camino más importante que, con dos vías, una por Jalapa y la otra por Orizaba y Córdoba, seguía hacia Puebla y Tlaxcala. De México partía otro camino menos recorrido rumbo a Acapulco, adonde llegaba anualmente el galeón de Manila o Nao de la China, que aportaba efectos preciosos de Oriente y llevaba en cambio plata mexicana. El castillo de San Diego hacia el Mar del Sur (océano Pacífico), y los bastiones y murallas de Veracruz y Campeche, a veces infructuosamente, trataban de defender el territorio de las incursiones de los piratas, agentes de las potencias rivales. Este eje Este-Oeste se cruzaba en la ciudad de México con otro que iba por doble vía hacia el norte, hacia el interior y que ligaba centros mineros, como Guanajuato, San Luis Potosí, y Zacatecas, con poblaciones agrícolas, como Querétaro, Valladolid y con numerosas poblaciones del Bajío y aun de tierra dentro. Por ellos se iba hacia Texas y Luisiana, y hacia Santa Fe de Nuevo México, cruzando las villas de Durango, Saltillo, Chihuahua y otras menores. Este eje hacia el Sur pasaba por Guatemala, de donde se podía seguir a otras localidades de ese reino.

Hacia el Norte, la altiplanicie mexicana se abría con sus llanuras boreales y sus desiertos y se llegaba a las provincias internas de enorme extensión, poco pobladas, en donde incursionaban grupos nómadas de indios bárbaros que se movían de continuo y que, a principios del siglo XIX sentían la presión y el avance de los colonos anglosajones situados al Noroeste. En el Oriente, en el indeterminado terrritorio de Sierra Gorda, así como al Poniente en la Sierra Nayarita, Jalisciense y Zacatecana, núcleos indígenas irreductibles y rebeldes no se sumaban ni a la cultura ni a la administración y escapaban a toda acción política y económica. En el Sureste, atravesado por anchurosos ríos, pantanos y sierras impenetrables, en Tabasco y Chiapas, otros grupos indígenas, descendientes de las antiguas culturas, se hallaban arrinconados y en situación muy primitiva. El litoral campechano y el yucateco, con escasos puertos, relacionaban las poblaciones de esa región con el centro y mantenían una lánguida economía.

## LA POBLACIÓN

Dentro de este amplio territorio, muy desigual en su geografía y recursos, se asentaba una población que, en las últimas décadas del siglo XVIII y primeras del XIX, llegó a contar con algo más de 6.122.354 habitantes, de acuerdo con los estudiosos de esa época, como Fernando Navarro y Noriega, y con las estimaciones que Alejandro de Humboldt hizo basado en el padrón que en 1790-1793 ordenara levantar el virrey, segundo conde de Revillagigedo. Esos seis millones se concentraban en treinta ciudades, noventa y cinco villas, cuatro mil seiscientos ochenta y dos pueblos y ciento sesenta y cinco misiones. Muchos más, no contados, vivían tanto en las llanuras del Norte como en las selvas tropicales de los litorales y del Sur. Esa población era desigual en todo: en su economía, en su organización social y política en su cultura y en su origen. El centro del país era lo más poblado, con algunas zonas hacia el Sur como Oaxaca. De las treinta ciudades, en la Intendencia de México había seis: dos en la de Guadalajara; cinco en la de Puebla; dos en la de Veracruz; dos en la de Mérida; una en la de Oaxaca; tres en la de Guanajuato; dos en la de Valladolid; una en la de San Luis Potosí, Zacatecas y Tlaxcala, y dos en el Nuevo Reino de León, esto es, en las provincias internas de Oriente y en las provincias internas de Occidente: una era Durango y la otra Arizpe. De todas ellas, las más importantes eran México, Puebla, Valladolid, Guadalajara, Guanajuato, Veracruz, San Luis Potosí y Zacatecas.

La población se componía de un 18% de criollos (cerca de un millón), esto es, de descendientes de españoles nacidos en México; españoles peninsulares eran cerca de 50.000. Los indios alcanzaban un 60 % (cerca de tres millones y medio); y las castas, es decir, descendientes de europeos e indios, negros y orientales o de éstos entre sí, un 22% (poco más de un millón). Los descendientes de negros eran aproximadamente unos diez mil. Esta conformación demográfica podía representarse por una pirámide cuya cúspide la constituían los peninsulares y en cuya base estaba una amplia gama de indios y castas. En esta integración, producto de tres razas diversas, en estadios culturales diferentes, no sólo en relación con las otras sino entre sí, y al detentar una de ellas, la europea, el poder político y la fuerza económica, las otras dos le estaban sujetas y jerarquizadas, más en razón de su situación económica y cultural que de su tipo estamental con poca movilidad, y en ella dábanse la mano «los que nada tienen y los que los tienen todo». Las divisiones existentes entre los diversos grupos agravábanse en razón de la mayor fuerza que los grupos superiores adquirían.

Los europeos manejaban buena parte de la riqueza del país y estaban íntimamente ligados, así como numerosos criollos, a los intereses económico-políticos de la Metrópoli. El comercio y la agricultura eran sus renglones predilectos. Dominaban el Real Tribunal del Consulado, y en la minería y algunos ramos industriales tenían también fuertes intereses. En general ocupaban los puestos importantes de la administración civil y religiosa.

Descendientes de ellos, los criollos poseían en su mayor parte una mejor preparación cultural, una inteligencia más despierta, un estrecho apego a la tierra y un sentimiento intenso de nacionalidad; mas algunos de ellos tenían en su contra la inconstancia y la ostentación que disminuía aquellas cualidades. Preferidos por los europeos, mostrábanse celosos de ellos; mas cuando destacan, llegaban a ocupar puestos de responsabilidad aun en la Península Ibérica, como los Lardizábal y Orive. En la minería, algunos poseían cuantiosos intereses, y la propiedad territorial, junto con los europeos, estaba en sus manos.

Los mestizos que lograban asimilarse a la familia del padre podían destacar por su cultura y fortuna. Los que no tenían esa oportunidad descendían en categoría y sumábanse a los descendientes de negros y blancos o de indios y negros, que constituían las castas. El grupo de los mestizos era cada día mayor, más fuerte y con más amplia conciencia política. Las castas representaban el escalón más bajo de la sociedad. Sus posibilidades de mejoría eran escasas y sus derechos, casi nulos. Entre ellas la esclavitud era frecuente. Sin cultura, con una economía muy lánguida, dependían en absoluto de las clases dirigentes, y por su carácter osado y levantisco siempre se les consideró como un peligro. Las castas, junto con los indios aún sin mezcla, representaban el mayor porcentaje de la población, la cual se distribuía desigualmente en el territorio. En las costas asentóse abundante número de morenos, buena parte de ellos esclavos, quienes laboraban en el campo y en los ingenios. Las castas no formaron en México grupos endógamos cerrados que obedecieran a diferencias raciales y de oficio, con una religión separada, por lo que no se puede hablar de la existencia de un auténtico régimen de castas en el sentido sociológico general.

Los indios se encontraban por todo el país y su situación, en general, era penosa. Los que habitaban en el Sur y el Centro, que eran la mayoría, poseían una fuerte coherencia social, producto de su tradición cultural y raigambre a la tierra; en tanto que los del Norte, salvo algunas excepciones, eran cazadores belicosos de tendencias nómadas, sin conciencia de que formaban parte de una organización estatal única. Pese a la tutela que sobre los indígenas ejercía el Estado, la pobreza de su economía era aflictiva. Habían sido despojados de la mayor parte de sus tierras, y las que en común disfrutaban, mal trabajadas, sin posibilidades de mejoría técnica y bloqueadas por los latifundios particulares y eclesiásticos, no les beneficiaban plenamente.

Por otra parte, no participaban en el proceso industrial de Nueva España ni en el comercio, debido a la organización gremial existente y a sus escasos recursos. Su actividad artesanal era puramente familiar, para el consumo doméstico y local; su comercio era más bien de trueque y en él adquirían el mayor provecho los regatones e intermediarios que los explotaban. El tributo gravaba aún más su escasa economía y los fondos que sus comunidades habían podido reunir, custodiados por la Real Hacienda, eran objeto de saqueos continuos que, a título de préstamo para subvenir las reales necesidades, les hacía el Estado.

Confinados en uno de los estratos más bajos de la sociedad, destruida su cultura y aún no asimilada la del invasor, y explotados en su capacidad de trabajo por los grupos superiores, vivían, tras una aparente impasibilidad, en una actitud pesimista y dolorida que había llegado a hacer crisis; principalmente en aquellos momentos en que las cosechas no eran suficientes y el maíz faltaba por sequías y otras causas naturales, o bien se encarecía por obra de los especuladores y los hacendados. Su pesimismo contrastaba con el optimismo de los criollos, quienes, pese a todas sus quejas, llevaban, si no la dirección política del reino, sí la cultural. El ascenso de muchos de los criollos a la clase dirigente, su participación en algunos renglones de la economía, comercio, industria, agricultura, minería, hizo que adquirieran la conciencia de una clase media burguesa incipiente; su número e influencia, el reconocimiento que de su valor hicieron hombres eminentes, entre otros el barón de Humboldt, y una confianza —apoyada en su fe religiosa exaltada por varios imponderables— en sus capacidades, afianzó en ellos el sentimiento de su propio valor y aun de superioridad, como bien lo demostró, entre otros analistas del sistema, el padre Mier y Lo-

renzo de Zavala. Sumados el optimismo de los criollos que deseaban
autodeterminarse, el ansia de movilidad social de los mestizos y el malestar de las clases bajas que anhelaban salir de la presión en que vivían y liberarse de las pesadas cargas impositivas, varias conspiraciones
y rebeliones se produjeron en Nueva España en diversas épocas, la mayor parte de ellas sin un plan coherente, y como resultado inmediato
de una situación de injusticia y maltrato graves. Su número, en términos conservadores, excede de las doscientas. Ninguna de ellas tuvo la
extensión, la cohesión social y política ni la participación de grandes
núcleos indígenas, como es el caso de la de Túpac Amaru en Perú en
1780. Ni tampoco, claro, sus repercusiones. Muchas hubo en el campo
por abusos, malos tratos, despojos y hambruna. También las ciudades
fueron escenario de levantamientos populares, en los cuales «la chus-
ma», esto es, los grupos más desheredados de indios y castas, alentados
por el hambre, la carestía y el mal gobierno, protestaron airada y violentamente saqueando comercios y mansiones e incendiando las casas
reales, como sucedió en Tlaxcala y en la propia ciudad de México en
1692. Igualmente deben señalarse como significativas manifestaciones
del desajuste económico-social reinante las huelgas y conflictos de los
mineros de Real del Monte en 1766; los graves desórdenes y motines
que tuvieron como pretexto la expulsión de la Compañía de Jesús en
1767, y que ocurrieron en San Luis Potosí, San Miguel el Grande,
Pátzcuaro, Guanajuato y San Luis de la Paz, y las conmociones de origen económico y social de Guanajuato y Pachuca en 1776. Grupos de
conspiradores formaron planes quiméricos y sin consistencia, y trataron de provocar revueltas que no tenían posibilidad de cristalizar. La
conjuración encabezada por Pedro Portilla, también llamada de los machetes, tuvo, entre otros, el anhelo de organizar el país mediante la
creación de un congreso, independientemente de los españoles a quienes se expulsaría. La de José M.ª Contreras y José Antonio Montene-
gro en Guadalajara pretendía apoderarse del gobierno con ayuda de los
ingleses y constituir repúblicas dentro de un plan americano. La de
Juan Durrey, que trataba de soliviantar a la plebe con el apoyo de los
franceses; y la de Juan Guerrero, que, con el auxilio de los Estados
Unidos, trataba de instituir un nuevo gobierno, despojar a los ricos de
sus propiedades y abrir el país al comercio con todas las naciones.

El anhelo de una mayor igualdad, de autodeterminarse a través de
una asamblea o congreso, de expulsar del país a los gachupines y de

una mejor distribución de la propiedad, principalmente la territorial, representa el móvil, la constante que se observa en todos estos movimientos. Aun en el proyecto de los hermanos Epigmenio y Emeterio González, la idea central radica en la distribución de las tierras de las haciendas y la creación de una nueva forma de gobierno.

Algunas rebeliones, como las de los tarahumara en Sonora y Chihuahua, y otras en Durango, que se prolongaron durante varios años, muestran el descontento de los grupos indígenas por la penetración de los blancos, el despojo de que eran víctimas y la insistencia de cambiarles sus creencias religiosas y formas de culto. Otras, en cambio, como la del indio maya Jacinto Uc de los Santos Canek en 1761, patentizan el malestar de los indígenas de Campeche y Yucatán en contra del pésimo trato que recibían, tanto de las malas autoridades como de la opresión de que eran víctimas por parte de la sociedad oligárquica que se había apoderado de todas sus tierras y que les explotaba inmisericordemente.

El ingreso de la masonería en el siglo XVIII sirvió para incubar nuevas conjuras e intentos de rebelión, como muy bien reseñó Nicolás Rangel, y para llevar a capas más amplias de la sociedad novohispana los deseos de renovación social y política.

## LA ADMINISTRACIÓN CIVIL

Representante del Monarca, su *alter ego* en Nueva España, fue el virrey, quien tuvo, además de esa función de gobernador, capitán general, presidente de la Audiencia y superintendente de la Real Hacienda, la de vicepatrono de la Iglesia. Desde el 17 de abril de 1535, en que, por real cédula dada en Barcelona, se creó el virreinato de la Nueva España, hasta el 28 de septiembre de 1821, en que la Junta Provisional Gubernativa del Imperio Mexicano se reunió para encausar al país en su vida independiente y se formuló la Declaración de Independencia del Imperio Mexicano, y, por tanto el último virrey, don Juan O'Donojú, dejó de gobernar, sesenta y tres virreyes, y en ocasiones la Audiencia, tuvieron en sus manos el destino del país. No todos ellos fueron prudentes, honestos y enérgicos, condición de los buenos gobernantes, ni tampoco los más fueron desacertados en sus medidas. Muchos dejaron honda huella y su recuerdo constituye muestra palpable de la acción positiva de España en Indias; otros carecieron de decisión, de visión política; algunos se mencionan como ejemplo de lo que puede ser un mal administrador. Además de las virtudes peculiares de ilustres varones, como las de Antonio de Mendoza, Luis de Velasco, padre e hijo, Martín Enríquez, Juan de Palafox y Mendoza, Juan de Acuña, los dos Revillagigedo, Antonio María de Bucareli y Ursúa (tal vez los más distinguidos en la administración virreinal), siempre se advirtió la impronta del monarca en turno. Los que enviaron Carlos I y su hijo Felipe II condujeron Nueva España con tino y prudencia política, y su labor permitió la formación de una nación con clara conciencia de sus esencias y fines. Cuando la monarquía atendió más los asuntos europeos o se desinteresó del gobierno, las colonias padecieron ese descuido. Al advenir en el siglo XVIII el cambio de dinastía por agotamiento de la familia Habsburgo, los Borbones, siguiendo los lineamientos del reino francés, imponen, obligados por la circunstancia total europea, una política diferente que tiende a sacar a España de su marasmo y a colocarla en un plano superior, mediante la adopción de directrices económico-políticas tendentes al fortalecimiento del Estado y a un mejor aprovechamiento de los recursos naturales y humanos de su Imperio. El monarca gobernará para el pueblo pero sin el pueblo, que debe tan sólo engrandecer con su esfuerzo al Estado, el cual, a su vez y a su debido tiempo, beneficiará a sus súbditos.

A partir de Fernando VI (1746-1759), pero principalmente durante el reinado de Carlos III (1759-1788), los gobernantes españoles consagráronse a afirmar el poder del Estado tanto dentro del propio Imperio como frente a otras potencias. Para lo primero reorganizaron sus órganos gubernamentales, como el Consejo de Castilla y el de Indias; hábilmente destruyeron o debilitaron la acción de la aristocracia, de las viejas familias nobiliarias, a las cuales, además de imponérseles la obligación de contribuir económicamente al sostenimiento del Estado, fueron poco a poco sustituidas en las funciones de gobierno por miembros de la clase media burguesa preparados como administradores; fomentaron la educación en todos sus niveles y crearon instituciones de cultura superior inspirados en las ideas ilustradas, con lo cual se modificó la esencia y estructura de las viejas universidades y se produjeron profesionales de moderna mentalidad. El poder del Estado tendió a superar al eclesiástico y la Iglesia se plegó a la política realista. Esta supremacía tenderá también a realizarse en lo económico, para lo cual el Estado impulsará tanto teórica como prácticamente una acción desamortizadora y secularizadora que afectará los bienes e influencia de la Iglesia. La Compañía de Jesús, la institución eclesiástica más fuerte económicamente y menos simpatizante del regalismo, sufrirá graves embates del Estado y de la burguesía que ansiaba expandir su economía a base de las propiedades de los jesuitas. La política de los Borbones de Francia, España y de la casa reinante portuguesa, dirigida en contra de la Compañía, tanto en sus metrópolis como en sus colonias de Canadá, Brasil y América española, debe entenderse en ese sentido.

En esta primera etapa debe estimarse como fundamental la extremada preocupación del rey y de sus consejeros para sacar a España del marasmo económico que la afligía, revelado en la situación aflictiva de su agricultura impedida de todo desarrollo por la mala distribución de la tierra. Enormes latifundios, muchos de ellos sin cultivar, propiedad de la Iglesia y de los nobles, impedían a una creciente población poseer una propiedad mínima y llevar una vida digna. Las descripciones reflexivas de Jovellanos, Cavanilles y Cabarrús en torno de los grupos campesinos, de su pésima situación, de su explotación inmisericorde, de su hambre ancestral, de las gabelas e impuestos que estaban obligados a pagar, de las pesadas jornadas de trabajo y jornales niserables que les obligaban a abandonar sus solares, a emigrar a América, a concentrarse en las grandes ciudades o en provincias como Cataluña, el País Vasco y Asturias, en donde las condiciones de vida eran mejores, reflejan muy bien la situación de buena parte de la población metropolitana; situación que se encontraba en los campesinos americanos agravada por un sistema de explotación que enriquecía a unos cuantos y contra el cual las autoriadades poco podían hacer. Una mejor repartición de la tierra, una subordinación de la propiedad del suelo al interés general, a través de leyes agrarias en que habrá de empañarse, entre otros, Jovellanos; de realización de obras que hoy llamaríamos de infraestructura, como son caminos, canales, presas y obras públicas indispensables; de programas de colonización, de ingreso de nuevos cultivos y más modernas técnicas agrícolas, era el anhelo de la España Ilustrada.

Se trató de transformar la industria, dominada por trabajadores a domicilio y gremios de artesanos, la cual utilizaba como fuerza únicamente las fuentes de energía naturales: corrientes acuáticas, vientos, músculos de hombres y bestias y el empleo irracional de la madera, con lo cual se provocaba la desforestación del país y la destrucción de sus campos. A partir de Felipe V, continuamente pasaron a España técnicos y obreros especializados franceses, así como comerciantes de gran habilidad, a pesar de lo cual España seguiría importando de Francia más de cuatro veces lo que ésta se llevaba de España. Jovellanos y Campomanes atacarán el sistema corporativo y propondrán la libertad industrial que engendraba riqueza. El Estado mismo propiciará la creación de nuevas industrias e impulsará el desarrollo industrial y agrícola bajo las ideas de economistas y políticos como Jerónimo de Uztariz, Navarrete, Santa Cruz y Moncada, influidos tanto por las ideas del liberalismo de Smith como por las de los fisiócratas Quesnay y Turgot. Las Sociedades de Amigos del País servirán para difundir los anhelos de renovación económica, así como también cultural.

Asegurada la acción estatal, agilizada su política, eliminados los obstáculos que impedían al Estado fortalecerse, España, bajo la dirección de Carlos III, en un período cuyo inicio debe fijarse en 1775-1776, tenderá a colocar el Imperio en el sitio del que había sido desplazado, a recuperar su prestigio, a defenderlo, fortalecerlo y a utilizar debidamente los amplios recursos naturales y humanos de que disponía. Este anhelo se fincaba principalmente en la idea de que era necesario salvaguardar el Imperio de las ambiciones imperiales inglesas y francesas, de ser víctima de la rivalidad económica de Francia e Inglaterra, proyectada sobre los espacios coloniales, rivalidad que originaba que todas las cuestiones políticas, dinásticas y diplomáticas que se agitaron en el siglo XVIII fueran resultado de esa rivalidad comercial.

Es principalmente ante esa preocupación que Carlos III, asesorado por funcionarios como Pedro Abarca de Bolea, conde de Aranda; Pedro Rodríguez de Campomanes, nombrado fiscal y posteriormente presidente del Consejo de Castilla y uno de los tratadistas más importantes sobre la desamortización eclesiástica; José Moñino y Redondo, conde de Floridablanca, primer secretario de Estado; José de Gálvez, secretario de Estado en el Despacho Universal de Indias, con notable experiencia en los asuntos novohispanos, y de otros hombres más, emprende una obra de reconstrucción política y económica, de fortalecimiento del Imperio, para la cual se reorganiza el ejército y la marina, lo que requerirá de cuantiosas sumas de oro, y flotas americanas de defensa; se ampliarán las fortificaciones militares, principalmente las que defendían la entrada del imperio americano que iban desde la Florida y las Antillas hasta más allá de Cartagena de Indias, esto es, a Santa Catarina; y principalmente conceder una mayor atención a las fronteras, especialmente a las septentrionales, cuya vigilancia obligó a la creación y organización de las comandancias de las Provincias Internas; pero también de las australes, que peligraban por la cercanía de las Malvinas, no sólo ambicionadas sino ocupadas por los ingleses, y de algunos otros territorios que los portugueses disputaban a España. Esta preocupación por el Imperio se acredenta en el momento en que las colonias inglesas plantean sus problemas con su metrópoli. Además de tender a la defensa del Imperio, la Corona, en una segunda etapa, consolidado ya el Estado y puestas las bases de su reorganización económico-política y social, tendió a buscar en sus propias dependencias los recursos que le permitieran no sólo defenderlo y vigorizarlo, sino fortalecer a la Metrópoli para que volviera a ocupar el sitio que tenía anteriormente. Para este efecto introdujo una serie de reformas económicas y político-administrativas muy importantes, entre las que descuellan: a) La creación de un nuevo virreinato en Río de la Plata, en 1778, con lo cual el número de estas circunscripciones político-administrativas en la América hispana llegó a cuatro. Hay que recordar que el de Nueva Granada se erigió en 1717, se suprimió en 1723 y se restauró en 1739. b) La creación de la Comandancia de Provincias Internas que, propuesta desde 1762 y resuelta en 1769, no se implantó sino hasta el 22 de agosto de 1776. La organización político-territorial de esta comandancia varió con el tiempo. c) La erección de la Real Intendencia de Hacienda y Ejército de Caracas, que auxiliaba en la defensa del Caribe contra Inglaterra, Francia y Holanda. La defensa del Imperio, en el ámbito novohispano, acarreó la formación de un ejército permanente. En 1761, ante el temor de un ataque inglés, el virrey marqués de Cruillas creó el Ejército Permanente, el cual fue organizado bajo los más modernos principios por el teniente general Juan de Villalba en 1765. Este ejército, que sufrió varias modificaciones, llegó a tener en 1808 cuarenta mil hombres. De él surgieron varios de los líderes del movimiento insurgente, muchos de los jefes que lo combatieron y buen número de hombres que intervinieron en la política mexicana de 1821 en adelante.

La Corona, a través de sus consejeros, preocupóse por atender con mayor cuidado sus dependencias americanas para ligarlas más estrechamente a sus intereses. Esta liga, aun cuando en el ánimo de algunos significaba concederles mayor atención, estimarlas como decía el Dictamen de 1768 de Campomanes y Floridablanca: «no como unas puras colonias, sino como provincias poderosas y considerables del Imperio Español», no llegó a convertirse en una concesión de mayores libertades y beneficios, ni tampoco en una participación directa en los negocios del Estado, sino en una vigilancia estrecha de su conducta, un aprovechamiento más riguroso de sus recursos, una fiscalización de sus bienes y la imposición de medidas económicas y políticas más agudas que originaron grave descontento en la sociedad hispanomaericana.

Dentro de este marco, en el que se encierra a la política borbónica respecto a sus colonias, van a desarrollarse a partir de las últimas décadas del siglo XVIII una serie de acontecimientos políticos que transforman o nulifican en parte las finalidades perseguidas por las formas administrativas de los monarcas españoles. Estos acontecimientos son fundamentalmente dos: la independencia de las colonias inglesas en Norteamérica (1773-1778), y la Revolución Francesa (1789-1795) y el advenimiento de Napoleón Bonaparte al gobierno de Francia (1799-1814).

Dentro de este marco político, económico y administrativo, los virreyes y la Audiencia tuvieron a su cargo el destino de Nueva España. Fray Antonio María de Bucareli y Ursúa Bailio, de la Orden de San Juan, quien gobierna desde el 21 de septiembre de 1771 al 9 de abril de 1779, es uno de los mejores gobernantes novohispanos y es quien mejor observa las reformas que en la administración introduce el régimen borbónico. Bucareli, probo, activo y recto, advirtió los cambios que se operaban tanto en la Metrópoli como en su Imperio y creyó que el buen gobierno se garantizaba no con reformas administrativas, algunas de las cuales realizó, sino esencialmente con hombres como él, dotados de excelentes cualidades, que gobernaran con prudencia, honestidad y firmeza; resolviendo tanto los problemas sociales y económicos próximos y angustiosos, y las espinosas diferencias con otros organismos gubernamentales, como enfrentándose a las situaciones tanto internas como internacionales que significaban el desarrollo agrícola, industrial y comercial novohispano y las dificultades fronterizas producto de la expansión anglo-francesa.

Su prudencia y rectitud aquietó los ánimos que encendiera su antecesor el marqués De Croix al expulsar a la Compañía de Jesús y al imponer a todos los súbditos del monarca, en nombre del absolutismo más desusado, perpetuo silencio y obligación irrestricta de acatar todas las disposiciones, aun las más absurdas y nefastas.

La administración de Martín de Mayorga (1779-1783), las de Matías y Bernardo de Gálvez (1783-1784 y 1785-1786), como también la del arzobispo Alonso Núñez de Haro y Peralta (1787), con las audiencias intermedias, no trajeron cambios de importancia, tanto por su brevedad como por su propio carácter. En 1776, durante la gestión de Bucareli, se crea la Comandancia General de Provincias Internas, y en 1786, durante el gobierno de las Audiencias que presidió Eusebio Ventura Beleña, se implantó el sistema de intendencias; pero es a partir de la administración del virrey Manuel Antonio Flores (1787-1789) cuando se perciben en Nueva España los efectos que las reformas planeadas por Carlos III y sus ministros causaban. Aun cuando a partir de Flores el monarca ya fue Carlos IV, la impronta de la reformas continuó y llegó a sus máximas consecuencias, tanto positivas como negativas.

Don Manuel Antonio Flores, hombre ilustrado, amante de la cultura, gran amigo de sabios y hombres de letras, aportó a Nueva España la experiencia que le había dado el ser Virrey de Nueva Granada de 1775 a 1782. Advirtió las dificultades que la creación de las intendencias conllevaba y se dedicó a cuidar de que su funcionamiento fuera efectivo, suprimiendo las disposiciones y obstáculos que imposibilitaban sus funciones. No creyó conveniente que el virrey tuviera a su cargo la intendencia de México y logró su separación. Dividió las provincias internas en dos comandancias; reforzó, ante la amenaza de ataques por parte de los ingleses, las fortificaciones de Veracruz, Ulúa, Perote y Acapulco. Creó nuevas unidades militares, prosiguió obras públicas importantes como el canal de Huehuetoca y, pese a un déficit hacendario, prohibió el establecimiento de instituciones culturales como el Jardín Botánico, la Academia de San Carlos y el Real Colegio de Minas. Mantuvo estrecha amistad con sabios como Alzate, el padre Pichardo, Elhuyar, León y Gama y otros.

Juan Vicente de Güemes Pacheco y Padilla, segundo conde de Revillagigedo (1789-1794), americano de origen, pues nació en La Habana cuando su padre era capitán general y gobernador de la isla, tuvo gran experiencia en las cuestiones americanas. Notable administrador, funcionario incansable como Bucareli, se preocupó por sanear no sólo la Real Hacienda, sino la economía en general. Impulsó la minería y la agricultura, los ramos económicos novohispanos. Reorganizó el sistema fiscal, con lo cual obtuvo crecidas sumas que auxiliaron a la economía metropolitana y a la situación de las dependencias imperiales como eran las Filipinas, las Antillas, Cuba, Puerto Rico, Santo Domingo, y la Florida. Para defender el Septentrión, principalmente las Californias, y mantener los contactos con Oriente, consideró que Acapulco era el mejor sitio, aun cuando San Blas, que significa también una buena relación por tierra a través de Nueva Galicia, tenía asimismo importancia. Consideró que la vigilancia de las provincias del Norte era más efectiva a través de una sola comandancia, puesto que la dispersión y multiplicación en el mando anulaba toda acción. Realizó notables obras públicas tanto en la capital, a la que transformó haciéndola una ciudad digna, como en todo el Virreinato, en el que hizo edificar por notables ingenieros militares, caminos, puentes, desagües, edificios públicos diversos, escuelas, fábricas como la de tabaco, plazas, jardines, cajas de aguas y alumbrado público. Dividió las ciudades en cuarteles regios por alcaldes de barrio; y, a semejanza de lo ocurrido en España en 1768 y posteriomente en 1797, levantó un censo de población en 1793. La acción de Revillagigedo, el mejor de los virreyes de este período, sí fue benéfica para la Corona, a la que favoreció política y económicamente, también lo fue para el Virreinato. Este gobernante fue bastante sensible a los problemas sociales y económicos que afectaban a México y a los mexicanos. No sólo los describió con honestidad y lucidez, sino que, penetrando en sus orígenes, trató de resolverlos. Los juicios de él y de Humboldt en torno a ellos nos permiten ver el lado negativo de la realidad novohispana, los males que corroían a la sociedad, los desajustes de todo género que se habían ido acumulando y complicando, y que se complicarían más con el ingreso de ideas revolucionarias; de formas de ser y costumbres procedentes de la Francia ilustrada y también de la Francia revolucionaria; de tendencias libertarias que encontraban en grupos que tenían un vivo sentimiento nacionalista tierra fecunda para germinar y expandirse. Con Revillagigedo se percibe también el ingreso de las normas estéticas neoclásicas y de costumbres más libres, como sucedía en la sociedad que giraba en torno a Carlos IV y a su familia.

A este notable gobernante sigue el marqués de Branciforte (1794-1798), quien se preocupa por la defensa del Virreinato reforzando los puntos neurálgicos-costeros, reorganiza el ejército y proporciona recursos a la Metrópoli a costa de préstamos y donativos. Se interesa por la minería y el comercio, para el cual abre nuevos puertos, y trata de impulsar el comercio con las Antillas proveyéndolas además de harinas y de ganado sacado de las Huastecas (Nuevo Santander). Durante su gestión se crea la Sociedad Económica Mexicana de Amigos del País, a semejanza de las españolas. Introduce la vacunación contra la viruela y trata de aplacar el hambre del pueblo haciendo fabricar un pan barato. Se le acusa de falta de honestidad administrativa y de estar sujeto en todo a los caprichos de Godoy. Don Miguel José de Azanza (1798-1800) prohijó el desarrollo de la industria y advirtió que la Comandancia de Provincias Internas no había cumplido con su cometido de extender y vigilar las fronteras con los anglos y franceses, ni para pacificar a los indios ni convertir a los infieles, y propuso que su gobierno estuviese subordinado al Virrey. Favoreció la industria, preocupándose por el trabajo de la mujer y de los menores. Cuidó del bienestar de varias ciudades, como Veracruz, en donde instaló el alumbrado, y de Guadalajara, en donde creó la Universidad. Trató de encontrar recursos para apoyar las obras que el virreinato requería así como las urgencias de la Metrópoli en este estado de guerra. En 1808 apoyó al gobierno de José Bonaparte y fue el alma de la constitución que Napoleón quiso imponer a España. Su actuación en Bayona acarreó su desgracia. Don Félix Berenguer de Marquina tuvo un gobierno gris debido no sólo a su carácter sino a la circunstancia política y al pésimo estado de la economía que agravaba la situación social novohispana. Su actuación quedó expresada en una inscripción que la malicia popular añadió, a la que ya tenía una obra pública por él construida, que es como sigue: «Para perpetua memoria, construyó el virrey Marquina esta pila». El vulgo la continuó: «en que se orina, y aquí se acabó su historia».

Don José de Iturrigaray (1803-1808) representa como Branciforte una hechura de Godoy y, como él, es deshonesto y de vida poco edificante, reveladora de lo que ocurría en la corte, tan bien retratada por Goya y Pérez Galdós. Su preocupación esencial consistió en mejorar la economía para ayudar a la Corona en sus conflictos europeos. Fortificó el reino y mejoró la milicia. Hizo progresar la minería y durante su gestión se introdujeron nuevos métodos agrícolas. Simpatizó con el grupo criollo que alentó sus ambiciones y se prestó a apoyarlo, más pensando en su beneficio personal que por ser partidiario de ideales de cambio y renovación. Durante su gestión ocurrió la ocupación de España por Napoleón y la abdicación de los reyes españoles, lo que dio origen a un serio movimiento político en Nueva España que preludió la Independencia.

## La administración eclesiástica

Al lado de los administradores civiles, los eclesiásticos ejercieron en Nueva España una importante acción. A partir de 1519-1525, en que se erigió el Obispado Carolense, o de Tlaxcala-Puebla, cuyo primer pastor fue el humanista fray Julián Garcés, hasta fines del régimen virreinal, 171 obispos rigieron los diez obispados erigidos en tres siglos. De ellos, fueron 130 peninsulares, 32 mexicanos y 9 hispanoamericanos y de Filipinas. Los peninsulares ocuparon las principales mitras. En obispados foráneos figuraron más de sesenta criollos distinguidos por su saber y virtudes. Además de los mitrados del siglo XVI (Garcés, Zumárraga, Quiroga), cuya labor y ejemplo humano no tiene parangón, hubo en años posteriores varones como Marcos Ramírez de Prado, Francisco Gómez de Mendiola, Alonso de la Mota y Escobar y Alonso de Cuevas y Dávalos que cimentaron la paz, la cultura y la concordia. Destacan en el siglo XVII, por sus grandes dotes de estadistas, de constructores materiales y espirituales, por su firmeza, Juan de Palafox y Mendoza (1640-1655) y Payo Enríquez de Rivera. Influidos por el regalismo, pero de espíritu abierto para atender los problemas sociales surgidos en el siglo XVIII fueron fray Antonio de San Miguel (1784-1804) y su sucesor don Manuel Abad y Queipo; fray Antonio Alcalde, en Guadalajara, quien efectuó interesante obra social, pues, además de proveer con munificencia a los menesterosos y hambrientos, hizo construir en el barrio de Belén casas-modelo para los trabajadores, así como un magnífico hospital. En la misma sede, Juan Cruz Ruiz de Cabañas levantó un soberbio edificio para los orfelinos. La caridad tomaba en esos años el aire de filantropía y asistencia social que el espíritu del siglo impuso.

El clero secular, abundante en las ciudades y escaso en el campo, apoyó la obra de sus prelados. En su escalafón, ocupaban los primeros sitios los peninsulares venidos como familiares de los obispos; y luego seguían los criollos, que ascendían por rigurosas oposiciones que les obligaban a aumentar su saber, a ejecutar mejor su ministerio y a atender más de cerca y positivamente los problemas del pueblo cristiano.

Los miembros del clero regular, los franciscanos, dominicanos y agustinos, y los de congregaciones como la Compañía de Jesús y otras, ocupábanse de los fieles distribuidos en el amplio territorio novohispano, de misionar a los infieles en zonas marginales, de reducir a los indios a poblaciones y hacerles llevar una vida organizada bajo los cánones europeos y los que interesaban a la política real; de la educación de la niñez y de la juventud a través de planteles educativos que operaban en varios niveles. Destacó en esta labor la Compañía de Jesús, que atrajo a la población criolla más selecta, despertó en ella los ideales de una renovación filosófica y política, imprimiéndole un sentimiento nacionalista, y, además, cuidó de los grupos nómadas del Norte, en donde sentó las bases de un poblamiento seguro y racional, que no prosiguieron sus sucesores al ser aquélla extrañada del Imperio.

La formación del clero secular y regular hacíase a través de los seminarios tridentinos y colegios, en los cuales penetraron en el siglo XVIII los ideales ilustrados, promoviendo cambios muy positivos en la mentalidad eclesiática que estaba en amplios grupos sensibilizada ante los problemas sociales y económicos que la rodeaban. El clero criollo, tanto por este hecho como por reacción ante la discriminación o subordinación en los empleos, habrá de alentar sentimientos de renovación, de hondo cambio social y aun revolucionario, que le llevarán a apoyar el movimiento insurgente.

Hacia 1810, según datos de Navarro y Noriega, el clero sumaba un total de 9.439 personas, de las cuales pertenecían al ramo secular 4.229; y en 264 conventos albergábanse 3.112 religiosos y 2.098 religiosas.

Desde el siglo XVI, el clero novohispano destacó por su cuidada formación, espíritu apostólico y virtudes. La «crema de la Iglesia», según decía el virrey Toledo, había pasado a Nueva España. Seres humanos, la perfección no podía caracterizar a todos los eclesiásticos, y así se dieron casos de disolución de las costumbres y de vida escandalosa en muchos de ellos. Si hubo hombres de gran virtud, también hubo otros que descuidaron su ministerio y que hasta tenían sus barraganas. En general, la conducta del clero mexicano fue edificante y no promovió escándalos como los que se suscitaron en otras partes de América.

Si poderosa era la influencia espiritual y política de la Iglesia por su ascendiente en la conciencia social, también lo era por su riqueza formada por los diezmos y derechos parroquiales, limosnas y fundaciones piadosas. Estos últimos ingresos habían constituido un considerable capital y un conjunto de bienes raíces no siempre bien trabajado, que, junto con los latifundios de los particulares, obstaculizaba el desarrollo y progreso económico y una mejor distribución de la propiedad, raíz, principalmente, entre los campesinos. Era también una falla en la utilización de los recursos humanos y naturales, y una injusta forma de distribución de la riqueza. Esta propiedad sufrió en el siglo XVIII los embates de la política desamortizadora que las urgencias hacendarias de los borbones imponían, y así fue afectada en varias ocasiones. A partir del Concordato de 1737, celebrado por Felipe V con la Santa Sede, los bienes de la Iglesia quedaron sujetos a impuestos que beneficiaron al Estado y que también podían ser objeto de desamortización. En 1798 el impuesto a los bienes de la Iglesia fue de un 15 %, lo que produjo cuantiosos recursos al Estado. En ese mismo año, ante diversas y apremiantes presiones económicas, se invitó a los prelados a enajenar los bienes de la Iglesia, ingresando sus productos en la Real Caja de Amortización, en donde producirían un interés del 3 % anual. Esta invitación se convirtió en un ucase por la Cédula de 26 de diciembre de 1804, en la cual ordenóse:

> Se enajenasen las fincas de fundaciones piadosas y se recogieran los capitales impuestos de escrituras cumplidas para hacer entrar todos estos fondos en la Caja de Consolidación de Vales Reales, con destino a la amortización de éstos, a cuyo fin han de remitirse a España, obligándose el erario a reconocer los capitales y pagar los réditos, con la hipoteca de las rentas anuales.

Esta disposición que se impuso produjo a las arcas reales, pese a las representaciones particulares e institucionales, todas ellas muy sólidas y bien meditadas, más de diez millones de pesos. A la economía novohispana le causó grave deterioro, principalmente a los pequeños y medianos labradores que perdieron en su mayoría sus propiedades. El descontento y malestar que provocó esa Real Cédula originó, además de grave descontento, un anhelo de separación de la política española y un vigoroso sentimiento revolucionario, que muy bien previó el obispo de Michoacán, Manuel Abad y Queipo, en uno de sus más lúcidos y penetrantes escritos.

Tanto la extracción social del clero criollo, su creencia firme en que su misión estaba del lado de los débiles y los explotados, de los indígenas y campesinos que representaban la mayoría de la población y a quienes ellos trataban de educar para que llevasen una vida mejor, como el sentimiento nacionalista que en ellos existía, sentimiento que les motivaba a desear la libertad política; a romper las amarras que los sujetaban a una Metrópoli voraz que no escuchaba sus clamores; a deshacerse de malos gobernantes que buscaban tan sólo su enriquecimiento, llevó a amplias capas del clero a apoyar el movimiento libertario que iniciara, en la madrugada de un 16 de septiembre, un párroco de aldea, y a convertirse ellos en los caudillos del pueblo, en los hombres que darían las directrices para constituir una patria libre para erigir un Estado independiente en el cual todos los mexicanos deberían ser considerados, sin limitaciones sociales ni legales, como hermanos, como ciudadanos, como participantes en el común destino que se esperaba digno y más humano.

## La economía y la sociedad

Dentro de los lineamientos de la política económica que esbozamos al principio, se configuró la economía novohispana. El mercantilismo y luego el liberalismo ajustados a la realidad económica y social de México rigieron nuestro desarrollo. Si desde el siglo XVI se implantaron normas e instituciones feudales propiciadas por los conquistadores, ellos también prohijaron, movidos por su afán especulativo, formas incipientes capitalistas. A medida que el reino prosperó, disminuyeron las relaciones feudales, aumentó el capitalismo incipiente y el Estado intervino en forma más directa en la economía. En el siglo XVIII, en el que rigen aún los principios mercantilistas y la influencia de los economistas y, principalmente, de los hacendistas franceses como Colbert, también se percibe la influencia de los fisiócratas y del librecambismo de Smith. Tratadistas y dirigentes de la política económica, como Ward, Campillo, Patiño, Jovellanos, Roda y otros, promueven cambios en las directrices económicas tendientes a reforzar el Imperio y a sacarlo de la parálisis que le agobiaba. En América, los comerciantes, agricultores, mineros, criollos y españoles aceptan las medidas en cuanto que les benefician, pero también actúan movidos por un nacionalismo económico que busca proteger los intereses de las dependencias coloniales, de los grandes núcleos de la sociedad, del pueblo en general y no sólo de la Real Hacienda.

Las formas e instituciones feudales tienden a desaparecer en esta centuria. Así, las encomiendas, que ya languidecían, casi desaparecieron. El tributo que los indios pagaban en especie a los encomenderos se trocó en tributo en efectivo cubierto al Estado. La organización gremial, tan bien cuidada al principio, perdió rigor, y los aprendices fueron sustituidos por obreros libres a quienes se daba un salario y cuidaba un oficial. Como Jovellanos consideró a los gremios enemigos del desarrollo industrial, de la misma suerte los estimaron los liberales mexicanos y por ello Morelos dispuso su extinción al inicio de la Revolución de Independencia. Cierto es que los medios de producción eran propiedad particular, pero ésta estuvo limitada por normas legales.

El trabajo no estuvo del todo regulado. Las autoridades tendieron a dictar disposiciones en beneficio de los trabajadores, principalmente para resolver conflictos graves surgidos en el campo, en las minas y en la embrionaria industria. En el campo, los jornaleros mantenían relaciones de servidumbre y el peón encasillado aumentó a finales de la centuria. Las haciendas constituyen centros económicos importantes y, a menudo, los hacendados derivan su capital no sólo de la tierra sino de minas y pequeñas industrias. El dominio de la tierra, además de seguridad, proporciona un rango social estable. Los productos van a mercados locales, aislados unos de otros y con poco movimiento. En el caso de las minas, explotadas por particulares, la dependencia que mantienen con el mercado externo es poderosa y la dependencia económica con los países fuertes se acentúa. Al superarse la crisis del siglo XVII y mejorar la situación por la recuperación del mercado, el hallazgo de nuevas vetas y la mejoría de las técnicas, la minería mexicana experimenta una bonanza considerable que beneficiaría al Estado y a los particulares. Sin embargo, el interés no se va a centrar tan sólo en la minería sino en otras ramas de la economía: la agricultura, el comercio y la industria.

LAS RELACIONES COMERCIALES

La relación económica con la Metrópoli realizada a través de las flotas va a ser modificada, pues se piensa que la dilación en su salida perjudica tanto a la península como a las colonias. Si bien los comerciantes beneficiábanse de su retraso y eran partidarios de mantener el sistema, la Real Cédula de 1765 que implantó el comercio libre y el Real Decreto de 28 de febrero de 1789 que extendió a Nueva España esos beneficios, dio fin al sistema de flotas. El retardo de la flota favorecía además el contrabando realizado por los ingleses, franceses, holandeses, norteamericanos y hasta españoles en convivencia con los primeros.

Las riquezas americanas, apetecidas por las potencias europeas, originaron, por su utilización, una serie de compañías de comercio, mediante las cuales se deseaba aumentar las relaciones y beneficios económicos. Desde el advenimiento de los Borbones a España, Francia propuso a su hermana y aliada la constitución de una binacional, proyecto que no contó con la aprobación del Consejo. En 1774 se creó la Compañía de Montesacro, de corta duración, y en 1728, la Guipuzcoana, que adquirió gran poder y prestigio. Favoreció las relaciones con la Metrópoli y con Nueva España y su influencia terminó en 1781 cuando, debido a la libertad de comercio, perdió el monopolio que tenía sobre la provincia de Caracas. En 1785 se fusionó con la Compañía de Filipinas auspiciada por Cabarrús, la cual adquirió cuantiosos bienes, entre ellos, muchos que eran propiedad de mexicanos. Fondos pertenecientes a las Cajas de las comunidades indígenas de Nueva España que nunca se restituyeron, sirvieron para acrecentar su capital. Esta compañía, que realizó un intenso comercio con América y Asia, se extinguió en 1834. Otras compañías, como la de Sevilla, la de Granada, y las de La Habana y Barcelona, sirvieron también para realizar operaciones mercantiles muy cuantiosas, que beneficiaban a los intermediarios y a los comerciantes más que a los productores.

El sistema de libre comercio, decretado en 1765, posibilitaba a las provincias americanas a comerciar entre sí. No todas las provincias fueron beneficiadas, pues algunas como Nueva España y Caracas sólo podían comerciar con Perú y Nueva Granada. No fue sino hasta 1789 que Nueva España y Caracas obtuvieron autorización para comerciar con las restantes provincias. Se rompía el monopolio que Cádiz y Sevilla tuvieron para comerciar y se autorizaba a otros puertos españoles habilitados para hacerlo. Dióse también libertad a los americanos para comerciar libremente con la Metrópoli; mas Nueva España no tenía flota mercante alguna y dependía en todo de esta, la cual, a su vez, tenía graves deficiencias aun cuando trataba de rehacer su marina mercante. Pese a todo ello, el clima de libertad que se abrió produjo una fermentación económica y originó también que navíos extranjeros introdujeran abundantes mercaderías de que carecía Nueva España, las cuales ya no entraron todas por México, sino por otras poblaciones. Veracruz adquirió mayor importancia, lo que obligó a crear en ella, el año de 1795, un Real Consulado y otro en Guadalajara, el centro de distribución económica de Occidente. El Consulado de México, creado en 1592, era el que hasta entonces regía las relaciones comerciales.

La política de libre comercio no sirvió a Nueva España para acrecentar sus relaciones comerciales con otras provincias, aun cuando, como señalamos, sí benefició a un núcleo de comerciantes con tendencias modernas, amigos de la libertad de acción individual, y, por consiguiente, nada afectos a la política proteccionista del Estado. El desarrollo agropecuario de Nueva España, que desde el siglo XVI había permitido la producción de harinas abundantes con las que surtía a las Antillas y a otras regiones, así como la exportación de carne de Nuevo Santander, a finales del siglo XVIII, no fue atendido debidamente y tanto la calidad de la harina como los envases en que se enviaba, toneles de madera, no eran tan buenos como los que se elaboraban con el trigo de las grandes praderas americanas, y con la madera de sus ricos bosques. Además, resultaba más caro el producto mexicano que el norteamericano, lo que provocó quejas de los consumidores y el cierre de ese mercado. La posibilidad de comercio interprovincial de Nueva España por el Atlántico se truncó por esta razón y también la influencia que ella ejercía en el mundo del Caribe. Nueva España fue desplazada por una potencia que, lenta pero seguramente, crecía al Norte.

Si en 1790 los Estados Unidos de Norteamérica representaban un pequeño país recién surgido a la vida nacional y al concierto de las naciones, veinte años después, en 1810, constituía ya, como lo había observado el conde de Aranda, una potencia que crecía, pues había duplicado su territorio y en población, que de 3.929.214 almas pasaba a contar con 7.239.881. Había logrado dominar el valle del Ohio y tenía el control del Misisipí, desplazando así a los franceses, y además presionaba sobre la Florida y el Septentrión novohispano. Su potencial comercial alcanzaba un promedio de 143 millones y contaba con una industria apreciable y un gran desarrollo agrícola y pesquero.

Luis de Onís, inteligente observador de su crecimiento y de la debilidad de España para defender su Imperio, señala que una de las causas de ese rápido engrandecimiento, además de la laboriosidad, energía y constancia del pueblo, y recta y firme administración, se debía a que los Estados Unidos eran el único país libre que se había mantenido neutral en las guerras de Europa y su

> pabellón era el único neutral y libre en todos los mares. No sólo disfrutaron entonces los americanos una larga y ventajosa época para llevar y vender en los mercados de Europa y en los de América Española las producciones de su suelo a precios subidos, sino también para arrancar los productos y mercaderías de todas las otras naciones desde los mercados y puertos de unas a los de las otras[1].

De 1790 a 1807 el comercio norteamericano creció extraordinariamente, y si se detuvo en ese año debido al *Embargo Act* decretado por Jefferson, cuyas consecuencias fueron dañosas para ese país, se restableció en 1809 con el *Non-Intercourse Act* del 10 de marzo que permitió el comercio. A partir de ese año, las tres claves portuarias de los Estados Unidos son: la del Norte, con cerca de quince puertos desde Massachussetts y Nueva Hampshire, entre los cuales destaca Boston; la del centro, con Nueva York, y la del Sur, con Baltimore y Alexandría, Charleston y Nueva Orleans. Del puerto de Baltimore, tan sólo en 1809, salieron 136 navíos hacia España y sus posesiones, y de ellas entraron más de 100, lo que equivalía a un 14,69 % y a un 16,76 % de todo el comercio estadounidense. Lo que salía y entraba hacia las colonias españolas era mayor que lo que iba a su Metrópoli.

Observador acusioso de esta situación, escribe al respecto:

> El potencial marítimo comercial de los Estados Unidos se había adueñado por consiguiente de este tráfico comercial.

Onís manifestaba su admiración por la marina mercante norteamericana con estas palabras:

---

[1] M. Lucena Salmoral, *Comercio de Estados Unidos con España e Hispanoamérica*, Madrid, Ministerio de Educación y Ciencia, 1978, sobretiro del *Congreso sobre el bicentenario de los Estados Unidos*, pp. 171-241, pp. 185 y ss.

Los americanos pueden competir en este punto con las naciones más industriosas de Europa; instruyen toda especie de embarcaciones con mucha facilidad y perfección en corto tiempo, y a mucho menos costo que en España, aunque el precio del trabajo es mucho más alto en su país que en el más caro de Europa. Los buques hechos en Filadelfia, Baltimore y Nueva York son los más bien construidos; pero los que se hacen en los estados del Sur, o con madera de ellos, son más fuertes y durables. Puede calcularse un año con otro, que no se construyen menos de cien mil toneladas anualmente en los diferentes puertos de estos Estados.

En el mismo año de 1809, el total de embarcaciones zarpadas y arribadas a puertos estadounidenses de las posesiones españolas fue de 645. El mayor porcentaje se dirigió a Cuba y luego a Venezuela y Puerto Rico. Cuba tenía un 78,52 % del total de ese comercio y a esa isla exportaban harina, carne salada, efectos navales, madera y esclavos e importaban moneda de plata llegada de México, azúcar, tabaco, cueros y aguardiente de caña. Este hecho, originado en la incapacidad de México de surtir abundantemente las posesiones antillanas necesitadas de muchas mercaderías y también de exportar las que producían, hizo que las autoridades españolas permitieran ese comercio y dio como resultado final que esas islas cayeran bajo la dependencia de los Estados Unidos y que se desligaran de México, incapacitado para aprovisionarlas suficientemente, principalmente en el momento en que éstas contaban con una población militar que España tenía ahí en guarnición, y también una buena cantidad de refugiados llegados de Santo Domingo y otros que en el futuro llegarían de Venezuela. De esta suerte, las islas se convirtieron en el complemento natural de la economía norteamericana. Venezuela, urgida de los mismos efectos, ocupó el segundo lugar en su comercio. El mundo del Caribe advino así en «un buen mercado para las harinas, bacalaos y alimentos estadounidenses y un centro de suministro de azúcares y melazas, necesario para el consumo y elaboración de rones, aparte de un lugar idóneo para la extracción del numerario español» [2]. A partir de esos años, una amplia fracción del Imperio Español va, poco a poco, a ingresar en la zona de influencia norteamericana, a girar dentro de su órbita económica. Si Nueva

[2] *Ibidem*, p. 197.

España y Nueva Granada rompen su relación política con la Metrópoli en las primeras décadas del siglo, las islas del Caribe, principalmente Cuba, no lo harán sino hasta 1898, momento en el cual caen, sobre todo Puerto Rico, bajo la órbita política de los Estados Unidos. Esos mismos años, al otro extremo del Imperio, las Filipinas quedarán igualmente sujetas a la dependencia económica y política norteamericana, hecho que marcará el completo derrumbe del vasto Imperio Español.

## La agricultura

Don Fernando Navarro y Noriega, que elaboró una maciza y meritoria *Memoria* fundamentada tanto en su propia experiencia como contador general de arbitrios de Nueva España, como en serios estudios estadísticos dispuestos desde el año de 1790 por Revillagigedo, y aun antes en la Secretaría del Virreinato, afirma que Nueva España contaba el año de 1810 con 3.749 haciendas, 6.684 ranchos y 1.195 estancias de ganado mayor. La extensión de haciendas y ranchos era muy diversa, pues existían grandes concentraciones como las de los condes de San Miguel Aguayo, de Valle de Santiago, del mariscal de Castilla y las del duque de Monteleone; estas últimas eran las que quedaban del gran marquesado que Cortés fundó. Había otras menores como las de los condes de Regla, los Vivanco, Fagoagas y el marqués del Jaral, cuyo valor era de medio a dos millones de pesos. Otras más pequeñas eran patrimonio de pequeños propietarios. En el centro del país, esto es, en donde las tierras eran mejores, el régimen de lluvias más favorable o había posibilidad de riego permanente, y también en donde existía una más abundante población indígena o mestiza, se encontraba la mayoría de esas haciendas y ranchos que constituían enormes latifundios. La concentración de la propiedad, en manos de latifundistas y de la Iglesia, representaba una de las más grandes fallas del sistema que obstaculizaba el mejoramiento, principalmente, de las clases laborables. El virrey de Revillagigedo subraya ese mal al escribir:

> La mala distribución de tierras, es también un obstáculo para los progresos de la agricultura y el comercio en estos reinos, más cuando pertenencen a mayorazgos cuyos poseedores están ausentes o son descuidados. Hay aquí vasallos de Su Majestad dueños de centenares de

leguas cuadradas que pudieran fundar un reino pequeño en el distrito de sus posesiones, de las cuales, sin embargo de su extensión, sacan muy poca utilidad.

Y el obispo de Michoacán, Manuel Abad y Queipo, en su *Representación* de 1805, señala:

Las tierras, mal divididas desde el principio, se acumularon en pocas manos recayeron —como diría también Lorenzo de Zavala— en los conquistadores y sus descendientes y en los empleados y comerciantes. La indivisibilidad de las haciendas, dificultad de su manejo y falta de propiedad en el pueblo, produjeron y aún producen efectos muy funestos a la agricultura por la imperfección y crecidos costos de su cultivo y beneficio, y aún mucho más por el poco consumo de sus frutos a causa de la escasez y miseria de sus consumidores; a la población, porque privado el pueblo de medios de subsistencia, no ha podido ni puede aumentarse en la tercera parte que exige la feracidad y abundancia de este suelo; y al estado general, porque resultó y resulta todavía de este sistema de cosas, un pueblo dividido en dos clases, de indios y castas; la primera, aislada por unos privilegios de protección que, si le fueron útiles en los momentos de la opresión, comenzaron a serle nocivos desde el instante mismo que cesó; que ha estado y está imposibilitada de tratar y contratar y mejorar su fortuna, y por consiguiente, envilecida y en la miseria. Y la otra que, descendiente de esclavos, lleva consigo la marca de la esclavitud y de la infamia que hace perpetua la sujeción y el tributo. Un pueblo semejante, que, por otra parte, se halla generalmente disperso en montes y barrancas, es claro que, por sí mismo, no puede tener actividad ni energía, costumbres ni instrucción.

Este panorama tan sombrío descrito por personalidades bien enteradas y de buena fe, se agravaba cuando las condiciones geográficas y climatológicas empeoraban, lo cual parecía cíclico. Un estudioso de la cuestión señala que el crecimiento demográfico que experimentó Nueva España en la segunda mitad del siglo XVIII, la expansión de los latifundios y el alza de los precios de los artículos de primera necesidad como el maíz, agravaron esa situación, así como también algunas epidemias ocurridas entre esa segunda mitad del siglo XVIII e inicios del XIX. La escasez de lluvias o excesos y heladas que disminuían las cosechas, la necesidad de maíz de la población en su casi totalidad, el acaparamiento y encarecimiento de ese grano que los hacendados hacían para especular, convertía a las crisis agrícolas en crisis económicas generales. Flores Cano explica que:

> En las ciudades el aumento de los precios, que seguía inmediatamente a la escasez, significaba la carencia inmediata para los miles de vagabundos y de desempleados que en ella se encontraban; el licenciamiento de numerosos trabajadores de las manufacturas de telas y vestidos populares que se veían afectados por la caída brutal de la demanda; el derribo de los sin trabajo del campo y de indios sacados de sus poblados por el hambre; la propagación de epidemias y el crecimiento de tensiones sociales. En los campos, la crisis agrícola provocaba también el despido de peones en las haciendas; la emigración de habitantes de regiones no productoras de cereales; la ruina de los cultivadores cuya explotación era de pequeña o mediana importancia; la dislocación de las estructuras económicas y familiares del mundo rural. La crisis, en fin, paralizaba las principales actividades económicas de la colonia, como la minería, que dependía del maíz para sus trabajadores y de las bestias que servían de fuerza a máquinas y molinos. La crisis agrícola era así sinónimo de miseria, de parálisis económica y de catástrofe demográfica [3].

Las crisis de 1722, 1730-1731, 1741-1742, 1759-1760, 1771-1772, 1785-1786, 1795-1797 y 1801-1802, 1808-1809 y 1810-1811 sumieron a Nueva España en desesperación y angustia. Las últimas provocaron tal agitación entre los grupos miserables, ofendidos por la especulación de los hacendados, que se dieron diversas disposiciones para remediar esos males; las eclesiásticas en Michoacán, Jalisco y otras provincias afligidas por la escasez y la hambruna dispensaron toda suerte de ayuda, auxiliados por multitud de párrocos conscientes del malestar y de la penuria de la mayor parte del pueblo. De esta suerte, el diezmo volvía al pueblo para beneficiarlo en situaciones críticas.

Abad y Queipo, consciente de la situación y conocedor de la causa real de esa situación, propuso como remedio «la división gratuita de las tierras realengas entre indios, castas y españoles pobres, y una ley

---

[3] E. Flores Cano, *Mouvements Paysans et Problèmes agraires de 1770 à 1810,* Ginebra, Librairie Droz,. S. D., sobretiro de *Cahiers Internationaux d'Histoire Economique et Social,* núm. 1, pp. 220-239, 234-235.

agraria que otorgase al pueblo un equivalente de la propiedad que le faltaba y que le permitiera cultivar tierras incultas». Esta medida propuesta por el prelado michoacano encontraría eco en los hermanos González, que, en San Miguel el Grande, poco más tarde, elaboraron un proyecto de repartición agraria.

La capital novohispana también se agitaba ante estos hechos. En 1806, desde el *Diario de México*, Carlos María de Bustamante clamaba contra los acaparadores que aumentaban su fortuna a costa de la sangre del pobre. Ese mismo año el propio Bustamante escribía unas *Reflexiones sobre el derecho de propiedad*, en las que señalaba que:

> Acaparar bienes, que son necesarios a todos y a la sociedad en conjunto, es usar del derecho de propiedad, protegido por la ley en perjuicio del público, cuyo beneficio es el fin principal de las leyes.

Y concluía:

> que si el derecho de propiedad era utilizado por los malos agricultores en perjuicio del derecho esencial de la sociedad, ésta debería dictar leyes que suprimieran esa fuerza que tenían los monopolizadores convertido en látigos de la sociedad.

Vastas regiones del país, principalmente las centrales, se agitarían en los últimos años del régimen colonial exigiendo un cambio en esa injusta y dolorosa situación.

Fuera de esos períodos críticos, la agricultura desarrollóse favorablemente en Nueva España y prosperó en las últimas décadas. El maíz, trigo, frijol, chile, cacao y caña de azúcar constituían los productos más cuidados y consumidos, todos internamente, aunque mal distribuidos por el acaparamiento y mal estado de las comunicaciones. Algunos productos de importación eran atendidos, como el cacao, la grana o cochinilla, la vainilla, el tabaco y las maderas tintóreas. Varios de ellos, como el cacao y las tintóreas, tendían a ser desplazados por otros países productores. La cochinilla intentó ser aclimatada en Santo Domingo, pero ésta y otras tintóreas como el añil, el palo de Campeche, etcétera, tendrían ya poca demanda al aparecer más tarde las anilinas que la industria química europea produciría. El tabaco estancado por el Estado sólo beneficiaba a ciertas regiones, como las de Veracruz y las de

Nayarit y Jalisco, y a sus productores relacionados con el Estado. Hacia 1803, México producía 17 millones de fanegas de maíz; 100 millones de kilos de trigo, y 29 millones de kilos de azúcar, de los cuales sólo cinco se exportaban. De productos agrícolas en 1803, exportóse por Veracruz un total de 12.017.062 dólares.

Los diezmos, que dan una idea aproximada de la producción agrícola, fueron entre los años de 1779-1789, 18.353.831 pesos, lo que da un promedio de 1.835.383 anual. De ese último año en adelante disminuyeron, lo cual se explica por las crisis apuntadas.

## La minería

En su *Memoria*, Navarro y Noriega nos dice que en 1810 existían en Nueva España 206 reales de minas, de los cuales los más numerosos estaban en la provincia de México, Guadalajara, Guanajuato, Zacatecas, San Luis Potosí, Valladolid, Durango y Arizpe [4]. Humboldt, por su parte, escribe:

> En el reino de Nueva España, en su estado actual, hay cerca de quinientos reales y realitos, célebres por las explotaciones de minas que hay en sus inmediaciones... Es probable que estos quinientos reales comprendan cerca de tres mil minas... Éstas se dividen en treinta y siete distritos a cuyo frente están otras tantas diputaciones de minería [5].

Esas cifras, no contradictorias sino complementarias, explican la riqueza minera del país, la segunda después de la agrícola como el mismo Humboldt estimaba. Centros de explotación minera, como Guanajuato, Zacatecas, Real del Monte, Taxco, Bolaños, Catorce, Sombrete, Fresnillo, Parral, Batopilas y otros más, llevaron a Nueva España a producir, en el siglo XVIII, más beneficios que los que producían las

[4] F. Navarro y Noriega, *Memoria sobre la población del reino de la Nueva España, escrita en el año de 1814.* Reimpresa ahora por vez primera con una introducción de J. Delgado Llanez, México, Porrúa Turanzas, editor, 1954, p. 30, tabla.
[5] A. de Humboldt, *Ensayo político sobre el Reino de la Nueva España,* edición crítica, prólogo y notas de V. Alessio Robles, 6 vols., México, P. Robredo, editor, 1941.

minas peruanas, hasta entonces las más reputadas. En las últimas décadas, el valor medio anual de la producción fue de 23 millones de pesos. Oro y plata eran los metales explotados, desestimándose valiosos minerales, y aun esos metales se obtenían del laboreo de considerable cantidad de mineral. Según algunos expertos, diez millones de quintales de mineral sólo producían tres millones de marcos de plata, parte por fundición, parte por amalgación.

El aumento en el precio de los metales, que favoreció en el siglo XVIII a la industria minera, renovó el interés en ella por parte de los particulares y del Estado. Éstos solicitaron y obtuvieron una mejor provisión de azogue y una más justa distribución, además de una rebaja en su precio que fue concedida en una tercera parte con la promesa de bajarla hasta la mitad; lograron se les eximiera de impuestos o se le disminuyeran, disminución que benefició a unos y a otros, pues durante el tiempo que se concedió ingresaron al fisco mayores cantidades por concepto del quinto, y la amonedación subió más de cinco millones entre 1768 y 1770. La amonedación quedó en manos del Estado, a través de la Real Casa de Moneda. El Estado, interesado en la minería, eximió o redujo las tasas de nuevas explotaciones, disminuyó el precio del azogue y de la pólvora, estancados por él mismo, y promovió una modernización en los sistemas de explotación enviando a Fausto Elhuyar, uno de los científicos más notables, y a once técnicos alemanes con el fin de que implantaran el método de Born, que no dio resultado en Nueva España pese a los esfuerzos de esos técnicos. Los mexicanos habían logrado adquirir, en contacto estrecho con la realidad mexicana, mayores conocimientos y experiencia en el trabajo minero, lo cual fue reconocido por Federico Sonneschmidt, uno de esos especialistas. Estos dejaron, sin embargo, importante enseñanza en el campo de la química en el beneficio de los metales, lo cual fue de gran utilidad posterior.

La creación del Real Tribunal de Minería, debida a notables hombres de ciencia y de empresa, como Joaquín Velázquez de León y Juan Lucas Lassaga, lograda en 1777 aun cuando sus ordenanzas se dieron en 1783, y la fundación del Real Seminario de Minería de México en 1792, tuvieron por objeto no sólo preparar a técnicos especializados en la minería y técnicas conexas, a base de los más modernos conocimientos, y asegurar así la producción, sino también el reconocimiento de la importancia de esa industria para la economía. Por ello, al igual que el Tribunal del Consulado, creado por las exigencias mercantiles desde el siglo XVI, se creó el Real Tribunal de Minería, que integraba en la organización económica estatal a uno de los factores más importantes de la economía.

El trabajo en las minas efectuábase por indios, que ejecutaban las labores exteriores, y mestizos voluntarios o forzados. Las condiciones de los trabajadores eran sumamente penosas por el tratamiento que se les daba y la inseguridad en que laboraban, lo que ocasionó protestas y conatos de rebelión en diversos momentos. El tiempo había ido formando un grupo de trabajadores libres, los barreteros, que laboraban no mediante salario sino por participación en el mineral encontrado, lo cual les beneficiaba a ellos y a los patrones, quienes lo preferían. La condición de éstos fue bien observada y alabada por Humboldt, pero no se puede generalizar diciendo que la suya era la situación general de los mineros. El malestar originado por esas condiciones es el que explica la constitución de amplios núcleos con una clara conciencia de su situación, con un espíritu de clase que los lleva a unificarse y a protestar contra las inhumanas condiciones de trabajo. Esto explica también cómo ellos constituyeron, cuando surgió una revolución popular, el mayor apoyo que ésta tuvo; y su participación, junto con la de los campesinos y otros grupos que vivían en las mismas condiciones, fue la que convirtió a la rebelión de Hidalgo en una lucha eminentemente social y no política.

## OTRAS INDUSTRIAS

De menor importancia son otras embrionarias formas industriales desarrolladas en Nueva España. Dejando a un lado la del azúcar, que está más ligada al cultivo de la tierra, se puede hablar de pequeñas industrias como la curtiduría, la del jabón, vidrio y objetos de cerámica, en su mayor parte artesanal.

Otras ramas, como la textil, que se desarrolla a base de los obrajes en los cuales la fuerza de trabajo de los indios se utiliza por particulares que los explotan inmisericordemente pese a las leyes que en favor de los operarios se dan, o también a base mano de obra forzada de reclusos, hizo de estas factorías instituciones indeseables que tendieron a desaparecer para dar lugar a talleres manejados con trabajo libre.

La necesidad de contar con telas, tanto de lana y seda como de algodón, para aprovisionar a una población cada vez mayor, hizo surgir en México una incipiente industria textil, a pesar de las limitaciones que Nueva España tuvo para desarrollar su industria, limitaciones que los mismos funcionarios ilustrados postulaban, entre otros Jovellanos. Productores de algodón y con una tradición textil riquísima, los novohispanos no podían mantener inactivos sus telares. Al de cintura, de uso común entre los indios, se había añadido desde el siglo XVI el europeo de pie, y desde entonces proliferaron por toda Nueva España telares en donde, además del algodón, tejióse lana que enriqueció y mejoró la indumentaria mexicana. Distribuidos por todo el reino, esos telares satisfacían las exigencias locales, pero eran insuficientes regionalmente. Tal hecho originó la creación de factorías textiles en diversas regiones: Querétaro, Guanajuato, Puebla, en las que se tendió, por intervención del Estado, a emplear trabajadores libres preferentemente y no forzados. El virrey Revillagigedo, quien conoció a fondo la situación existente, consideró que la industria textil algodonera era tan importante y necesaria que no sólo no podía suspenderse, sino que, por el contrario, debería fomentarse. Esa idea le llevó a apoyar una escuela de hilados para mujeres indígenas en Tixtla en los años 1792 y 1793, la cual dio magníficos resultados, pues adiestró en técnicas más modernas a un buen número de personas que pudieron trabajar con mayor libertad y beneficios. La información que el mismo virrey proporciona en su *Instrucción Reservada* de 1794 da una idea muy clara del desarrollo de esta industria, que más tarde labraría bayetas, telas de lana y lonas aun de seda. El cultivo de la morera en varias regiones del país en esta época indica que renacía el interés por la industria del tejido de la seda, la cual adelantó aun cuando sin llegar al perfeccionameinto de las chinas o de las italianas, que eran las que se consumían a altos precios, debido a las restricciones que la política económica había impuesto.

Las fábricas textiles, principalmente las de algodón, fueron impulsadas en todos esos años y constituirán la base del esfuerzo que don Esteban de Antuñano realiza a principios del siglo XIX para dar al país una industria basada en presupuestos más modernos.

En todos estos ramos, la fuerza de trabajo la representaban los indios y las castas. La legislación indiana trató de proteger a unos y a otras; mas los abusos, la falta de cumplimiento de las disposiciones, la indiferencia y complicidad de muchas autoridades, la falta de movilidad social, el crecimiento de la población, las crisis agrícolas y económicas habían originado que a fines del siglo XVIII la situación social y económica de esos grupos fuera sumamente penosa; que el malestar que se respiraba por la injusta distribución de la riqueza fuera muy agudo; que los problemas sociales, surgidos de la concentración de la población en las grandes ciudades, abundaran agravándose, y que también aumentara el número de desempleados y de vagos que formaban poco a poco una plebe o *lumpen proletariat*, como les gusta a los economistas llamarlos, muchedumbre misérrima que tenía en tensión a las autoridades.

Frente a esa situación, la circulación de las nuevas ideas libertarias, el crecimiento del sentimiento nacional, el desprecio o rencor hacia las malas autoridades manifestado en los gritos de «muera el mal gobierno», la difusión de ideales libertarios e igualitarios, como los que enarboló la Revolución Francesa y la Convención, preocupada por la suerte de los esclavos y grupos de color; los escritos y panfletos abolicionistas y revolucionarios; el ejemplo emancipador de las colonias inglesas; el apoyo de la masonería enemiga del absolutismo y con aspiraciones universalistas, aunque movida por intereses económicos; todo eso produjo una clara conciencia de que era menester un cambio. Mentes lúcidas, como la de Abad y Queipo, lo advirtieron desde 1805, cuando advino también la cruenta revuelta de los negros en Santo Domingo y por ello escribieron al monarca indicándole que debían tomarse medidas para evitar una explosión semejante a la de esa isla. Proponía el prelado como medidas:

> Lo primero, la abolición general de tributos en las dos clases de indios y castas. Lo segundo, la abolición de la infamia de derecho, que afecta a la referidas castas, que se declararán honradas, capaces de obtener los empleos civiles que no requieren nobleza, si los nereciesen por sus costumbres. Lo tercero, división gratuita de todas las tierras realengas entre los indios y castas. Lo cuarto, división gratuita de las tierras de comunidades de indios entre los de cada pueblo. Lo quinto, una ley semejante a la de Asturias y Galicia, en que por medio de locaciones y conducciones de veinte o treinta años, en que no se adeude derecho de alcábala, se permita al pueblo la apertura de tierras incultas de los grandes propietarios, a justa tasación en casos de desavenencia, con la condición de cercarlas, y las demás que parezcan

convenientes para conservar ileso el derecho de propiedad... Lo sexto,
libre permisión de avecindarse en los pueblos de indios, y construir
en ellos, casas y edificios, pagando el suelo, a todas las clases españolas, castas e indios de otros pueblos.

Esos principios, especialmente la abolición de la esclavitud y supresión de las castas, que representaban el aspecto más infamante de la
sociedad novohispana, así como la abolición de tributos, van a encontrar en la mayor parte de los dirigentes del movimiento emancipador
estraordinario eco. Por ello no es nada extraño que las disposiciones
en contra de la esclavitud se den, sucesivamente, por Anzorena, en Valladolid, en octubre de 1810; luego, por Rayón, a los pocos días; por
Hidalgo, en Guadalajara, en diciembre y que más tarde sean ratificadas
por Morelos.

Honda transformación social inflamó la bandera insurgente desde
sus inicios y diferenció nuestro movimiento emancipador de otros puramente políticos ocurridos en Hispanoamérica en los últimos años. Este
es el elemento distintivo entre nuestra insurgencia y la de otros países:
haber sido la primera revolución social de los tiempos modernos.

III

# INICIO Y DESARROLLO
# DEL MOVIMIENTO EMANCIPADOR

La invasión napoleónica y la abdicación de los reyes españoles

El 21 de septiembre de 1792 se instaló en Francia la Convención, una de cuyas finalidades era revisar la Constitución que los revolucionarios se habían dado el año anterior. Ese mismo día se proclamó la República Francesa y el 21 de enero de 1793 fue guillotinado Luis XVI. Varios países europeos: Inglaterra, Prusia, Austria, Rusia, Holanda y los Estados alemanes, declararon la guerra a Francia. España añadióse a ellos el 25 de marzo de 1793, mas esa lucha terminó en 1795 al firmarse la Paz de Basilea. De 1795 a 1799, en que gobernó el Directorio, distinguióse un joven corso ascendido pronto a general, Napoleón Bonaparte, quien a partir de 1796 se hizo notable por sus campañas en Italia y Egipto (1798). Vuelto a Francia el 18 Brumario (9 de noviembre de 1799), tras la caída del Directorio ascendió en compañía de Sieyes y Roger a la calidad de cónsules encargados de reformar la Constitución de 1795. La acción de Bonaparte de 1800 a 1804 fue benéfica para el país, al grado que en 1802 se le otorgó el título de Cónsul Vitalicio. El 18 de mayo de 1804 el Senado confió el gobierno de la República a un monarca con el título de emperador de los franceses, que fue Napoleón, quien se hizo coronar en la catedral de Nuestra Señora de París y más tarde en Milán.

Entre 1806-1807 se creó una cuarta coalición contra Francia, esta vez la Imperial, y Bonaparte declaró el bloqueo continental para doblegar a su mayor rival, Inglaterra. Portugal, aliada con esta última, es castigada por Napoleón, que la invade a fines de 1807, lo cual obligó a sus reyes, de la casa de Braganza, a huir a Brasil, en donde establecieron la sede de su imperio. La familia real española se dividió por la injerencia de Manuel Godoy, al grado que el sucesor al trono, el príncipe de Asturias, tramó un complot para despojar de la corona a sus padres; al conocer que fuerzas francesas al mando de Junot entraban a España para pasar a Portugal, aconsejado por Godoy, trató de partir hacia Sevilla para embarcar a América como los reyes de Portugal, pero nutridos grupos lo impidieron, manifestáronse contra Godoy y en favor del príncipe Fernando, quien logró en Aranjuez, el 19 de marzo de 1808, que su padre Carlos IV abdicara en su favor.

La abdicación de Carlos IV no complació a Bonaparte, que envió al mariscal Murat, duque de Berg, a Madrid para obligar a Carlos IV a declarar nula su abdicación. Por su parte Fernando, con el título de VII, trató de organizar un gobierno propio, mas Napoleón tenía planes para el futuro español e hizo conducir con engaños al príncipe a Bayona, así como a sus padres. El 5 de mayo de 1808 Fernando cedió sus derechos de la corona a su padre y éste al emperador. Pocos días después, la familia real internóse en Francia en calidad de prisionera de Napoleón.

La partida del príncipe y de la familia real, la presencia de las fuerzas francesas en varias poblaciones, su altanería y mala conducta hacia las autoridades y el pueblo español, originaron que éste se amotinara el 2 de mayo y se lanzara con indignación, heroica valentía y alto espíritu contra las tropas francesas, que victimaron a una población que luchaba por su independencia. Del 9 de ese mes hasta el año 1813 en que cesó la guerra de guerrillas contra los invasores, el pueblo español realizó su guerra de independencia y liberación de los franceses.

La abdicación de los monarcas, la desaparición del poder legítimo y el deseo de no acatar al rey intruso impuesto por Napoleón, llevaron a las diferentes provincias, inflamadas de sano espíritu nacionalista, a integrar juntas gubernativas como las de Sevilla, Granada, Mallorca, Asturias, Murcia, etc.; mas la necesidad de contar con un solo mando tanto para hacer frente a los franceses como para organizar el gobierno metropolitano y el imperial, llevó a la creación de una Junta Central que se reunió el 25 de septiembre de 1808, presidida por el conde de Floridablanca. Para diciembre de ese año dicha junta se había trasladado a Sevilla y bajo la inspiración de Jovellanos la idea de convocar a Cortes prosperaba, como también prosperó la idea de Calvo de Rozas de que las Cortes establecieran un régimen constitucional que limitara el absolutismo y garantizara los derechos de los ciudadanos.

La noticia de la abdicación de los monarcas, su prisión y el alzamiento del pueblo español llegó a Nueva España el 14 de julio.

## Las Juntas de 1808

Sin monarcas y ante la amenaza de Bonaparte, que se comenzó a ver como flagelo y enemigo de la libertad y de la religión, como un nuevo Atila, Nueva España se conmovió. El virrey Iturrigaray convocó al día siguiente a Real Acuerdo, que dispuso: no acatar las órdenes de los lugartenientes de Napoleón, defender al reino y serenar a la población, suspendiendo la enajenación de fincas para la Caja de Consolidación. El día 19, el ayuntamiento, integrado por criollos prominentes, de formación jurídica, moderna y recia, de influencia social y de sentimientos nacionalistas, indicaba al virrey que ante la falta del monarca y gobierno legítimo, la soberanía residía en el propio país, principalmente en los cuerpos que llevaban la voz pública, en sus guardadores, y pedíale que continuara en el mando provisional. La audiencia no fue de ese parecer, pues sospechaba de las intenciones del cabildo. Jacobo de Villaurrutia, hombre ilustrado, con gran experiencia en los negocios americanos, propuso la formación de una Junta Representativa que declarase al virrey autoridad suprema en lo necesario y crease una Junta Permanente que contrapesase su poder.

El 3 y el 5 de agosto el ayuntamiento, con nuevas representaciones, solicitó se integrara una Junta de todas las autoridades, y previamente una de la capital. Iturrigaray convocó ésta el 9 de agosto habiendo asistido el virrey, la audiencia en pleno, alcaldes de corte y fiscales, el arzobispo y su cabildo, la Inquisición, el ayuntamiento, etc. Ochenta representantes de diversos grupos de la sociedad discutieron la necesidad de un gobierno provisional y el desconocimiento de las Juntas Peninsulares. Se presentaron teorías y fórmulas jurídicas y políticas diversas, desde las de las Partidas y otros cuerpos jurídicos tradicionales, hasta las de Rousseau y otros tratadistas ilustrados. Se acordó jurar a Fernando VII como rey legítimo. El virrey ordenó que en el acta se hiciera constar que él era el legal y verdadero lugarteniente del rey y que no se obedecería a Napoleón. La presencia de comisionados de la Junta de Sevilla y cartas de la de Oviedo, que mostraba que aún no existía en España un gobierno unificado, sirvió para apoyar la idea de que había que constituir uno nacional, idea apoyada por los miembros del ayuntamiento Juan Francisco Azcárate, Francisco Primo de Verdad y Ramos, José Antonio Cristo y otros ideólogos, como el religioso mercedario peruano fray Melchor de Talamantes, quien había elaborado dos notables estudios: *Representación nacional de las colonias* y *Congreso Nacional de la Nueva España*. Iturrigaray simpatizaba con las ideas del ayuntamiento; ello motivó que el 1.º de septiembre el virrey convocara, contra las ideas de los oidores y del grupo español, un Congreso Nacional y presentara su dimisión, que el ayuntamiento no aceptó. Ante este apoyo, el virrey dictó varias disposiciones de carácter militar y hacendario y llamó a varios regimientos a él adictos, como el de infantería de Celaya y el de dragones de Aguascalientes, mandados por su amigo Ignacio Obregón.

Radicalizadas las ideas y polarizadas las fuerzas, el ayuntamiento y con él todo el grupo criollo aspiraba a que Nueva España se gobernase libremente a través de un congreso que representara a la nación y designara las autoridades que fueran necesarias, y, por el otro lado, los funcionarios peninsulares y buena parte de los vecinos españoles, temerosos de perder sus posiciones políticas y socio-económicas. Así, la situación fue haciéndose cada vez más tensa, hasta que, decidido el partido de los metropolitanos a no dejar el mando en los mexicanos, capitaneado por Gabriel de Yermo, rico comerciante y hacendado renovador, la noche del 15 de septiembre de 1808 dio el primer golpe de Estado de nuestra historia. Se aprehendió al virrey y a su familia, se le depuso y se puso en su lugar al mariscal de campo Pedro Garibay. También se aprisionó a los miembros del ayuntamiento. En prisión pereció Francisco Primo de Verdad y en las mazmorras de San Juan de Ulúa, fray Melchor de Talamantes. Sendos procesos se abrieron a todos los inodados.

Destruido ese intento de organización jurídico-política autónoma por medio del pronunciamiento violento, del cuartelazo, deshecho ese intento democrático de configurarnos, no quedó a los mexicanos que anhelaban su libertad otro recurso que el de acudir a la rebelión armada para obtener su independencia.

## La conspiración de Valladolid de 1809

Las ideas y anhelos de los miembros del ayuntamiento de México no fueron privativos de ellos, sino que estaban difundidas por todo el

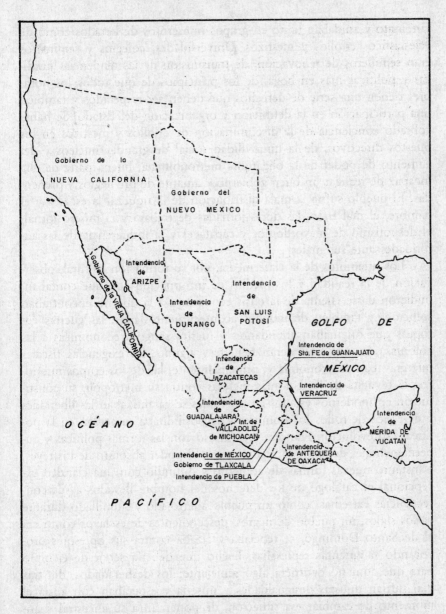

Mapa de Nueva España con la división territorial existente al iniciarse la guerra de la Independencia. La división muestra las doce intendencias y los gobiernos de las Californias, Nuevo México y Tlaxcala. Tomado de la obra de Edmundo O'Gorman, *Historia de las divisiones territoriales en México.*

virreinato y anidaban tanto en grupos numerosos de letrados como de eclesiásticos criollos y mestizos. Universidades, colegios y seminarios eran semilleros de renovación, de transmisión de las tendencias jurídicas y políticas más en boga, de los principios de que todos los hombres tienen una serie de derechos que deben ser respetados y también una participación en la definición y organización del Estado. Se había cobrado conciencia de la discriminación de criollos y mestizos en los puestos directivos, de la inmovilidad social de grandes núcleos y del aumento de poder de la oligarquía metropolitana, buena parte de ella incapaz de realizar un buen gobierno y amante de privilegios y prebendas. El pueblo sufría la mala distribución de la riqueza, la escasez y el hambre, el mal trato, las duras jornadas de trabajo y el mísero jornal, el despotismo de mayordomos y capataces y la indiferencia de las autoridades ante sus males.

Los miembros de la clase media, por su formación cultural, observación de la realidad y los medios de información con que contaban, pudieron darse cuenta de la crisis económica a la que no encontraban solución, y también de muchos acontecimientos más: las guerras europeas que originaban abundantes y fuertes sangrías económicas a las colonias, sin que obtuvieran beneficio alguno; las exigencias fiscales que gravaban su economía y, principalmente, las de los grupos inferiores: la revuelta de las colonias inglesas contra su metrópoli, su constitución en modernos estados en los cuales se garantizaban las libertades y derechos de todos los hombres y se posibilitaba su acción en la política; la Revolución Francesa, que arrasó con las formas políticas y gubernamentales del antiguo régimen, con el poder absoluto de los reyes, e instauró nuevas formas de gobierno y difundió con una claridad excepcional el catálogo de los derechos del hombre llevados a sus consecuencias extremas; cómo un pueblo aherrojado y humillado durante varios siglos, un pueblo de negros, descendientes de esclavos como era el de Santo Domingo, se rebelaba y alzaba contra sus opresores provocando sangrientas represalias, hecho que debería servir de ejemplo para que aquí no ocurriera algo semejante; los desheredados, día tras día, sufrían injustas desigualdades y miseria y esperaban con ansia el momento de cambiar esa situación, de poner fin a su ancestral y angustiosa miseria aun a costa de su propia vida.

El ámbito novohispano en el año de 1809 estaba preparado para una transformación radical. Altos funcionarios civiles y eclesiásticos

eran partidarios de un cambio en las estructuras, cambio que deseaban se hiciera desde arriba; pero las clases media y baja no creyeron
en esa posibilidad, máxime cuando ante la primera oportunidad de
mostrar su voluntad y participación, se les cerraba en forma violenta
todo camino. El cambio tenía que lograrse por la vía de las armas,
mediante una revolución que desalojara del poder a los españoles para
darlo a los hijos del país y mejorara la situación social y económica
del pueblo.

En el año 1808, Iturrigaray había acantonado en Jalapa, cerca de
Veracruz, buena parte de la milicia novohispana. Desde el momento
de su creación y reorganización en tiempos de Branciforte, el ejército
mexicano había crecido, se había fortalecido y constituía ya en ese año
un grupo coherente nueve mil hombres en el ejército permanente y
veintidós mil de milicia con espíritu de clase, lleno de privilegios y de
fueros. Si la masa del pueblo no lo vio con simpatía, pues obligaba a
muchos de sus miembros a incorporarse a él, las clases medias y aun
los hijos segundones de las familias próceres vieron en el ejército una
salida a sus ambiciones, pues podían ser oficiales y con ello obtener
rango social, inmunidad y distinciones.

El ingreso de miembros de las clases ricas y la influencia que ejercían sobre trabajadores y labriegos que con ellas se relacionaban, favo-
recieron por un lado el reclutamiento de soldados y por el otro el dominio socio-político de los oficiales sobre sus subordinados. Por otra
parte, el ejército había sido influido en su oficialidad por la masonería
y los vínculos que se tenían entre ellos eran bastante fuertes. El acan-
tonamiento militar en Jalapa mostró a los criollos que ellos constituían
la fuerza militar del país y que su defensa y el poder estaban en sus
manos. Algunas conversaciones sediciosas llegadas a Garibay, el con-
vencimiento de que varios oficiales criollos como Obregón habían
simpatizado con Iturrigaray y los criollos del ayuntamiento, obligó al
virrey a disolver las tropas y enviarlas a sus lugares de origen. También
creó una Junta Consultiva para enjuiciar a los infidentes, junta que
provocó gran descontento. Otras medidas de Garibay, no muy acerta-
das, y su ineficacia personal hicieron que la Junta Central Gubernativa
lo destituyera y nombrara en su lugar al arzobispo de México, Francisco Javier de Lizana y Beaumont (19 de julio 1808 a mayo de 1810).
Lizana envió recursos a la Metrópoli, mitigó las persecuciones contra
los criollos y trató de alejar del gobierno a los españoles extremistas,

como al oidor Aguirre y al publicista Juan López Cancelada, acérrimo enemigo de Iturrigaray y de los novohispanos.

En tanto eso ocurría, por todo el país se organizaban núcleos de descontentos y centros de conspiración ligados entre sí por una tupida trama que tendían eclesiásticos, comerciantes medianos y pequeños, militares, funcionarios, criollos y gente del pueblo, mestiza e india.

Para 1809 en varias ciudades se conspiraba abiertamente. Se sabe que militares como Allende y otros realizaban viajes por diversas regiones y que se concentraban fuerzas, se elaboraban planes y se esperaba el momento oportuno de actuar. En Valladolid, cabecera de la provincia de Michoacán, y Querétaro residían los principales grupos de conjurados, ligados por muy diversos vínculos con otros de Celaya, San Miguel, Dolores, Tlalpujahua, etc. En Valladolid, varios militares que habían estado en Jalapa y por tanto se relacionaban con muchos otros de diversas regiones, el capitán José Mariano Michelena, Mariano Quevedo, Ruperto Mier y Manuel Muñiz; los licenciados José Soto Saldaña y José Nicolás Michelena; el párroco de Huango, Manuel Ruiz de Chávez; el franciscano fray Vicente de Santamaría —a quien nos referiremos después con más detenimiento— y don Luis Correa constituyeron uno de los focos conspirativos más importantes. Por sus declaraciones se sabe que, con el pretexto de defender el reino frente a Napoleón, integrarían en Valladolid una junta para que gobernase en nombre de Fernando VII, se alejara a los españoles de sus empleos y se confiscaran sus bienes. Medio de atraerse partidarios fue su promesa de eximir a los indios de tributo y aligerarles algunas obligaciones fiscales y laborales.

Que la conspiración era importante y extensa se deduce por las personas implicadas, la falta de sigilo y la denuncia reiterada que de ella se hizo el 14 y el 21 de diciembre, habiéndose aprehendido este último día a los conjurados. Iniciado el proceso, los militares fueron enviados a corporaciones de San Luis y Jalapa, De Santamaría fue recluido en el convento del Carmen y a los demás se dio la ciudad por cárcel por benignidad del arzobispo-virrey, quien con su conducta disgustó a los peninsulares, que pidieron su remoción, habiendo quedado la audiencia como gobernadora del mes de mayo al 13 de septiembre.

La denuncia de esa conspiración movió a los conjurados que se reunían en Querétaro a apresurar sus preparativos y adelantar sus planes.

## La conspiración de Querétaro y la rebelión de Hidalgo

Con pretexto de tratar sobre temas culturales y artísticos, en la Academia Literaria del presbítero José María Sánchez, en Querétaro, se reunían el maduro corredor de esa ciudad, licenciado Miguel Domínguez y su entusiasta y patriota esposa Josefa Ortiz, así como los hombres de leyes Parra, Laso y Altamirano, varios militares como Arias, Lanzagorta, Allende y Aldama, y también comerciantes como eran los hermanos Epigmenio y Emeterio González, además de distintos eclesiásticos y otras personas. En esas reuniones se planeaba realizar una revolución con la participación de los militares y sus tropas, de civiles y de gente del pueblo; constituir una junta nacional que gobernase en nombre de Fernando VII y quitar a los españoles los puestos que ocupaban.

Los González, en un plan elaborado por ellos y con pleno conocimiento de la realidad, proponían la distribución de las tierras de las haciendas entre los campesinos. Varios de ellos, en sus casas, habían comenzado a fabricar armas y a hacer prosélitos entre sus allegados. Importante en ese grupo era el párroco de Dolores, Miguel Hidalgo, ilustrado renovador estimado por las autoridades eclesiásticas, como Abad y Queipo, por sus obras de trascendencia social, su cultura y espíritu moderno, así como también por el intendente de Guanajuato, Riaño, con quien cultivaba buena amistad.

El cura Hidalgo, de gran ascendiente social, madurez y apego a las ideas transformadoras, aceptó, el mes de septiembre, participar en la revolución que se preparaba. Ese mismo mes, sospechas, denuncias, imprudencias e indiscreciones delataron la conjura y las autoridades procedieron a detener y a catear las casas de algunos comprometidos, como los hermanos González, y el día 15 fueron aprehendidos el propio corregidor, su mujer y otras personas.

Doña Josefa logró enviar un mensaje a Juan Aldama a San Miguel, informándole que había orden de detener a todos los conjurados. Aldama partió a Dolores, en donde, reunidos con Hidalgo y Allende, decidieron lanzarse a la rebelión. Sabían que contaban con 36 hombres de milicias del capitán Mariano Abasolo y con más de quinientos milicianos mandados por Allende, así como con algunos dependientes tanto del párroco como de sus compañeros. Por otra parte, don Miguel, que tenía gran influjo entre sus feligreses, podía arrastrarlos a la sublevación. Era preciso actuar y Allende e Hidalgo así lo determinaron. Hidalgo esperó la madrugada, convocó al pueblo a misa, le arengó e hizo suyo a un grupo entusiasta de labradores que le siguió fielmente. Sus compañeros, con ayuda del pueblo, aprehendieron a los vecinos españoles y los aseguraron en la cárcel. Se liberó a los presos que en ella había y se constituyó un núcleo rebelde encabezado por el cura, compuesto por cerca de seiscientos campesinos provistos de picos, machetes y azadas, y también por los militares que dirigían Abasolo y Allende, único grupo con disciplina militar pero muy medianas armas.

Este heterogéneo contingente marchó de Dolores rumbo a San Miguel. En la casa de ejercicios de Atotonilco, Hidalgo tomó un estandarte con la Virgen de Guadalupe que se convirtió en la insignia de su ejército y al grito de «¡Viva la Virgen de Guadalupe y mueran los gachupines!» marchó a San Miguel, adonde llegó ese mismo día. De ahí, Hidalgo y sus compañeros se dirigieron hacia Celaya seguidos ya por un contingente mayor que creció desordenada y rápidamente, pues se le unían labradores, mineros, gente sin empleo ni fortuna, la clase más desheredada, que superó a los contingentes de militares disciplinados, que se vieron estorbados en su acción por esa «horda» que dio sentido de conmoción social a nuestra guerra insurgente.

Celaya fue ocupada el día 20 por un ejército de más de 50.000 personas que enarbolaba un retrato de Fernando VII y que saqueó y robó cuanto encontró. En Celaya, Hidalgo fue proclamado por el pueblo como generalísimo; así quedó con rango superior a Allende, que era quien entendía de táctica y disciplina militares y a quien se designó teniente general. El ejército marchó a Salamanca, Irapuato, Silao y se acercó a Guanajuato, capital de la intendencia, rica ciudad minera, corazón que daba movimiento al Bajío, en donde Hidalgo creyó encontraría elementos materiales y humanos para continuar la guerra.

El ejército insurgente, engrosado por mineros de los diversos reales que rodean la ciudad, se presentó frente a Guanajuato el 29 de septiembre. El intendente Riaño, conocedor de los sucesos, decidió resistir al ejército y creyó que el edificio de la Alhóndiga que había hecho construir, alto y sólido, podía ser un bastión inexpugnable; olvidó que lo rodeaban alturas mayores, que el pueblo, provisto de hondas y piedras, ocupó, y que el número de atacantes era muy grande. La muerte inmediata de Riaño desanimó a los defensores de la Alhóndiga y ésta

fue tomada por los rebeldes tras la terrible matanza de los 200 soldados y 105 españoles que en ella se habían encerrado.

El saqueo y el más completo desorden imperó en esta ciudad, pese
a los esfuerzos de Allende por contenerlos, y al siguiente día el orden
se restableció, pues se impuso pena de muerte a los ladrones. Hidalgo
designó a varias autoridades, organizó un cuerpo de artillería y dos de
infantería, estableció una casa de moneda y, con el apoyo de varios ex-
alumnos del Colegio de Minas que laboraban en esa ciudad, como Casimiro Chowell, Jiménez y otros, que se sumaron a su partido, hizo
fabricar cañones para proseguir su marcha, que hasta entonces parecía
triunfal y que había atemorizado a las autoridades.

De Guanajuato, Hidalgo partió hacia Valladolid, capital de la provincia, sede del obispado y una de las ciudades más opulentas de Nueva España. Valladolid se estremeció ante las noticias recibidas de Guanajuato. Su obispo dejó la ciudad en compañía de otras autoridades y
el gobernador sustituto de la mitra, canónigo y conde de Sierra Gorda,
para evitar que la excomunión que había lanzado Abad y Queipo fuera desestimada, la levantó y envió una comisión a encontrar al ejército
insurgente en Indaparapeo, para informarle que la ciudad se entregaba
en paz y por tanto debía evitarse el saqueo. Recibido Hidalgo con honores, en Valladolid obtuvo recursos económicos de la Iglesia y particulares, se le adhirió el Regimiento de Dragones de Michoacán y el de
infantería provincial. Le recomendaron los militares que adiestrase a sus
fuerzas en la sierra, limitándolas a catorce mil hombres, lo que no
aceptó por creer que sería el número el que destruiría a las fuerzas ene-
migas. Esta negativa y el permiso que Hidalgo dio a las turbas para
saquear y asesinar españoles, motivó un enfriamiento en sus relaciones con Allende y la separación de varios oficiales criollos que veían
convertirse esa revuelta en una insurrección popular que ellos no deseaban.

El 19 de octubre de 1810 el intendente de Valladolid, José María
de Anzorena, «en cumplimiento de las sabias y piadosas disposiciones
de... don Miguel Hidalgo» ordenó a todos los dueños de esclavos...
«los pongan en libertad» y prohibió que en lo sucesivo se les pudiera
vender o comprar. Este bando de Anzorena tiene el grandísimo mérito
de haber sido la primera disposición que, en cumplimiento del anhelo
de honda transformación social, emitieron los hombres de la Independencia. Cuatro días más tarde, en Tlalpujahua, el licenciado Ignacio

López Rayón, que se había sumado a la lucha insurgente, dispuso en virtud de la comisión que Hidalgo le dio, y «en vista de que todos los americanos debían ser iguales y no debía existir distinción de castas», que «quedaba abolida la mísera condición de esclavo y libre el que lo haya sido, como cualquier individuo de la nación». Al mes siguiente, el 17 de noviembre, desde el Aguacatillo, el cura Morelos, discípulo de Hidalgo, a quien se unió en Charo, fue comisionado para insurreccionar el Sur, dispuso la supresión de los esclavos y de las castas e impuso severas penas a quienes los tuvieran. Dentro de esta línea se incluye el famoso decreto que el 6 de diciembre de ese año emitió Hidalgo en Guadalajara y que ratificó, como secretario de gobierno, Ignacio López Rayón.

México, la capital virreinal, asiento de todos los poderes y de las mayores fortunas, fue lo que alentó al ejército insurgente, que cada día crecía más y contaba ya con algunos recursos bélicos importantes. Se pensaba en una entrada triunfal, que la ciudad les abriría sus puertas y se instalaría un gobierno nacional en el palacio del virrey; por ello, Hidalgo decidió la marcha de sus tropas y éstas llegaron disminuidas, pese a lo cual sumaban cerca de ochenta mil, a la sierra de Las Cruces, desde donde se divisaba la ciudad en medio del inmenso valle y rodeada de lagunas.

Las autoridades, que habían ordenado la movilización de varios cuerpos de milicia, entre otros los de Calleja, enviaron para contener a los rebeldes un cuerpo poco numeroso de infantes: mil, más 279 jinetes mulatos de Yermo, comandados por el teniente coronel Torcuato Trujillo, quien fue derrotado. Algunos parlamentarios mandó Hidalgo al virrey sin obtener respuesta, y atemorizado ante las consecuencias de su acción, temiendo ser alcanzado por las tropas de Calleja y por haberse dado cuenta de que sus tropas eran insubordinadas y desertaban, y por otros motivos psicológicos, del monte de Las Cruces regresó al interior el 2 de noviembre. Cinco días después, disminuidas sus tropas a la mitad, se encontró con Calleja y sus fuerzas en San Jerónimo Aculco, en donde éste propinó dura derrota a los insurgentes, capturando seiscientos hombres de la oficialidad, cuantioso botín y abundantes recursos de guerra, como 12 cañones, pólvora, cartuchos, etcétera.

La batalla de Aculco mostró la impericia de los insurgentes para las acciones de guerra, la imposibilidad de manejar a un conjunto heterogéneo que se desbandaba a los primeros golpes, y la necesidad de adiestrar debidamente a sus fuerzas. También reveló las diferencias que se habían ahondado entre los jefes militares y el cura Hidalgo, pues llegados a Celaya, Allende se dirigió hacia Guanajuato para defender esa ciudad amiga de un ataque realista, e Hidalgo volvió con pocos hombres a Valladolid, adonde llegó el 13 de noviembre. En esa ciudad obtuvo recursos de la Iglesia, alistó siete mil jinetes y 240 infantes y después de autorizar la ejecución de muchos españoles, lo cual despertó el miedo y el desprecio de la población peninsular y aun de la criolla, partió rumbo a Guadalajara.

Allende, sin haber recibido refuerzos, tuvo que abandonar Guanajuato ante el ataque de las fuerzas de Félix María Calleja y dirigirse a San Luis Potosí, en donde se le unieron sus compañeros Aldama y Abasolo.

A Guadalajara llegó el ejército de Hidalgo, luego que José Antonio Torres, a quien había comisionado para luchar en esa región, ablandó la corta resistencia de las autoridades, que huyeron, como también la ablandaron las fuerzas del cura José María Mercado, que marchó a ocupar San Blas, por donde escapaban los más importantes funcionarios civiles y eclesiásticos. De Zacatecas se había posesionado Rafael Iriarte; San Luis Potosí, del que había salido Calleja, fue levantado en armas por el lego Herrera.

El 26 de noviembre, recibido por las corporaciones eclesiásticas y civiles en forma triunfal, entraron Hidalgo y su comitiva en Guadalajara. Además de la muchedumbre desordenada, integrada por indios y mestizos, que era ya menor y de grandes contingentes de rancheros criollos y mestizos de la zona de Jalisco y Michoacán que se le habían unido, acompañábanle algunos militares y varios abogados discípulos de él, simpatizantes del movimiento, buenos patriotas y consejeros, como Ignacio López Rayón y José María Chico. Con ellos, para hacer realidad su programa de organización jurídico-política del país, organizó un gobierno embrionario para el cual nombró a Chico ministro de Gracia y Justicia, y a López Rayón, de Estado y Despacho.

Tanto de las declaraciones de Hidalgo como de sus compañeros, se desprende que pensaba reunir un congreso con representantes de las diversas provincias. También trató de obtener el apoyo y reconocimiento del exterior, para lo cual comisionó a Pascasio Ortiz de Letona para ir a Estados Unidos, en donde encontraría auxilio. Esta idea la apoyarían sucesivamente López Rayón y Morelos, quienes enviaron comisionados a diversos países para tratar de celebrar tratados de comercio y alianzas defensivas. Conocedor de que el movimiento insurgente necesitaba difundir sus ideales, programas y realizaciones, aprovechó la buena disposición del eclesiástico Francisco Severo Maldonado, hombre inquieto, lleno de ideas renovadoras, buen publicista, pero medroso, quien se hizo cargo de la edición de *El Despertador Americano*, el primer periódico insurgente, cuyos únicos siete números aparecieron del 20 de diciembre de 1810 al 17 de enero de 1811.

En esos números de *El Despertador* encontramos noticias de la guerra, disposiciones, algunos resúmenes estadísticos y elogios a los próceres norteamericanos, como Washington. Más importantes aún son los decretos de gran trascendencia social que dio en Guadalajara el 5 y 6 de diciembre. En ellos decretó, bajo pena de muerte, la libertad de los esclavos, el goce exclusivo de las tierras comunales por los indios, la extinción del tributo, del estanco de pólvora y papel sellado; también prohibió que se tomaran bagajes, pastura y otros objetos de las fincas de los estadounidenses.

El haber iniciado la constitución de un gobierno y la nobleza de las medidas de carácter social que dictó en Guadalajara revelan sus ideas de renovación y su amplia y generosa visión. Desgraciadamente, el triunfo repentino que tuvo en Guadalajara, los elogios y aclamaciones no sólo del pueblo sino de otros grupos que luego le traicionaron, le hizo olvidar que debía prepararse para la guerra, en vez de doblegarse ante las peticiones populares que anhelaba venganza y aspiraban a la anarquía; no obstante, permitió el asesinato de más de 350 españoles detenidos, hecho que, como el de Valladolid, provocó más temores que adhesiones.

Los jefes militares Allende y Aldama se unieron a Hidalgo a principios de enero, desprobaron varias medidas tomadas por él y le alertaron de la inminencia de que el ejército virreinal al mando de Calleja apareciese, recomendándole dividir las tropas, licenciar a la masa y organizar cuerpos de guerrillas que prosiguieran la lucha. Hidalgo propuso esperar a Calleja con sus fuerzas cerca de Guadalajara, en unas colinas vecinas al Puente de Calderón.

En ese sitio, el 17 de enero de 1811 enfrentáronse los insurgentes con el disciplinado ejército de Calleja. Si la batalla favoreció a los primeros al iniciarse el combate, algunos reveses, el incendio de varios coches y las maniobras torpes de algunos jefes, originaron en las filas de Allende e Hidalgo el pánico, la desbandada y la derrota total.

La muchedumbre se dispersó y los jefes y oficiales marcharon hacia Zacatecas, en donde pensaban contar con el apoyo de Rafael Iriarte. Reducidos los insurgentes a corto número y ante la amenaza de encontrar tropas realistas que ya se movilizaban, los militares, con Ignacio Allende a la cabeza, tomaron el mando y destituyeron a Hidalgo en la hacienda Pabellón. En Zacatecas permanecieron corto tiempo y ahí surgieron desavenencias con Iriarte y Abasolo, por lo que se abandonó esa ciudad, que tomó Manuel Ochoa. Las mermadas fuerzas pasaron por Charcas y Matehuala rumbo a Saltillo, sin darse cuenta de que habían estallado movimientos antirrevolucionarios en el norte y que Monclova era uno de los puntos enemigos.

En Saltillo los jefes insurgentes, ante sus derrotas, pérdida de hombres, deserciones y amenaza de los grupos realistas, pensaron internarse hacia el noroeste, en donde Mariano Jiménez les ofrecía seguridad, y si era necesario podían internarse en Estados Unidos en busca de apoyo y de una oportunidad para reiniciar la guerra.

Como en el interior y en el Sur del país varios grupos mantenían con éxito la lucha, entre otros Morelos, decidieron que Ignacio López Rayón y José María Liceaga volvieran a reanimar a sus partidarios y a organizar nuevas fuerzas. El resto de los revolucionarios prosiguió su marcha el 16 de marzo sin percatarse de que los realistas de Monclova y de Múzquiz, principalmente Manuel Royuela, ex tesorero de Saltillo, e Ignacio Elizondo, les traicionaban y les tendían una emboscada.

En las norias de Baján, Elizondo apostó sus fuerzas detrás de una loma y el día 21, cuando los insurgentes, fatigados, sedientos, desprevenidos y dispersos, llegaron a ese sitio, les sorprendieron, aprehendieron a ochocientos noventa y tres, dieron muerte a cuarenta e hicieron huir al grueso de la columna que mandaba Iriarte rumbo a Saltillo. Allende trató de defenderse, al igual que sus compañeros, mas el ataque sorpresivo impidió una defensa certera. Los realistas hicieron muchos prisioneros, que fueron conducidos a Monclova, donde se dispuso que los jefes fueran conducidos a Chihuahua, residencia del comandante de las Provincias Internas, Nemesio Salcedo. Treinta se enviaron atados y bien vigilados a esa ciudad; los eclesiásticos, que eran numerosos, se remitieron a Durango —exceptuando a Hidalgo—, en donde fueron ejecutados, salvo fray Gregorio de la Concepción, y el resto quedó en Monclova, en donde se pasó por las armas a los antiguos militares y se condenó a presidio a los soldados. Los civiles prisioneros fueron distribuidos en varios puntos. De los remitidos a Chihuahua se fusiló a veintidós. Ignacio Allende, Mariano Jiménez y Juan Aldama lo fueron el 26 de junio; Hidalgo, el 30 de junio, y, en diversas fechas, los mariscales Santa María, Lanzagorta, Zapata y Camargo, así como los brigadieres Portugal, Carrasco y Mariano Hidalgo y el ministro de Justicia, José María Chico. Mariano Abasolo, procesado, fue remitido a España, en donde murió en mayo de 1816.

Antes de ser ejecutado, el padre Hidalgo fue enjuiciado civil y eclesiásticamente; se le degradó, aceptó ser responsable del movimiento y deslindó con profundo acierto la conducta política que como mexicano tuvo de su misión apostólica. Fusilados los dirigentes, acto que tendía a provocar temor y escarmiento, se dispuso que los cuerpos de Hidalgo, Allende, Aldama y Jiménez fueran decapitados y sus cabezas se expusieran en altas jaulas en las esquinas de la Alhóndiga de Guanajuato, en donde estuvieron varios años.

La muerte de esos hombres privó al movimiento de sus jefes más sobresalientes e impidió que cristalizara un programa de organización política, jurídica y de transformaciones socioeconómicas. Sin embargo, su ideario se había expandido y otros seres impulsados por los mismos ideales prosiguieron su acción y lucharon en medio de sacrificios, perseguidos con saña, padeciendo sed, hambre, traiciones y abandono para dar a México la libertad ansiada y el derecho a ser nación independiente.

Si bien el grupo rebelde encabezado por Hidalgo y Allende fue el más activo e importante, cuando el movimiento estalló en la provincia de Guanajuato provocó sucesivamente otros estallidos reveladores de la cohesión política que se había formado y de las mismas circunstancias que lo originaron.

Así, en la región central norte surge Rafael Iriarte, quien se moviliza en León, Aguascalientes, Zacatecas y acompaña a los iniciadores hasta Baján, en donde los abandonó y huyó, por lo cual López Rayón ordenó se le fusilara en Saltillo. En San Luis Potosí los legos juaninos Luis de Herrera y Juan de Villerías depusieron a las autoridades y las sustituyeron con partidarios insurgentes. Hacia el centro, en la zona montañosa de Toluca y Zitácuaro, surgieron Tomás Ortiz y Benedicto López; en Morelos, Avila y Ruvalcaba; de Querétaro a Huichapan, Mi-

guel Sánchez y Julián y Chito Villagrán. En el Occidente, Gómez Portugal, Godínez, Alatorre, Huidobro, José Antonio Torres —el amo, noble y destacada figura—; hacia Nayarit, el cura José María Mercado
actuó valerosamente aun cuando por corto tiempo. Más al Norte, en
Sinaloa, González Hermosillo logró tomar Mazatlán y San Sebastián.
En el Noreste, además de Mariano Jiménez, figuraron Juan B. Casas y
Manuel Santa María. En el Sur, en la tierra caliente, Morelos, el sencillo cura de la Huacana, Churumuco, Carácuaro y Nocupétaro, comisionado por el padre Hidalgo para insurreccionar esa zona, apoyándose en patriarcales hacendados de las tierras surianas, de gran prestigio
social entre el pueblo muy mestizado de esas regiones, como Hermenegildo, Pablo, Juan y José Galeana, los Bravo de Chichihualco; Leonardo, su hijo Nicolás y los hermanos Víctor, Miguel y Máximo y
también Vicente Guerrero, integró un pequeño pero disciplinado ejército con el cual se enfrentó a varios cuerpos militares realistas e intentó
tomar el puerto de Acapulco en febrero de 1811.

## LA OBRA DE IGNACIO LÓPEZ RAYÓN

Comisionado por los jefes insurgentes, Ignacio López Rayón, amigo y consejero de Hidalgo y hombre de toda su confianza, tomó la
dirección del movimiento insurgente. De Saltillo, en donde conoció el
desastroso fin de sus compañeros, salió rumbo a Zacatecas, adonde llegó después de un encuentro en el puerto de la Piña contra las fuerzas
de Ochoa. Corto tiempo estuvo en aquella ciudad, y, luchando deno-
dadamente contra comandos enemigos, se internó en el centro y de
ahí pasó a Michoacán, provincia que conocía bien y en donde además
de influjo, encontraba numerosos partidarios de la insurgencia.

Tanto al lado de los principales dirigentes como en su valiente
retirada, Rayón maduró su pensamiento y concretó el ideario insurgente: proseguir la guerra, instituir un gobierno que dirigiera el movimiento y pusiera las bases de la organización jurídica y política del país,
gobierno que podría ser una junta nacional, como las instituidas en
España y en otras capitales americanas, o un congreso; se conservaría
la legislación cristiana, se dejaría de remitir a España dinero, se defendería el reino de los franceses y se trataría de mantener incólumes los
derechos del monarca. Este último punto, la fidelidad a Fernando VII,

utilizado como pretexto para encubrir el deseo de autonomía plena, pronto sería desechado por otros jefes, como Morelos, quien entendió que si se empleó al inicio del movimiento para despertar sospechas de deslealtad al monarca, era hora de mostrar con claridad la verdadera intención de la insurgencia.

De vuelta a su lugar de origen, la Sierra de la Plata, en donde se asientan Tlalpujahua, Zitácuaro, Temascaltepec, Sultepec y otros poblados agrícolas y mineros que son el paso hacia los valles michoacanos y las tierras cálidas de Guerrero y Michoacán, el licenciado Ignacio López Rayón hizo una llamada a sus correligionarios, amigos, condiscípulos, criollos importantes, civiles y eclesiásticos para unificar el movimiento, darle una cabeza. Unido a José María Liceaga, integró un contingente valeroso y decidido, al cual combatió sangrientamente Calleja. Habiéndosele unido José Sixto Verduzco, cura de Tuzantla, enviado por Morelos como su suplente, instaló en Zitácuaro, el 19 de agosto de 1811, la Suprema Junta Nacional de América. A ese intento gubernativo sumáronse pronto numerosos civiles y eclesiásticos que veían en él un renacimiento de la independencia. Así, pronto colaborarían en torno de ella José María Cos, fray Vicente de Santa María, Carlos María de Bustamante, Andrés Quintana Roo y su esposa Leona Vicario.

Rayón trató de dar al movimiento y al país, además de una dirección, la posibilidad de auxilio y reconocimiento del exterior. Por ello continuó con su programa de destacar emisarios a Estados Unidos y América del Sur para informar del movimiento, celebrar alianzas y obtener ayuda. También fue obra de Rayón el ligar al movimiento a importantes personajes que vivían en las grandes capitales: México, Puebla, Valladolid, Guanajuato y Veracruz, de quienes obtuvo recursos materiales y humanos, consejo, información, lo que se dio a través de la organización secreta Los Guadalupes, quienes desde 1881 hasta el de la muerte de Morelos en 1815 representaron la quinta columna del movimiento insurgente.

La labor de la Suprema Junta Nacional Americana debe considerarse como positiva. Hizo comprender a los insurgentes la necesidad de unificar sus esfuerzos y si no pudo coordinar a todos, sí contó a su lado con el núcleo de Morelos, que era el más fuerte y respetado. Difundió a través de la prensa que prohijó, *El Ilustrado Nacional*, el *Ilustrador Americano* y otros, el ideario insurgente, lo precisó e hizo posible la elaboración de una serie importante de proyectos de organización constitucional que desembocarían en el *Decreto Constitucional para América*, o sea, la Constitución de Apatzingán, aprobado en 1814.

## MORELOS Y SU OBRA POLÍTICA Y MILITAR

Si bien en la junta surgieron diferencias entre sus miembros, esas diferencias fueron superadas por la alta visión de uno de ellos, José María Morelos, quien además logró formar un ejército disciplinado y valiente que tuvo en jaque a las tropas realistas. Más aún, Morelos, partidario como Rayón de crear un gobierno y de dar al país las bases de su organización, reunió el 14 de septiembre en Chilpancingo un Congreso de representantes de todas las provincias, ante el cual leyó lo que él consideraba era el ideario insurgente, cristalizado en sus *Sentimientos de la Nación.*

Ese Congreso formuló el 6 de noviembre de ese año la Declaración de Independencia. Una comisión del mismo se consagró a redactar la Constitución que el país requería, que fue la que se dio a conocer en Apatzingán.

Las disposiciones de tipo político-gubernamental, social y económicos que Morelos emitió desde 1811 hasta el año de su muerte revelan al varón iluminado por la idea de una patria nueva, sin desigualdades e injusticias; al estadista de amplia visión política, económica y social; al militar pundonoroso y esforzado; al patriota honesto y reflexivo interesado en el bienestar y en la cultura del pueblo. Tan altas cualidades hacen de Morelos el líder más sobresaliente de nuestro movimiento emancipador.

En el terreno militar, Morelos realizó varias campañas. La primera, de octubre de 1810 a agosto de 1811; la segunda, de noviembre de 1811 a mayo de 1812; la tercera, de junio de este último año a agosto de 1813, en la que culmina su etapa gloriosa, y la cuarta, de septiembre de 1813 hasta noviembre de 1815, en que fue hecho prisionero en Tesmalaca, cuando, ante los reveses de la guerra, escoltaba al Congreso que representaba la soberanía de la nación.

Durante la primera campaña constituye y organiza su ejército, combate en la Sabana, intenta tomar Acapulco y penetra en Tixtla. En este período conviene subrayar la extraordinaria visión que tuvo para no permitir que la guerra insurgente se convirtiera en guerra de castas, en una lucha racial, como trataron de hacer algunos insidiosos como David y Tabares, a los que hizo ejecutar. Dictó medidas prudentes que beneficiaban la economía del grupo insurgente y erigió la provincia de Tecpan. La segunda es de auténtica expansión gracias a la fuerza que adquirió su disciplinada milicia. Se expandió por el Norte de Guerrero, el Sur de Puebla y llegó al actual Morelos. Tomó Tlapa, Chiautla y, con un plan bien meditado de operaciones, dividió su ejército en tres cuerpos, comandado uno por Miguel Bravo, que trató sin éxito de atacar Oaxaca; otro por Hermenegildo Galeana, que atacó y tomó Taxco y el que él mismo dirigió contra Izúcar, donde entró sin combatir. De ahí marchó contra Cuautla, Tenango y Tenancingo.

En ese trayecto se le unieron tres eclesiáticos que se distinguirán en la milicia y la política, los curas Tapia, José Manuel Herrera y Mariano Matamoros, así como el rico hacendado Antonio Sesma y sus hijos Ramón y Miguel. Enterado el virrey de la presencia de Morelos y su ejército en el Valle de las Amilpas, envió a Calleja con su Ejército del Centro y a Llano con su división a Puebla pensando que lo podrían destruir fácilmente y evitar que siguiera a Puebla o a México.

Morelos, que había vuelto a Cuautla, tenía en esa ciudad 4.850 hombres y 700 fuera que le auxiliaban, dirigidos por Tapia y Miguel Bravo. En un primer ataque, Morelos venció a las fuerzas de Calleja, quien recibió nuevos refuerzos y puso sitio a la población el 5 de marzo, el cual duró 58 días. Los defensores realizaron actos heroicos alabados por sus mismos enemigos, mas no recibieron ayuda de las guerrillas vecinas ni de otros cuerpos que no combinaron sus acciones, lo cual hubiera permitido vencer a los realistas y consumar la independencia. Sin víveres ni agua y acosados por grave epidemia, los defensores de Cuautla rompieron el sitio la madrugada del 2 de mayo de 1812.

Fuera de Cuautla, Morelos, apoyado por Galeana y Miguel Bravo, reagrupó en Chiautla a su ejército, le otorgó un corto descanso e inició su tercera campaña, de notable expansión y éxito, pues logró sitiar y tomar Oaxaca el 25 de noviembre de 1812, y Acapulco el 20 de agosto de 1813. Otras acciones importantes fueron la captura de Orizaba, Córdoba, Yanhuitlán y Tehuacán. Espectacular fue la toma de Oaxaca, pues creyéndolo derrotado en Acultzingo, partió de las Cumbres y, apoyado por Matamoros y Miguel Bravo, atravesó la Mixteca en 14 días (de Tehuacán a Etla), y en pocas horas sitió y venció a las fuerzas de Antonio González Saravia. Varios jefes realistas, Régules, Bonavia, Aristi y González Saravia, fueron ejecutados en cobro de los muchos insurgentes fusilados. De Oaxaca salió Morelos el 9 de enero y, cruzando la Sierra Madre, a través de marchas inconcebibles, presentóse en Acapulco el 6 de abril con escasa tropa. Atacó la ciudad y tomó finalmente el fuerte el 20 de agosto de 1813. Matamoros defendió Tonalá, Chiapas, la provincia de Oaxaca, que atacó Dambrini con tropas de Guatemala, y Nicolás Bravo resistió en Coscomatepec los ataques realistas.

La última etapa la realizó Morelos integrando el Congreso en Chilpancingo y convirtiéndose en su guardador, en su protector, lo que le imposibilitó toda acción y aun causó su desgracia. En su inicio dispuso la expedición contra Valladolid, ciudad de la que trataba de apoderarse para doblegar el orgullo de los realistas. Hizo venir a Matamoros y a Nicolás Bravo, y después de tratar de despistar a los realistas, se encaminó a Valladolid con 5.700 hombres, treinta cañones, buena dotación de parque y otros auxilios de Ramón Rayón y Navarrete. Calleja, por su parte, destinó a Llano y a Iturbide para defender esa ciudad con 2.200 hombres más la guarnición. El 23 de diciembre se inició el ataque y por mala táctica se perdió el día 24 de 1814.

Adelante de Valladolid, en Puruarán, enfrentáronse nuevamente los ejércitos, habiendo los realistas de Llano dado muerte a más de 600 insurgentes y aprehendido a 700, de los cuales 17 eran oficiales, entre otros Mariano Matamoros, que fue ejecutado en Valladolid el 3 de febrero. En Tlacotepec los realistas al mando de Armijo destrozaron a los desmoralizados insurgentes y los persiguieron tenazmente venciendo a diversos jefes; Hermenegildo Galeana perecía en refriegas el 22 de junio de 1815. Su muerte, como la de Matamoros, dejó a Morelos sin sus mejores hombres.

La derrota de Morelos incrementó la ofensiva virreinal en contra de los principales grupos revolucionarios, que fueron desalojados o destruidos. Morelos, que trataba de poner a salvo al Congreso, para lo cual lo conducía desde Uruapan hasta Tehuacán y la provincia de Veracruz, fue sorprendido el 5 de noviembre en Tesmalaca y llevado a México, en donde se le abrió doble proceso, eclesiástico y civil. Degradado como eclesiástico por el arzobispo Fonte y declarado hereje, perseguidor y turbador de la jerarquía, traidor a Dios y al rey, fue fusilado en San Cristóbal Ecatepec el 22 de diciembre de 1815.

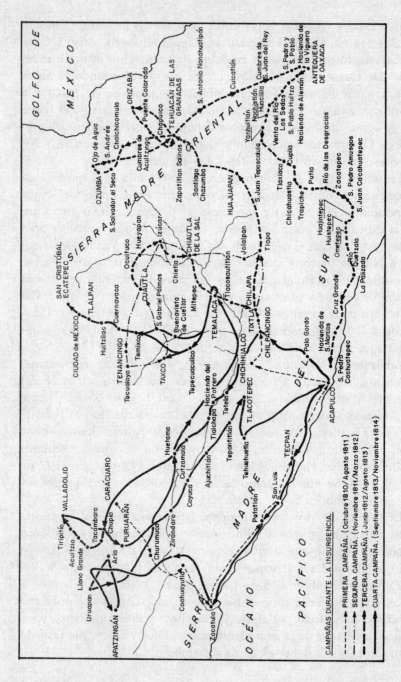

Campaña de Morelos. Itinerarios. Mapa realizado por Beatriz Esperanza de la Torre Yarza y que aparece en *Historia de México* de Lucas Alamán.

Sacrificado Morelos, el movimiento de insurrección se debilitó al faltarle la cohesión y dirección necesarias. Algunos jefes, ardientes patriotas, como Pedro Moreno y el padre Torres en el centro, y Vicente Guerrero, Nicolás Bravo y Guadalupe Victoria en el Sur, mantuvieron el fuego de la insurrección heroicamente. En tanto que los ejércitos realistas sumaban 40.000 soldados de línea y 40.000 de milicias y poseían gran número de cañones y armamento suficiente, los insurgentes, en 1816, no eran sino ocho mil hombres sin armas ni parque, divididos y dispersos en el centro y Sur del país. Varios jefes principales, desalentados o con la esperanza de que el futuro les permitiría reiniciar la lucha, acogiéronse en esos años al indulto que las autoridades concedieron.

Es indudable que el período que va de 1811 a 1815 es el más dinámico de la lucha insurgente, tanto desde el punto de vista de la acción militar como de la política. En la lucha enfrentábanse dos ejércitos bien organizados y fuertes, con suficiente disciplina y el ánimo anheloso del triunfo. El ejército insurgente peleaba por dar a la patria la libertad que requería; organizar la nación como un estado independiente, desligado de las trabas que lo ataban a la Metrópoli; crear, dentro de las normas del derecho, un país en el que reinara la justicia, la igualdad de todos los hombres, independientemente de su origen y color; la libertad en el trabajo sin gabelas ni tributos graves o injustos; la libertad para ejercitar la industria y el comercio, y todo tipo de trabajo que beneficiara al país y no a los monopolios existentes, todos ellos en poder de los extranjeros y los poderosos. Peleaban por tener derecho a la cultura, a la instrucción en todos los ámbitos, a gobernarse a través de los órganos que la nación establece.

Los realistas trataban a toda costa de mantener la antigua situación de dependencia, sujeción y limitación de las libertades. Luchaban por mantener a un pueblo que deseaba su autonomía ligado a los vínculos que la península había establecido. Unos tenían el anhelo de ser libres, y enarbolaban el proyecto de integrar un país independiente con todos los elementos que lo constituían: criollos, peninsulares, mestizos, indios y negros. Otros ansiaban tener sujetos como fuerza de trabajo sin beneficio alguno a estos últimos.

Ambos ejércitos combatieron con bravura y entusiasmo. Los realistas estaban dirigidos por militares de carrera, peninsulares y criollos. Las tropas insurgentes eran comandadas por contados oficiales de extracto militar. En su mayoría eran hombres formados en la guerra, conocedores del terreno que pisaban, y con enorme influencia en la población campesina. Muchos de ellos eran antiguos curas nacionalistas e influyentes en el medio rural. Otros eran rancheros de enorme prestigio social y político, hombres de campo valerosos, con gran poder organizativo, quienes arrastraban enorme clientela de parientes, amigos y servidores.

Las batallas en que chocaron ambos ejércitos fueron dignas de alabanza por el valor desplegado, los actos heroicos realizados y el empeño de triunfar. Algunas pudieron ser decisivas para uno y otro bando y determinar la suerte de la guerra. Fallos de uno y otro lado prolongaron la lucha. La muerte de varios de los caudillos insurgentes y el acrecentamiento del ejército realista, que contó con grandes y frescos contingentes, inclinaron la balanza en favor del ejército que comandaba Calleja. La aprehensión de Morelos y su muerte constituyeron un rudo golpe del cual no se repuso el ejército nacional.

En el campo político esos años fueron de enorme y honda actividad. López Rayón, quien llevó en un principio la dirección política, logró, unificando el mando, dar una acción centralizada al movimiento insurgente. Cohesionó diversos grupos de intelectuales que orientaron por medio de la prensa insurgente a todos los grupos nacionalistas. Impulsó la organización política del país y bajo su dirección se elaboraron los primeros proyectos constitucionales. Coordinó una amplia red de partidarios de la insurgencia a través de la sociedad secreta de los Guadalupes.

Aparte de sus diferencias con miembros de la Junta y con Morelos, fue Rayón el gran promotor de una organización de la lucha y principalmente del país. Morelos, quien quiso superar las diferencias surgidas, con enorme talento aglutinó a todos los grupos, les inspiró un fuerte sentido de unidad y vibrante mística en torno a la libertad e independencia por la que luchaban.

Si bien fue cura de humildes y olvidados curatos, su preparación fue recia, sólida. Sus escritos y acción están impregnados de severa formación jurídica y escrituraria. Su sentimiento del derecho, la justicia, la libertad, se arraiga en el conocimiento del derecho natural y del derecho de gentes. Su innata inteligencia y el amplio conocimiento que tuvo de la real situación de amplios sectores del pueblo mexicano le llevó a tomar medidas oportunas, reales, efectivas. Apreció el mérito y saber de los hombres que le rodeaban, les incitó a la acción, respetó su opinión y divergencias y si impuso un gran sentido creador a las instituciones que formó, lo hizo honesta y lealmente.

Aglutinó sabiamente a diversos grupos y, rodeado de los mejores, se empeñó en dotar al país de elevados principios, como son los que se encuentran en varios de sus discursos, sobre todo en los *Sentimientos de la Nación*, y de una organización jurídico-política que le permitiera vivir y desarrollarse en un alto plano. El fruto mejor de su acción fue  la *Constitución de Apatzingán de 1814*, uno de los documentos más importantes del movimiento emancipador hispanoamericano, superior, en muchos sentidos, a los instrumentos semejantes dados en el ámbito bolivariano y equiparable por su equilibrio, principios doctrinarios y espíritu ajustado a la realidad mexicana, a las grandes constituciones modernas que en esos años se daban en numerosos paises: los Estados Unidos, Francia, España. Que esa Constitución estuviera inspirada en las de aquéllos, no le resta grandeza. Todos los grandes cuerpos legales encuentran inspiración en documentos semejantes y sus fuentes, como ocurre también, eran las más oportunas, modernas y sobresalientes, aquellas que representaban las grandes corrientes del pensamiento jurídico universal.

Estimamos que el *Decreto Constitucional* que Morelos hizo elaborar a sus seguidores, un puñado de hombres doctos, patriotas y excelentes publicistas, merece en este capítulo ser glosado para apreciar su extraordinario valor. Empezaremos por analizar sus fuentes:

*Las fuentes*

La Constitución suscrita en Apatzigán, como las de Colombia —la ley fundamental de 1819, la Constitución de Cúcuta de 1821 y el Proyecto de Cartagena de 1826 y como Nueva Granada, la Constitución de Cundinamarca de 1812 y la de Cartagena de ese mismo año—; Venezuela; Chile —el Proyecto de Juan Egaña de 1811, el Reglamento Constitucional de 1812, y el Proyecto de Constitución de 1818—; Quito (1812); Argentina, tanto el Reglamento del 22 de octubre de 1811 como el Estatuto Provisional del 5 de mayo de 1815, el Reglamento Provisional del 3 de diciembre de 1817, la Constitución de 22 de abril de 1819 y aun la del 24 de diciembre de 1826, y varias provinciales, como la de Caracas (1812), Trujillo (1811), Mérida (1811), Barcelona (1812), recibieron la influencia de las corrientes políticas europeas y norteamericanas vigentes a principios del siglo xix. Las ideas de Locke, Hume, Paine, Burke, las de Montesquieu, Rousseau, Bentham, Jefferson, las de Feijoo, Mariana, Suárez, Martínez Marina —quien interpretaba las antiguas instituciones españolas desde un punto de vista liberal—, entre los principales, les fueron muy conocidas. En torno a las universidades —aquellas que se habían salvado de la rutina— y audiencias reales, se elaboró una tradición jurídica bastante sólida que, asentada, en el derecho romano y en el español clásico, no desconsideró las nuevas tendencias, doctrinas e instituciones surgidas fuera de España.

Tanto canonistas como abogados estuvieron al día en las nuevas teorías, y dentro del fenómeno de la independencia, como hemos señalado, tomaron parte muy activa, tanto para hacerla surgir —de lo que se ocupó un pequeño grupo, una élite siempre a tono con el pueblo, pero impulsado por él, el cual irrumpió en forma violenta dentro de su proceso—, como para dar a las naciones que se preveían su nueva organización.

La depuración de las ideas europeas en las Constituciones americanas es una tarea aún por hacer. Mucho se ha logrado hasta el momento en varios de nuestros países, pero todavía hay maleza que desbrozar en ese campo. Más fácil ha resultado el trabajo eurístico realizado en los textos legales. Se han efectuado diversas obras comparativas, pero muchas más faltan, y por ello creemos que es oportuno insistir en este sentido.

Se ha sostenido por diversos autores que en nuestros primeros códigos políticos pueden advertirse dos tendencias muy marcadas, una procedente de Norteamérica, de las declaratorias de las colonias inglesas al proclamar su independencia, y la otra originada en la Revolución Francesa. Ambos asertos se complementan. Tanto el espíritu de la revolución americana, el rápido progreso de las colonias y su equilibrio político, influyeron en los países hispanoamericanos —más en unos que otros, y en diverso momento en cada uno de ellos— como las ideas que condensó la Revolución Francesa, principalmente sus grandilocuentes declaraciones de derechos y sus intentos de organización política, y no la lucha revolucionaria misma, que consternó por sus excesos a numerosos espíritus en estas tierras.

Fuera de discusión se admite que los principios sostenidos por los estadistas norteamericanos provienen de la *Common Law*, de la *Carta Magna*, de la *Petición de Derechos* y del *Acta de Establecimiento de 1701* surgidos en Inglaterra, los cuales, ampliados por los tratadistas políticos, fueron conocidos por los colonos norteamericanos, quienes los hicieron suyos, les dieron un cuerpo general y los utilizaron para elaborar con ellos los artículos de confederación y unión perpetua del 9 de julio de 1778, la Constitución del 17 de septiembre de 1787 y las enmiendas o adiciones que se hicieron a la Constitución desde 1787 hasta 1891.

La obra de los legisladores norteamericanos, bien conocida por los revolucionarios franceses, fue ampliamente aprovechada por estos últimos, principalmente las diez primeras enmiendas de las cuales surgió el *Bill of Rights*, que puede considerarse como el antecedente inmediato de la *Declaración de los derechos del hombre*. Sin embargo, hay que aceptar que tanto el *Bill of Rights* como la *Declaración de los derechos* derivan del «gran movimiento de los espíritus en el siglo XVIII, causa originaria e indivisible de todos los fenómenos políticos y sociales que entonces se produjeron», en el cual participan tanto pensadores ingleses y franceses como alemanes, españoles e italianos. Si la paternidad es posible referirla a los tratadistas ingleses, la universalización de los mismos es obra de la Revolución Francesa, la cual a partir de 1789, por intermedio de Lafayette, hizo sentir la necesidad de tal declaración, que aparece ya claramente en la Constitución de 1791 precediéndola, y en las posteriores de 1793 y 1795, pero no en la consular del año XVIII (1799). A partir de aquellos años, esos derechos que son reconocidos como naturales e imprescriptibles: la libertad, la igualdad, la seguridad, la propiedad, la garantía social y la resistencia a la opresión, van a incorporarse en todos los códigos políticos de tendencia liberal que se elaboren, así como muchos de sus principios orgánicos, aquellos que señalan la forma de organización del Estado, el ejercicio de la soberanía, la forma y modo de la representación, aun cuando estos principios, algunos de los cuales obedecen a tradiciones institucionales y otros son revolucionarios, no puedan ser adoptados en su integridad por los nuevos estados que, sometidos a diferentes tradiciones, y con condiciones políticas, sociales y económicas diversas, surgen por todas partes.

Un análisis detenido, que no cabe en la índole de este trabajo, permitiría conocer cuáles de los principios constitucionales de los códigos franceses y norteamericanos, más de aquellos que de éstos, por lo menos en el *Decreto Constitucional de Apatzingán*, fueron incorporados en las Constituciones americanas. Los legisladores americanos de principios del siglo conocieron a fondo y manejaron algunos de ellos. La familiaridad que tuvieron con la *Declaración de los derechos del hombre*, que circuló en toda Hispanoamérica tanto en su lengua original como en versiones españolas, es reveladora de la expansiva difusión de las ideas, pese a todas las barreras. Aun en España las prohibiciones no dieron resultado y se sabe que numerosísimas copias de las Constituciones francesas pasaron a ese país y a sus colonias a despecho de todas las requisiciones.

España, que sufrió las consecuencias de la Francia revolucionaria y del imperialismo napoleónico, recibió directamente las ideas constitucionales de aquel país. La abdicación de la familia real y el ascenso de los Bonaparte al trono de España lleva a Napoleón, a sugerencia de Murat, a pensar en la conveniencia de dotar a España de una constitución. Esta idea surgida entre el 27 de marzo y el 16 de mayo de 1808 pudo realizarse gracias a la contribución de O'Farril y Azanza, quienes creyeron conveniente se convocara a ciento cincuenta representantes escogidos entre el clero, la nobleza y las otras clases de la nación española, «para ocuparse de las leyes de felicidad de toda España, reconocer sus desgracias que el antiguo régimen ha ocasionado, proponer las reformas y los remedios para impedir la vuelta, sea para la nación en general, sea para cada provincia en particular». A esa reunión asistieron, como representantes de las provincias ultramarinas, el marqués de San Felipe y Santiago por La Habana; don José del Moral por Nueva España; don Tadeo Bravo y Rivero por el Perú; don León Altolaguirre por Buenos Aires; don Francisco Cea por Guatemala y don Ignacio Sánchez de Tejada por Santa Fe. Como base de esa empresa, Napoleón proporcionó un proyecto al cual se hicieron algunas modificaciones poco ajustadas a la realidad española. La presencia de los hispanoamericanos se marcó por algunas intervenciones, entre otras la de Del Moral, que pidió se hicieran concesiones a los mexicanos para atraerlos más y consolidar los vínculos de unión.

En esta Constitución se incorporaron algunos de los puntos doctrinarios de las Constituciones francesas, principalmente los relativos a los derechos humanos, desechándose en cambio ricos precedentes del pensamiento político español. La asamblea careció de prestigio y autoridad, no sólo para hacer efectivos sus acuerdos, sino aun para comunicarlos. Queda tan sólo como una de las primeras tentativas para detener el poder absolutista. El carácter retardatario de muchos de sus formadores y, más aún, la dinámica histórica operante que llevó a los mejores espíritus a repugnar la imposición napoleónica, a inclinarse a la rebeldía y a sumarse a las juntas españolas, dejaron sin validez este primer proyecto constitucional de España.

Van a ser las Cortes reunidas en Cádiz las que van a elaborar un código más amplio, impregnado de pura esencia liberal. En sus reuniones iniciadas a partir del 24 de septiembre de 1810, convocadas por el Supremo Consejo de Regencia, diéronse cita un buen número de americanos —sesenta y tres— y de liberales españoles, quienes estaban influidos por las ideas dominantes y quienes tomaron de los modelos más cercanos las Constituciones francesas de 1791, principalmente las de 1793 y 1795, no sólo los principios doctrinales, sino las fórmulas institucionales, en algunas ocasiones, como se ha demostrado, bastante al pie de la letra.

Las Cortes de Cádiz de 1810, que inician, no sólo en España, sino también en América, un nuevo capítulo de su historia política, van a dar cima a su magna obra, elaborar la Constitución Política de la Monarquía, el 19 de marzo de 1812. Una comisión integrada por los diputados Argüelles, Valiente, Rico, Gutiérrez de la Huerta, Pérez de Castro, Cañedo, Espiga, Oliveros, Muñoz Torrero, Rodríguez de la Bárcena, Morales, Fernández de Leyra y Antonio Joaquín Pérez —españoles y americanos—, se avocó la misión de formular un proyecto en cuyo *Discurso preliminar* se declaraba que

> Nada ofrece la Comisión en su proyecto que no se halle consignado del modo más auténtico y solemne en los diferentes cuerpos de la legislación española... Cuando la Comisión dice que en su proyecto no hay nada nuevo, dice una verdad incontrastable, porque realmente no hay en la sustancia.

Sin embargo, pese a esa afirmación, desde el principio de las deliberaciones, varios de los diputados, entre otros el de Sevilla, Gómez Fernández, extrañaron la presencia de varios principios que no cohonestaban con «los diferentes cuerpos de la legislación española», extrañeza que aumentó poco a poco y se convirtió en dura crítica que vio en la Constitución que se elaboraba «un trasunto de la francesa». Posteriormente y ante la evidencia, algunos de los personajes más notables de las Cortes, como Rico y Amat y el marqués de Miraflores, tuvieron que confesar que el código español de 1812 se había modelado de acuerdo con la Constitución francesa de 1791. El hecho de que en la Constitución de Cádiz se encuentren amalgamados principios y doctrinas tradicionales y fórmulas e ideas de la Revolución Francesa y del pensamiento que la precedió ha llevado a modernos tratadistas a afirmar:

> Que lo uno y lo otro se halla entremezclado y compendiado en extraña mixtura en el texto constitucional, y no siempre es fácil deslindar la fuente de que procede cada idea. La forma y la fórmula es siempre moderna, pero el principio puede muchas veces referirse legítimamente a una tradición nacional renovada. La tradición y la revolución están siempre amalgamadas en esta singular revolución de Cádiz.

Pese a ello, y aun por ello mismo, por haber cohonestado los ideales de renovación universal y española, con algunos de los más sabios y genuinos principios de la legislación ibérica, el código español de 1812 representó uno de los frutos más logrados del liberalismo, un ejemplo que siguieron no sólo los países americanos, sino aun algunos europeos. Por otra parte, el ataque al absolutismo que hicieron durante su elaboración notables diputados, entre ellos Quintana, y las reclamaciones de los representantes americanos, aumentaron, en vez de disminuir, el anhelo emancipador de la América española. Por esas razones la Constitución de Cádiz se encuentra tan ligada a nuestra evolución política.

La Constitución de Cádiz de 1812 va a servir, junto con las francesas anteriormente citadas y las *Declaraciones* norteamericanas, de antecedente inmediato de muchas de las Constituciones hispanoamericanas de los primeros años. La elaborada en Apatzingán no podía escapar a esa realidad. Varios de sus capítulos, principalmente los relativos al proceso electoral, muestran enorme semejanza. Un rápido cotejo entre las Constituciones nos permitirá darnos cuenta de su parecido singular. Aquí cabe advertir que ese parecido, como el que se encuentra entre la francesa de 1791 y la española de 1812, no implica en forma alguna subestimación de la subsecuente, pues, en todo caso, las diferencias, que son numerosas, revelarían lo propio, lo auténtico. Los préstamos culturales ocurren en todo tiempo y son ineludibles. No siempre puede hablarse de invenciones, sino de difusión de ideas. La originalidad, por otra parte, hay que rastrearla hondo y conduce en todo tiempo a las eternas preguntas e inquietudes del hombre por su vida, su libertad, su felicidad, su razón, su mundo circundante, sus semejantes.

En la parte dogmática encontramos algunos proyectos que encierran la misma idea. Así el artículo 1.º de la nuestra es un trasunto más abreviado de la de Cádiz; el 2.º obedece al 3.º; el 4.º revela al 2.º; el 6.º, al 27; el 7.º, al 28 y 29; el 13 y el 14, al 5.º; el 42 y 43, al 10 y 11, etcétera. De toda suerte, este apartado de nuestra Constitución es mucho más amplio que el que se encuentra en la española. Es en él en el que hay que advertir la acción directa no sólo de las constituciones francesas, sino de las declaraciones norteamericanas y no en la parte orgánica. En ésta, dicha influencia no se habrá de marcar sino hasta el año de 1824, en la Constitución que se da México plenamente liberado y sometido al influjo de las normas institucionales de los Estados Unidos.

La influencia de las ideas políticas corrientes en España en esos años es patente. El mismo Morelos en su proceso lo declaró sin embozo al responder al cargo XV, acerca del cual dijo:

> Que en la formación de la Constitución no tuvo más parte que remitirle a sus autores la Constitución Española y algunos números de *El Espectador Sevillano.*

Dado que España mantenía un sistema monárquico y los mexicanos huían de él, todos los capítulos relativos a aquel aspecto y a los correlativos no se encuentran en la de Apatzingán. Una comparación estricta entre ambas es motivo de otro trabajo, por lo cual nos eximimos de hacerlo en esta ocasión.

*Juicios y validez*

¿Cuál ha sido el juicio que nuestra Constitución primera ha merecido? ¿Cómo ha sido vista así como sus autores desde el momento de su aparición? Esto es lo que vamos a explicar breve y finalmente. De parte de los insurgentes puede decirse que fue aceptada, que tuvo validez en tanto el Congreso existió y que aun una vez disuelto éste en Tehuacán por el general Mier y Terán, en 1815, la Constitución quedó en el corazón y la mente de todos los patriotas, como un ideal a seguir, como una esperanza de nueva vida que algún día cristalizaría; por ello siguió imprimiéndose y circulando entre los verdaderos insurgentes.

Poco tiempo antes de que se terminara el Congreso, presidido por José Manuel de Herrera, lanzó desde Tiripitío, el 15 de junio de 1814, un manifiesto en el que confirmó la unidad reinante en las filas insurgentes y las labores peculiares que cada grupo cumplía, tendentes todas a salvaguardar «la posesión de los derechos imprescriptibles del hombre usurpados por el despotismo». En este documento esclarecedor se afirma que

> Procediendo todos de acuerdo trabajamos con incesante afán en organizar nuestros ejércitos, *perfeccionar nuestras instituciones políticas* y consolidar la situación en que la patria, temible ya a sus enemigos, es árbitra de las condiciones con que debe ajustar la paz; para la consecución de tan importantes fines, la comisión encargada de presentar el *proyecto de nuestra Constitución interina,* se da prisa para poner sus trabajos en estado de ser examinados, y en breves días veréis, ioh pueblos de América!, la *carta sagrada de libertad* que el Congreso pondrá en vuestras manos, como un precioso monumento que convencerá al orbe de la dignidad del objeto a que se dirigen vuestros pasos. La división de los tres poderes se sancionará en aquel augusto Congreso; el influjo exclusivo de uno solo en todos o alguno de los ramos de la administración pública se proscribirá como principio de la tiranía; las corporaciones en que han de residir las diferentes potestades o atribuciones de la soberanía se erigirán sobre sólidos cimientos de la Independencia, y sobre vigilancias recíprocas; la perpetuidad de los empleos, y los privilegios sobre esta materia interesante, se mirarán como destructores de la forma democrática de gobierno. Todos los elementos de la libertad han entrado en la composición del reglamento provisional y este carácter os deja ilesa la imprescriptible libertad de dictar en tiempos más felices la *constitución permanente* con que queráis ser regidos.

En el *Manifiesto que los diputados de las provincias mexicanas* dirigieron a *todos sus conciudadanos,* el 23 de octubre de 1814, esto es, un día después de haber suscrito la Constitución, pieza que tiene enorme mérito puesto que descubre las miras y planes de los constituyentes, sus ideas políticas, el alcance de sus deseos y la orientación institucional a dar al país, se hace una confesión de las ventajas que la Constitución acarrearía.

Para los realistas, en cambio, la Constitución no sólo fue objeto de mofa y desprecio, sino que aún ordenaron fuese quemada, ya que no podían serlo sus autores. Entre los enemigos más vigorosos de los insurgentes cuentan dos personajes, don Félix María Calleja del Rey y el obispo Manuel Abad y Queipo, entre ellos también irreconciliables enemigos.

Si Abad y Queipo utilizó las armas espirituales para destruir a los insurgentes, Calleja emplearía otras más eficaces, la espada y la bala. El primero impulsó la Independencia, mas echó marcha atrás después, alarmado por el desarrollo de la lucha, y a partir del primer momento tomó contra los rebeldes una actitud persecutoria. El segundo fue desde sus inicios el más seguro rival, el más poderoso, el más temible. Cuando al obispo le fallaron sus censuras eclesiásticas, ocurrióle lo que al obispo de Oaxaca, Bergoza: acudió a las armas de fuego para combatir a sus enemigos, no tomándolas él mismo, sino incitando a los militares y civiles a dirigirlas contra los insurgentes. Pues bien, de Calleja tenemos copiosa documentación que muestra su desesperación por la incapacidad de no poder destruir a sus enemigos. Notables entre ellas son sus comunicaciones al Ministerio de Guerra y Justicia, entre otras las del 31 de mayo y del 20 de junio de 1813, así como las que remitiera al ministro universal de Indias, en las que manifiesta el estado general que prevalecía, el cual favorecía a los mexicanos. En la primera de ellas refiérese a la labor de difusión de Rayón y del Congreso, acerca de los cuales dice:

> Quince meses hacía que el rebelde Rayón, presidente de la pretendida Junta Nacional, se había fortificado en Tlalpujahua su patria..., en la que se habían reunido sus sabios, sus talleres, sus fundiciones, su imprenta y los principales individuos de la junta, que con sus papeles y la correspondencia diaria con México incendiaban el reino, pero muy particularmente producían el fomento de esta gran capital focus de la insurrección y adelante, después de mostrar cómo ésta ha aumentado, propone medidas enérgicas para contenerla [1].

[1] La carta de Calleja dice: «Las armas del rey que bien dirigidas derrotaran por mucho tiempo las grandes masas de insurgentes, reunidos y declarados, mientras alguna nación extranjera no las proteja y auxilie abiertamente, se embotan y hacen inútiles contra

Por su parte, el obispo electo de Michoacán, en su representación del 19 de febrero de 1815, señala el espíritu general en favor de la autonomía, cuya fuerza y origen no puede comprender al escribir:

> Al principio creí yo que la insurrección de Nueva España consistía solamente en la conmoción de indios y mulatos, mal dirigida por unos hombres corrompidos y devorados de la ambición y de la envidia, pero de dos años a esta parte me he llegado a convencer, que

los enemigos simulados y ocultos que desde el seno de la comodidad, de la seguridad y de la abundancia, jamás dejan de seducir, de inflamar, de auxiliar y de dirigir a los campos revolucionarios que derrotados en un punto se reúnen en otro, o en pequeñas partidas arruinan los campos, interceptan los caminos, asesinan al europeo que pueden haber a las manos y saquean los pueblos que no están ni pueden estar defendidos, bien convencidos de que su constancia les dará al cabo el vencimiento. El carácter de la insurrección de estos países es siempre el mismo; se divisa en la absoluta independencia con el exterminio de todo europeo, y a este objeto caminan sin embarazarse en los medios, en la opinión, ni en los reveses que experimentan en los frecuentes choques con las tropas del rey. El medio de la benignidad que ha adoptado hasta ahora el gobierno es ineficaz para contenerlos, y la variación de conducta no sé si produciría mejores efectos. Yo he tentado lo uno y lo otro alternativamente y según me ha parecido que lo exigen las circunstancias y sin embargo, no puedo decir que soy más dichoso de un modo que de otro. Me lisonjeaba sacar un gran partido a favor de la tranquilidad general con medidas conciliadoras y con el establecimiento de la Constitución de la monarquía que está ya puesta en práctica en la mayor parte; pero veo con dolor que se sirven de la libertad de sus principios para hacernos una guerra más cruel y para minar la existencia del legítimo gobierno. Ni uno solo de tantos cabecillas y cuerpos insurgentes como inundan y devastan este reino, se ha presentado hasta ahora a gozar de los beneficios de aquel código benigno y liberal. Otra prueba de mi concepto es lo sucedido últimamente con dos elecciones ejecutadas en esta capital para electores parroquiales e individuos del nuevo ayuntamiento, de cuyo número ha sido excluido todo europeo sin distinción, habiendo tantos dignos de reconocimiento público por su beneficencia y probidad, no obstante haberme valido de todos los medios y conductos que me parecieron oportunos, interesando en ello al muy reverendo arzobispo y a las personas de más crédito del país, a fin de asegurar el nombramiento de personas que inspirasen confianza a ambos partidos, sin designarles las que hubiesen de ser; pero contra mis esperanzas y las seguridades que muchos de los electores dieran a aquel prelado de que la elección dejaría satisfechos nuestros deseos, se ha llevado a efecto con escándalo el principio detestable de la exclusión del europeo que han proclamado los rebeldes en sus papeles, recayendo la elección en personas notoriamente sospechosas de fidelidad y las más desconocidas y arruinadas por los vicios, los cuales ciertamente llenarán muy mal los sagrados deberes que les impone la patria como me lo acreditan los primeros pasos que han dado en el ejercicio de ellos, oponiéndose eficacísimamente a las medidas de seguridad y de buen orden que no he podido dejar de tomar en las circunstancias en que se halla esta capital, para reprimir los designios de los revoltosos. Semejante estado de cosas, de que instruiré a vuestra exsi Hidalgo y Allende han sido en efecto los primeros y principales agentes de la insurrección, no lo son ciertamente los cabecillas sucesores: Morelos, Cos, los Rayones, ni esa congregación de idiotas que se titula Junta Nacional. Éstos, cuando más, serán agentes secunda-

celencia detalladamente cuando tenga lugar, sería capaz de hacer desesperar del remedio y de obligarnos a tomar el último partido que queda o de sujetar en poco tiempo al país obrando tan enérgicamente como lo exige la situación, o de abandonarle por conveniencia, o por necesidad para evitar que la dilación haga perder esta parte de la monarquía española de un modo que influya a que acaso no pueda conservarse la metrópoli que privada de los auxilios de la América, se ve en la precisión de dárselos, si no debiese esperarse que con los mismos auxilios de tropas que recibe podrá quizá lograrse su pacificación; pero en este caso es indispensable tener presente que las conjuraciones, las insurrecciones, los grandes alborotos de los pueblos seducidos, jamás se han extinguido sin medidas enérgicas, y sin la exportación de los seductores en cuya clasificación podría haber algún abuso en tiempos en que se excitan las pasiones y se vengan los resentimientos; pero ellos serán siempre de nueva consecuencia que los que puedan resultar contra la Madre Patria al abrigo de leyes sabias y justas que animan el entusiasmo de estas gentes, y alargan sin término esta guerra desoladora *(Archivo General de Indias,* Audiencia de México, legajo 1480, exp. 5). Y en la otra se resiente contra la libertad de imprenta, que permitió la difusión de las ideas. Ésta dice: Así es que en el tiempo en que duró la libertad de imprenta, en lugar de escribirse discursos moderados sobre reformas, proyectos útiles de política y economía, etcétera, se reprodujeron quejas de un ponderado despotismo, se pusieron a la vista restricciones que ya no existían y se desfiguraron providencias necesarias; y queriendo que se considerasen estos pueblos como en un perfecto estado de sosiego y conformidad de ánimos, se declamó contra toda clase de precauciones, pintándolas como la más extraordinaria arbitrariedad y como la información de las leyes y de la constitución. Tal es el contexto y espíritu de un diluvio de papeles que se publicaron en aquel tiempo a la faz del gobierno, siendo notables, entre ellos, el *Pensador Mexicano,* el *Vindicador del Clero mexicano* y los *Juguetillos,* cuyo autor, el licenciado don Carlos María Bustamante estaba en correspondencia con los rebeldes, y que al fin, se fugó con ellos temeroso de experimentar el poder de las leyes. De este modo se soliviantaron los espíritus; el pueblo que aquí piensa menos que en ningún otro país del mundo, oyó sin cesar los comentarios de aquellos escritos en la boca de sus compatriotas, y se empapó de las ideas que se le quisieron inspirar todas contrarias a la rectitud de nuestras intenciones, y a la sumisión al gobierno; más supersticioso que el de cualquier nación, fue atacado por este lado haciéndole creer que alguna resolución atentaba contra la pureza de la religión y los derechos de la iglesia, según se estampó en impresos de aquellos días entre los que se comprenden los ya citados, y especialmente en una representación que se llamó del clero mexicano, que multiplicada y difundida en copias, se imprimió después en Tlalpujahua por los rebeldes que entonces poseían este pueblo; y difundían estas especies en la multitud, canonizados para ello con la autoridad de un autor o un apologista eclesiástico y con la validación de la imprenta, causaron un crecimiento indecible en la indisposición de los espíritus, y aun se practicaron animosidades de parte de todos los partidos, que al fin hubieron conducido en satisfacer las dañadas intenciones de muchos, con una convulsión desastrosa. No se ocurrió a estos rios; y son, de hecho, los instrumentos de la mano oculta que promueve la independencia de la Nueva España, la cual romperá y destinará al fuego estos instrumentos cuando ya no los necesite. Es indubitable que existe una coalición muy numerosa y extendida de hombres y mujeres de todas las clases de Estado, que se extiende por signos, como los francmasones; que opera, como ellos, con misterio y con sigilo, y se compone de hombres de pocas luces en política (pues no comprenden el funesto resultado que debe tener su proyecto); pero infinitamente profundos y ejercitados en el arte de fingir, disimular, insinuarse y prevenir los corazones de los hombres honrados, a la seducción y el error. Ella camina siempre por subterráneos, se cubre con velos espaciosos, prepara sus tiros con anticipación, y los descarga a gran distancia, con tal alevosía y artificio que es casi imposible el prevenirlos y conocer de donde parten. La existencia de esta coalición la experimentamos cada día los buenos patriotas, que nos rozamos con los insurgentes en las ocurrencias de la vida, y descubrimos el fondo de sus corazones a través de su artificioso disimulo. Ella está comprobada por una correspondencia inmensa entre los insurgentes ocultos y manifiestos, que se ha interceptado en gran parte y dirigida al Supremo Gobierno; y por todos los escritos de algún mérito, publicados en el *Ilustrador* y en el *Seminario Americano*, y en la *Gaceta de Oaxaca* mientras tiranizaron aquella ciudad; cuyo contexto y estilo manifiestan claramente que no han sido sus autores ni el doctor Cos, ni el licenciado Quintana, ni el licenciado Bustamante, ni el licenciado Rayón, ni ningún otro de los insurgentes manifiestos; y que son obra de otros hombres de más instrucción, que residen en México, Puebla y otras ciudades de provincia. Se comprueba, por las prisiones que se han verificado (y aun más por las que se han omitido), y por las ramificaciones inmensas de sus confesiones y citas. Y se prueba, finalmente, por la variedad y magnitud de sus efectos. [2]

daños con la refutación escrita de los errores que sembraban aquellos papeles, porque sobre el principio de que la misma parte de estos habitantes está decidida por la causa de la metrópoli; y el de casi todos los europeos que existen en estos países son negociantes, hacenderos y empleados, y por consiguiente, poquísimos de ellos pueden ni tienen ocasión de dedicarse a controversias políticas por falta de instrucción o tiempo, abundando en los americanos letrados farraguistas, curas ociosos y colegiales corrompidos que cuando no produzcan nada original, saben copiar, truncar especies escritas por otros, alucinar y pervertir; cuanto se imprimía en contra de la opinión de los facciosos, se ahogaba entre el conocimiento de muy pocas gentes que sin duda eran los que no necesitaban de desengaños...».

[2] *A.G.I.* Estado, legajo 41, exp. 22 (46). De Morelos escribiría en especial en una

Tales fueron, entre otras, las opiniones de los contemporáneos de aquellos días plenos de esperanza en la libertad y felicidad de la patria. Posteriormente, los historiadores que han analizado el fenómeno de la independencia han dejado su opinión acerca de nuestra primera carta política, en ocasiones llena de entusiasmo, otras veces en forma dura. Nuestros constitucionalistas en ocasiones la han olvidado del todo, otros sí se han referido a ella, mas su juicio llega a afirmar que ni siquiera cuenta en nuestra historia legislativa.

carta anterior: «Morelos es, sin disputa, el alma y el tronco de toda la insurrección; y en la junta que ha convocado para este mes en Chilpancingo, se va a elevar a jefe supremo, independientemente a toda autoridad, con ruina de la Junta de Zitácuaro, y de todos los demás cabecillas. Posee el sur de la Nueva España, desde Zacatula a Techuantepe, y se considera invencible, en las posiciones formidables de la naturaleza, y por el arte, el Veladero, la Palizada y el Arenal en las inmediaciones de Acapulco. Espera tomarnos el importante castillo de San Diego que tiene bloqueado y que ha atacado tantas veces con la mayor obstinación; y aun los insurgentes han derramado la noticia de que lo había tomado; pero no es creíble, así por la fortaleza del castillo, como porque yo supongo, que así vuestra excelencia como el señor Cruz habrán dado órdenes para que la fragata y uno de los bergantines de San Blas, en donde no son necesarios, pasasen a Acapulco para auxiliar aquella fortaleza en donde habrán hecho buenos servicios metiéndole víveres y demás auxilios necesarios, y estando en proporción de dar los avisos convenientes por Colima o por Chiapa. Fuera de que Morelos data la convocatoria par la citada junta, en mediados del pasado en el cuartel general de Acapulco; y si hubiera tomado esta plaza, hubiera, seguramente añadido, y *Castillo de San Diego de Acapulco*, porque conoce bien lo mucho que influiría esta circunstancia para reanimar la insurrección. 5.ª Cuando Morelos sea forzado en las posesiones de Acapulco, necesariamente se debe refugiar con las reliquias de su ejército o a Michoacán o a Oaxaca. Esto se debe tener presente luego muy presente para tomar medidas suficientes a desvanecer sus proyectos, y destruirlo enteramente en cualquiera de los dos extremos; porque si nos descuidamos en esta parte, podrá adquirir tales ventajas que recuperen su opinión y pédidas anteriores. 6.ª Supuestos estos hecho y conjeturas, como más probables y de contingencia casi se asegura, parece necesario el que se amente esta división como luego diré: y que se formen dos divisiones lo más fuerte que seç posible, mandadas por oficiales los más acreditados y capaces de todos, sin consideración a grado; la una que ataque directamente a Morelos donde quiera que se halle, y la otra, que salga al mismo tiempo sobre Oaxaca. Esto se debe ejecutar lo más pronto que sea posible, luego que se levanten las aguas a fines de éste o a principio del que entra. Pues este tiempo es precisamente cuando está Morelos *ocupado en organizar su junta, preparar y asegurar la soberanía, que ya toca con la mano*, objeto demasiado grande para absorber toda su atención y facultades, y más cuando debe experimentar la contradicción de sus rivales. Por lo menos, no se le debe dejar tiempo para que disponiendo como soberano de toda la fuerza de la insurrección, a su grado y sin resistencia, pueda hacer reuniones demasiado fuertes y organizar ejércitos respetables; pues aunque él es una idiota, la envidia y la ambición han desplegado bastante sus talentos para entender y atender su propio negocio, y aprovecharse de las luces y la experiencia de los franceses que le dirigen...».

La Constitución de Apatzingán, obra elaborada como las grandes auténticas epopeyas, entre el fragor de las batallas, cerca del vivac de los soldados, entre ásperas montañas y caudalosos ríos de las cálidas tierras michoacanas, es el fruto mejor de un pequeño grupo de licenciados y canonistas henchidos de fe y de entusiasmo por el futuro de México, quienes, sacrificando su vida y su bienestar, quisieron dejarnos la base primera de nuestra felicidad y grandeza. Con esa obra, que representa cuanto de mejor existía por ese momento en el desarrollo político, y la cual, como toda acción humana, es imperfecta y perfectible, se revela el noble anhelo de un pueblo que buscaba dar a sus ansias de libertad un cauce civilizador, una forma y un contenido superiores. Los constituyentes mexicanos, dignos sucesores del padre Hidalgo, continuaron, a través de su labor, la empresa iniciada por aquél una fresca y clara madrugada del mes de septiembre de 1810 en Dolores. La rebelión de Hidalgo, cuatro años antes, marca el principio de autonomía, de organización, de vida mejor que los diputados mexicanos formularon siguiendo el pensamiento de su iniciador y de sus continuadores, don Ignacio López Rayón y don José María Morelos. El *Decreto Constitucional de 1814* revela que el movimiento insurgente no fue un simple alboroto, sino el más loable intento para constituir al país sobre bases distintas al absolutismo, el proyecto que —como quería ya Simón Rodríguez, el gran maestro de Bolívar— pudiera constituir al país, proyecto que honrase los procedimientos y que otorgara el mérito auténtico a la Guerra de Independencia.

Francisco Javier Mina y su expedición

El año 1817 significa el ingreso en la guerra de nuevos elementos. Tres años antes, en marzo de 1814, Fernando VII volvió a España y restauró el absolutismo apoyado por varios congresistas reaccionarios, a quienes se denominó «los persas», y políticos como el general Elío. Puso en prisión a varios liberales y estrechó las relaciones con las potencias más reaccionarias, como Rusia, afilió a España a la Santa Alianza (1815) y celebró con Estados Unidos, en febrero de 1819, un tratado de límites que fijó las fronteras septentrionales y cedió la Florida a aquella república.

Todas estas razones provocaron en España y también en las colonias serias repercusiones. En la Metrópoli menudearon las conspiraciones y alzamientos, entre otros los de Porlier, Lacy y Milans y Mina. Se temió en 1815 que la expedición que Morillo llevaba para luchar en Nueva Granada no saliera debido a la propaganda en contra realizada por los grupos masónicos. Sobrino de Mina fue Francisco Javier, nacido en Navarra el 1.º de julio de 1789, quien se afilió con entusiasmo en las filas liberales. Estuvo prisionero en Vincennes y de ahí salió bien relacionado con grupos masones, liberales, comerciantes ingleses y emisarios norteamericanos que prohijaron sus planes de combatir el absolutismo no sólo en la península, sino en América.

En Londres, Mina se vinculó con emigrados liberales españoles, hispanoamericanos y de otras nacionalidades entre otros con fray Servando Teresa de Mier; en esa ciudad obtuvo un navío, de oficialidad española, inglesa e italiana y partió en mayo de 1816 hacia Estados Unidos. En Baltimore, uno de los puertos, como Norfolk y Filadelfia, más socorridos por los emigrados, por conspiradores, corsarios y toda suerte de aventureros, consiguió mayores recursos; ahí zarpó hacia México, y con 300 hombres desembarcó en Soto La Marina el 15 de abril de 1817. Lanzó varias proclamas a los mexicanos anunciándoles que «un amigo de la libertad venía a auxiliar a los ilustres defensores de los más sagrados derechos del hombre en sociedad y a luchar por la emancipación de los americanos que sería útil y conveniente a la mayoría del pueblo español, tanto en lo mercantil e industrial, como para el establecimiento de gobiernos liberales.» Levantó un fuerte provisional en aquel punto e internóse en el país en donde pensaba encontrar apoyo en los grupos de Pedro Moreno y del padre Torres.

Llegó acompañado de un puñado de valientes al fuerte del Sombrero, en donde encontró a Moreno. Venció en Valle del Maíz a Villaseñor, en Peotillo a Armiñán, y en San Felipe a Ordóñez. No pudo romper el sitio que Liñán puso al fuerte defendido con heroicidad y en donde perecieron algunos de sus acompañantes como Young, ni tampoco socorrer al fuerte de los Remedios ni tomar Guanajuato. El 27 de octubre, sorpresivamente, se le capturó en el rancho de El Venadito y se le fusiló frente al fuerte de los Remedios, a la vista de sus compañeros, el 11 de enero de 1818.

El panorama de la lucha insurgente era desesperanzado en el año 1818, el de la muerte de Mina. Altos jefes como Verduzco, Rayón y

Nicolás Bravo estaban prisioneros. Habían perdido la vida en diversas formas José María Liceaga, el padre Torres, Nicholson y Yurtis, quienes como Young eran anglosajones liberales que luchaban por la independencia de México. Otros insurgentes acogiéronse al indulto y una tentativa de ayuda exterior, la de Mariano Renovales, se frustró. A fines de 1819 sólo mantenían la lucha Vicente Guerrero y Pedro Ascensio.

La expedición de Francisco Javier Mina fue, en el panorama del movimiento emancipador mexicano, como un relámpago que de repente iluminan la oscuridad existente, un rayo que rompiera el silencio y alumbrara de nuevo el cielo de la libertad. La mala fortuna hizo que su acción fuera breve. Sin embargo, ella importa porque trae aparejados nuevos elementos que hay que distinguir en el desarrollo político mexicano.

Esos elementos, que ingresan un tanto mezclados, son el liberalismo militante, pues el meramente doctrinario ya se había conocido y difundido, y la masonería como fuerza política. Ambas doctrinas postulaban un universalismo tan fuerte como su seguridad triunfalista y contaban con el apoyo político y económico de grupos poderosos, principalmente de origen británico, y también norteamericano, que buscaban mercados para introducir sus efectos y obtener las materias primas que requerían.

En la expedición de Mina venían hombres como Joaquín Infante y otros más, ligados a grupos masónicos como la Logia Lautaro, que tanta influencia tuvo en la emancipación de las provincias del Río de la Plata. Contaban con una imprenta mediante la cual podían difundir tanto las proclamas que su caudillo lanzó, como otros escritos y canciones patrióticas en favor de la libertad.

Uno de los miembros de ese grupo, que figuraba como director intelectual, fue el regiomontano fray Servando Teresa Mier y Guerra, dominico remitido a España a principios del siglo por sus ideas nacionalistas y su combatividad antiespañola. Mier fue el primer mexicano que escribió una apasionante historia de los inicios de la independencia de México. Culto y prolífico, dejó numerosos escritos de carácter histórico-político que se inician con su *Historia de la Revolución de Nueva España...* (1813), *Cartas de un americano al español* (Blanco White), 1811-1813, *Memoria político-instructiva enviada desde Filadelfia en 1821,* sus *Memorias* y muchas otras más que lo acreditan como notable publicista, hombre combativo, valiente y un tanto pintoresco. Actuó en la política nacional, y sus escritos e ideas se afincaban inteligentemente en un certero análisis de la realidad mexicana. Fue ferviente republicano y enemigo de todo gobierno absolutista, por ello se manifestó en contra de la ascensión de Iturbide al trono de México. En los apéndices publicamos un fragmento de sus memorias que dan cuenta de la expedición de Mina.

Es en los apéndices en donde hemos situado los testimonios más salientes del movimiento emancipador mexicano. Consideramos que el lector, leyéndolos en su integridad, podrá tener una idea mejor y más amplia de la guerra insurgente, de las ideas que la promovieron, de las circunstancias y acontecimientos más importantes del mismo. El colocar fragmentos de los mismos dentro del texto dificulta tanto la lectura como la comprensión. El lector debe tener íntegros los elementos de juicio que se va formando, los cuales confirmará con un acercamiento total a esos testimonios.

## ABSOLUTISMO Y LIBERALISMO

A fines de 1818 la situación política española era muy tensa. Si el monarca había logrado restaurar el absolutismo con las leyes e instituciones que lo identificaban, como la Inquisición, la censura de prensa y las alianzas con los estados ultramontanos, los grupos liberales, poderosos en el ejército, al amparo de la masonería mostrábanse descontentos y conspiraban francamente. Estos grupos, apoyados por agentes exteriores hispanoamericanos, norteamericanos e ingleses, de quienes recibían ayuda, manifestábanse contrarios a los intentos de reconquista de las colonias sublevadas que el monarca y sus consejeros tenían, e incluso simpatizaban con su independencia. Por ello, cuando en 1818 se inició la formación de un ejército expedicionario, esos grupos, apoyados por Alcalá Galiano, Evaristo de San Miguel y otros, impulsaron primero al conde de la Bisbal a defeccionar y, más tarde, al coronel Antonio Quiroga y al comandante Rafael Riego.

Riego se sublevó en Cabeza de San Juan el 1.° de enero de 1820, y Quiroga posteriormente. La revuelta prosperó por el pronunciamiento de diversas ciudades, La Coruña, Zaragoza, Barcelona y otras en favor del restablecimiento de la Constitución liberal que las Cortes de Cádiz habían dado a la nación en 1812. El 7 de marzo el monarca ofreció jurar la Constitución y lanzó un manifiesto que se iniciaba con la desfachatada y casi humorística frase: «Marchemos francamente, y yo el primero, por la senda constitucional».

Las Cortes iniciaron sus labores en julio de 1820 y su acción consistió en instaurar las instituciones y principios liberales, entre otros la disolución de las órdenes religiosas, el fomento de la secularización y desamortización, la utilización de los tesoros y plata de iglesias y catedrales, la vuelta a la libertad de imprenta y otras medidas que escandalizaron y atemorizaron a varios grupos del clero y a las clases oligárquicas, que veían amenazados sus intereses. Ese temor había de llegar a las colonias hispanoamericanas, principalmente a las que no habían podido liberarse del yugo metropolitano. Los grupos dirigentes estimaron que las medidas liberales de las Cortes les dañaban, afectaban a su hegemonía y abrían una nueva puerta a las aspiraciones de los partidarios de la insurgencia para volver a la lucha e instaurar un régimen semejante.

LAS POSTRIMERÍAS DEL GOBIERNO VIRREINAL

Habiendo gobernado hasta el 8 de mayo de 1810 el arzobispo y virrey Francisco Javier de Lizana y Beaumont y después, hasta el 13 de septiembre de ese año, la Audiencia Gobernadora, a ésta le sucedió un nuevo virrey, designado en España, Francisco Javier Venegas, militar de carrera, buen político y activo funcionario. A él correspondió conocer de la insurrección de Hidalgo y nombrar para contenerla al brigadier Félix María Calleja, comandante de San Luis Potosí, en donde estaba bien relacionado por haber contraído matrimonio con una rica criolla. Disciplinado, preciso, riguroso y hasta cruel, Calleja formó la base del ejército que combatiría con eficacia a los insurgentes. De sus filas salieron los militares que se distinguirían en esa guerra y posteriormente, como Orrantía, Aguirre, Béistegui y los criollos Armijo, Barragán, Bustamante y Gómez Pedraza.

La actividad militar de Calleja y otros comandantes que dirigieron diversos cuerpos del ejército, aumentados días tras día por reclutamientos y llegada de refuerzos de la Metrópoli, causó graves daños a los insurgentes. Por otra parte, las medidas policíacas y administrativas atemorizaban a la población civil, sometían a los descontentos encarcelándolos, condenándolos a trabajos forzados en las obras públicas, entre otras la famosa zanja cuadrada, y persiguiendo de continuo a los partidarios de la insurgencia, entre ellos a los Guadalupes.

El 4 de marzo de 1813, Venegas dejó el mando a Calleja, quien gobernó desde ese año hasta el 20 de septiembre de 1816. Sumaba así Calleja el gran poder militar que había adquirido con el político. Continuó la guerra con más intensidad y logró desbaratar poco a poco los reductos insurgentes. Por extremar tanto sus medidas y cometer exacciones contra los comerciantes, tuvo que ser cambiado por Juan Ruiz de Apodaca, quien rigió Nueva España del 20 de septiembre de 1816 al 5 de julio de 1821, fecha en que fue destituido por las tropas españolas.

Apodaca disminuyó el rigor empleado por Venegas y Calleja, actuó con diplomacia aquietando los espíritus, aun cuando mantuvo activas y bien organizadas las fuerzas militares. Atento a las conmociones políticas de la Metrópoli, percibió el crecimiento de los grupos liberales y su reacción en contra de los partidos del absolutismo. Tal vez ello moderó su actitud, pero de toda suerte no se concitó la enemistad real, pues Fernando VII le escribiría en momentos de apuros a finales de 1820 que las presiones que experimentaba en España lo tenían desazonado y por ello pensaba partir a México, en donde encontraría vasallos más fieles y obedientes. La conducta ambigua de Apodaca no gustó a nadie, por lo cual los diputados americanos a Cortes, entre otros Ramos Arizpe, lograron que el ministro de Ultramar lo removiera. Esta remoción ocurrió con posterioridad a la destitución forzada que de él hicieron las tropas españolas el 5 de julio de 1821, en virtud de que Apodaca veía con buenos ojos el movimiento «trigarante» iniciado por Iturbide y los lineamientos del Plan de Iguala.

El golpe de estado dado contra Apodaca colocó en el poder al mariscal de campo Francisco Novella, quien no contó con el apoyo de la Junta Provisional, de la Audiencia ni de varios militares. Así, su gestión duró del 5 de julio al 3 de agosto de 1821.

El nuevo virrey fue Juan O'Donojú, quien desembarcó el 30 de julio y tomó el mando el día 3 de agosto. Luego de celebrar con Iturbide un tratado en la villa de Córdoba por el que reconocía la Independencia, se sumó al carro del triunfador y entregó en manos de los mexicanos el gobierno del país el 28 de septiembre de ese año. Poco tiempo vivió entre nosotros, pues falleció el 8 de octubre de 1821.

Si ésa fue, a grandes rasgos, la trayectoria del gobierno virreinal en su última etapa, de 1810 a 1821, año en que se consumó la Independencia, veamos brevemente la del gobierno nacional que trató de dar a México el grupo insurgente.

La Constitución de Apatzingán, que rigió durante breve tiempo en el territorio ocupado por los insurgentes, lo cual se demuestra por juras que de ella hubo, su reimpresión y el establecimiento de las autoridades que ella señalaba, indicaba que además del Congreso, que tenía la mayor autoridad, existiría un Poder Ejecutivo y uno Judicial representado por el Tribunal Supremo. Para el Ejecutivo, ostentado por tres personas, se nombró a Morelos, a Liceaga y al doctor Cos. El Tribunal se integró con los licenciados Ponce, Castro y Martínez. El Congreso designó a varias personas, como lo había hecho Rayón, para obtener ayuda exterior. José Manuel Herrera, Francisco A. Peredo, Juan Pablo Anaya, el padre Pedroza, Bernardo Gutiérrez de Lara y Tadeo Ortiz tuvieron misiones que fracasaron, salvo la de Herrera, quien condujo a Estados Unidos al hijo de Morelos y reguló caudal para comprar armas. El Ejecutivo compartido no funcionó, pues de él se separó Cos, a quien sustituyó Antonio Cumplido.

La derrota de Valladolid y Puruarán decidió el traslado del Congreso a Tehuacán. Una Junta Subsidiaria, cuya jurisdicción llegaba a Texas, se formó en Michoacán, el foco más importante de la guerra. La integraron el mariscal Muñiz, el licenciado Ayala, Dionisio Reyes, José Pagola y Felipe Carbajal. Esta Junta, transformada y a veces dividida, trataría de mantener la unidad del movimiento revolucionario en los años venideros. El Congreso, cuyo traslado costó a Morelos la vida, llegó con el apoyo de Manuel Mier y Terán y Vicente Guerrero a Tehuacán en momentos muy difíciles para esos jefes. Sus pretensiones, el estorbar la pronta acción política y militar de las fuerzas, originó que Terán, con el consejo de Alas, Cumplido y Carlos María de Bustamante, disolviera el Congreso y los tres poderes y creara una Comisión Ejecutiva, integrada por Alas, Cumplido y Terán, que coordinaría los divididos cuerpos insurgentes e intentaría reorganizar el país. La contraofensiva militar que se cebó en los insurgentes acabó con esta comisión.

La Junta de Michoacán, debido a los azares de la guerra y a los malentendidos y parcialidades de sus miembros, fue disuelta por el mariscal Juan Pablo Anaya en febrero en 1816. La restableció el mariscal José María Vargas y luego la desconoció Rayón. Cambió de vocales, pues ingresó en ella el canónigo San Martín, hombre pintoresco al igual que su homólogo Velasco. La presidió José Pagola, mas él y su secretario fueron muertos en Huetamo el 9 de junio de 1818. Posteriormente reapareció en Balsas apoyada por Vicente Guerrero, aunque pronto se disolvió al ser éste derrotado en Agua Zarca en noviembre de 1819.

Los insurgentes del centro que constituían la Junta desaparecieron, pues el padre Torres y Liceaga fueron asesinados. El mariscal Juan Pablo Anaya, uno de los sobrevivientes, se indultó al igual que Mariano Tercero, Huerta, Navarrete y Carbajal. En Veracruz, acosado por las desgracias y la mala suerte, Guadalupe Victoria, que mantenía la lucha, tuvo que refugiarse en Paso de Ovejas para salvar su vida. Así, estos intentos de organización nacional fueron truncados por la cruel guerra, que no apagó del todo el anhelo de independencia de los mexicanos.

## La consumación de la independencia y el imperio de Iturbide

Frustrado el intento de Francisco Javier Mina por atraer a los mexicanos a una lucha de mayor sentido universalista (la de combatir contra toda forma de abosolutismo, lo que traería como consecuencia la independencia), y dispersa y deshecha la Junta de Jaujilla, que representó el último organismo gubernamental de la insurgencia, el más importante núcleo rebelde a partir de 1818 era el que comandaba en el Sur Vicente Guerrero (1783-1831) apoyado por otro valeroso insurgente, Pedro Ascensio (1778-1821).

Contra ellos, estimados como focos de malestar y peligro autonomista, se dirigió la estrategia política y militar del virreinato. Desde el año 1814 Calleja designó para encargarse de la «División del Sur y rumbo de Acapulco» al coronel José Gabriel de Armijo, buen militar, pero cruel y deshonesto, como otros jefes de armas de entonces. La división de Armijo, que había obtenido algunas victorias contra los insurgentes y actuó para destruir núcleos importantes, al decaer la guerra insurgente, se encontró con que tenía que luchar en un medio hostil contra fuerzas que se le escapaban, en un territorio en el que los guerrilleros sabían moverse con habilidad, pues lo conocían a la perfec-

ción y, además, contaban con el apoyo silencioso de la población. Tierras agrestes, clima riguroso, dificultad para obtener recursos con que
alimentar a la tropa y hacer llegar los pertrechos de guerra, cansancio,
aburrimiento, todo ello conspiraba para desalentar a Armijo y sus tropas. Esas circunstancias también llegaron a fatigar a los caudillos, que
cada día veían disminuir sus contingentes, acogerse al indulto a muchos de los antiguos y prestigiados jefes, y observar que tanto la política virreinal como la metropolitana variaban.

Es indudable que Guerrero, Ascensio y otros dirigentes, pero principalmente éstos, no vivían aislados del todo de lo que acontecía en el
país y que aun en su alejamiento recibían apoyo y noticias de grupos
secretos, de simpatizantes de México, Puebla, Valladolid, y que a través
de los puertos de Acapulco y Huatulco les llegaban informes del movimiento emancipador sudamericano, de la situación de Centroamérica
y de la circunstancia en que vivía la Península. Una organización no
tan perfecta como la de los Guadalupes, sino de patriotas aislados, servía para mantener enterado a Guerrero y a sus tropas de cuanto ocurría. El magnífico sistema de comunicación que crearon López Rayón
y Morelos continuaba sirviendo en menores proporciones para mantener en los rebeldes del Sur el conocimiento de lo que ocurría en México y en España.

Los períodos en que se gozó de las libertades que concedía la
Constitución liberal de Cádiz, libertades muy restringidas desde la época de Calleja, y las noticias que aportaba la prensa liberal podían, en
esos momentos, ser mejor conocidas por los insurgentes. Las aperturas
constitucionales, las manifestaciones antiabsolutistas, tanto metropoli-
tanas como las que se daban en Nueva España, favorecían en buena
medida a los insurgentes por muy aislados que estuvieran. Ello explica
por qué Vicente Guerrero pudo conocer los grandes cambios políticos
que se operaban y actuar inteligentemente en provecho de su causa;
por qué pudo acomodarse a una conyuntura que resultaba favorable
para salir del estancamiento en que se encontraba la guerra de Independencia. Guerrero comprendió que dado el desgaste militar y moral,
la independencia no podía lograrse con la pura fuerza de las armas,
sino mediante el empleo de una diplomacia y una política hábil, opor-
tuna y eficaz.

Por su parte el virrey, por entonces Juan Ruiz de Apodaca, adoptó
frente al movimiento insurgente una política hábil, de tolerancia, de

comprensión y de acercamiento a diversos grupos tanto de la sociedad colonial: clero, comerciantes, funcionarios, como también hacia los núcleos rebeldes, ofreciéndoles el indulto, garantías y algunos beneficios. Apodaca veía con cierto estupor los vaivenes de la política europea, concretamente de la metropolitana, y se daba cuenta de que los sistemas monárquicos absolutos eran arrasados por el oleaje liberal; de que las nuevas ideas que la Ilustración y el liberalismo habían aportado representaban una fuerza incontenible, y que se habían plasmado en un programa de acción que postulaba cambios esenciales en la futura organización política y jurídica de muchos pueblos. Veía el virrey Apodaca que el porvenir tenía que ser diferente, que era indispensable efectuar cambios radicales, pero que él, como representante del monarca, estaba obligado a salvaguardar los intereses que le habían confiado, a mantener el orden y la tranquilidad en la rica colonia novohispana.

Muchos personajes de su entorno pensaban lo mismo, aunque algunos, principalmente los criollos, aspiraban a obtener mayor libertad, un más franco desarrollo y la posibilidad de acceder a los rangos civiles y eclesiásticos que se les habían negado. Los grupos ligados con la magistratura estaban conscientes de las ventajas que aportaban las constituciones que frenaban la arbitrariedad y el capricho de las autoridades, que otorgaban a los ciudadanos un mínimo de garantías y que abrían a los americanos la posibilidad de hacer oír su voz en las asambleas políticas.

Mineros y comerciantes veían en la apertura liberal que se daba en la economía la posibilidad de beneficiarse, de establecer relaciones más ágiles y provechosas con los centros comerciales que les habían estado vedados por la existencia del sistema económico que se apoyaba en el monopolio y el control de las transacciones. Los grupos peninsulares, burócratas y rentistas, sentían pavor del cambio que les desplazaría. Aferrábanse a las viejas ideas e instituciones, se atrincheraban en la condena que funcionarios y eclesiásticos hacían vehementemente de todo cuanto oliera a innovación, a las ideas de filósofos y juristas modernos.

Los aristócratas y la clase media poco informada temían las revueltas sociales, el desorden, la anarquía que se dio en los primeros momentos de la insurgencia. Prelados de alto nivel, la mayor parte peninsulares, aprestábanse a defender el trono y el altar de los embates de quienes no aceptaban la teoría del poder divino de los reyes, y de los que ansiaban una Iglesia más entregada a sus funciones espirituales que consagrada a mantener por la coacción religiosa la adhesión a una forma estatal que no beneficiaba al pueblo.

Este último, nuevamente en forma callada, ansiaba su libertad, el fin del sistema esclavista y de castas, humillante e inhumano. Deseaba la supresión del pago de tributos, gabelas y alcabalas; ansiaba una distribución equitativa de la riqueza, de la propiedad territorial; la restitución de las tierras y aguas de las cuales desde hacía varios siglos había sido despojado. Deseaba también la dotación de sitios para cultivo, indispensables para sustentar sus numerosas familias, la impartición de pronta y eficaz justicia y la desaparición de un sistema discriminatorio que evitaba la movilidad social y el goce de los derechos naturales y civiles que todo hombre tiene.

En verdad, el pueblo, entusiasmado por los ideales libertarios, se había sumado masivamente al movimiento insurgente, como forma de cambiar su situación. El desarrollo militar y político de la emancipación no permitió que ese cambio total se realizara. Varios años de guerra sangrienta, que diezmó a la población, si bien revelaron el hondo patriotismo del pueblo, no sirvieron para efectuar en su favor todos esos cambios que anhelaba, y por los que se volvería a sacrificar. El pueblo deseaba el cambio, y por hacerlo posible volvería a apoyar a los caudillos en turno.

Tal era el panorama que presentaba la sociedad mexicana a finales de 1819. En la Metrópoli, la situación era igualmente diversa. Las clases altas, aferradas a sus posiciones tradicionales, temían la desaparición de sus privilegios, pero en el pueblo latía el descontento por la desigualdad, la miseria y la ignorancia. La clase media instruida, consciente de su valor y más politizada, aspiraba al cambio. Letrados, eclesiásticos y militares, influidos por el liberalismo, la masonería y la Ilustración, que también renovaba la teología, estaban predispuestos a los cambios. Veían al monarca como un ente político necesario, pero no como figura sobrenatural con carácter divino. Habían desacralizado la figura real y aceptaban que la voluntad popular fijara por la voz de sus representantes, en una ley superior, los anhelos, principios y formas con los que querían vivir.

Por esa razón, el pueblo español vio con agrado y apoyó el pronunciamiento que un grupo de militares liberales, encabezados por el comandante Rafael de Riego, hizo el primero de enero de 1820 en Ca-

bezas de San Juan, provincia de Sevilla, con la bandera del constitucionalismo, movimiento que fue apoyado clamorosamente y obligó a Fernando VII a jurar la Constitución de 1812 y a encauzar su gobierno a
través de las normas políticas y jurídicas que la sustentaban. El rey entregó el poder a un gobierno liberal que, con las presiones que todo
movimiento de reacción conlleva, extremó los postulados del liberalismo.

Tres años duró la euforia liberal constitucionalista, que de España
pasó a todas las provincias de su vasto imperio. En Nueva España el
entusiasmo por esa medida se desbordó, como había hecho en 1813 al
elegir sus Diputaciones Provinciales y los Diputados a Cortes, entusiasmo que Calleja se ocupó de reprimir, pero volvió en 1820 a lanzarse a
calles y plazas para vitorear a la Constitución, mostrando así su firme
apoyo a un régimen de derecho. La presión popular fue tan violenta
que el virrey hizo jurar la Constitución en la capital el 31 de mayo,
juramento que se repitió en toda la extensión del virreinato. Reimpri-
miéronse gran número de ejemplares de la Constitución gaditana que
circularon por todo el territorio, llevando al pueblo el conocimiento
de sus derechos fundamentales. De las imprentas de México, Puebla y
Guadalajara salieron multitud de publicaciones en las que, al lado del
simple oportunismo político y el elogio desmedido, se pueden encontrar valiosas, operantes e inteligentes ideas político-jurídicas que con-
formaban la ideología mexicana de ese momento y preludiaban el futuro.

Mucha literatura superflua circula a partir de mayo de 1820, pero
también se percibe la preocupación de algunos publicistas y juristas
destacados por ocuparse de la Constitución, de sus postulados y finalidades como base de toda convivencia de la sociedad, y de ésta con
el Estado. El doctor Blas Osés, abogado de la Real Audiencia, rector
del Colegio de Santos y miembro de la Academia Pública de Jurispru-
dencia Teórica y Práctica, inauguró el 28 de noviembre de 1820, en la
Universidad de México, la cátedra de Constitución, con lo cual daba
acceso en la institución académica más respetable al estudio del Derecho Constitucional moderno.

Apodaca había enviado repetidas veces a los jefes rebeldes invita-
ciones para que se acogieran al indulto general decretado, pero ofreciéndoles además otras ventajas. A toda costa trataba de pacificar el
país, y si no lo lograba con las armas, había que intentarlo diplomáti-

camente. Guerrero, al enterarse del pronunciamiento liberal español, se dio cuenta de que significaba una buena coyuntura política, de que muchos grupos veían colmados sus anhelos antiabsolutistas, pero que otros, atemorizados o desconfiados de los intentos liberales de la Metrópoli, preferían apartarse del camino de España, emanciparse y emprender una nueva vida que atendiera sus propios intereses.

En la capital contendían ambos grupos. Muchos criollos y mestizos del pueblo común apoyaban fervorosamente la Constitución, cuya vigencia, pensaban, les acarrearía la independencia. Criollos y peninsulares de los altos círculos favorecían la separación, pues así protegerían sus intereses. En la antigua casa e iglesia de la Profesa, que desde la expulsión de los jesuitas ocupaba la Congregación del Oratorio, criollos y peninsulares de alto rango, encabezados por el canónigo Matías de Monteagudo, de acendrada posición conservadora, además de asistir a ejercicios espirituales, discutían la situación política reinante. Abogados, militares, clérigos, comerciantes y terratenientes conversaban, tratando cada uno de imponer sus ideas peculiares en torno de los acontecimientos de la Metrópoli. A los eclesiásticos les asustaba la penetración de las nuevas ideas, principalmente aquellas que apoyaban la tolerancia religiosa y la desamortización de sus bienes, aun cuando algunos eclesiásticos habían apoyado esta última para subvenir los gastos que requería la guerra contra el invasor. Los comerciantes, ligados con el monopolio español, temían que éste se rompiera y afectara sus intereses, y los que deseaban su desaparición veían que ese hecho les beneficiaría, pues podrían comerciar libremente. Los militares advertían que oficiales de igual categoría, con el uso de las armas, podían imponerse al soberano, obligarle a acatar la voluntad popular y subordinarle al interés de la nación. Sólo un vínculo común existía entre los ejercitantes de la Profesa, el religioso, pues respecto a nacionalidad e intereses económicos tenían posiciones diferentes.

De las reuniones de la Profesa estaba enterado el virrey Apodaca. Miembros de la Secretaría Virreinal asistían a ellas y actuaban como espías. De esta suerte, el astuto gobernante estaba al tanto de la opinión de los grupos influyentes y podía comparar lo ocurrido en España con lo que acontecía en México, y así podía intervenir oportunamente. En lo personal, Apodaca era bastante conservador y no simpatizaba con el extremismo liberal ni con las libertades que otorgaba la Constitución de Cádiz.

Vicente Guerrero, fogueado en la guerra, al conocer el levantamiento de Riego, advirtió el poder del ejército en la toma de dicisiones y cómo éste se convertía en factor decisivo en la conducción política. Convencido de que en ese momento la marea liberal resultaba incontenible y que ella barrería al tímido virrey, concibió la idea de pactar con un militar fuerte y prestigiado. José Gabriel de Armijo, su contrincante, quien le había instado repetidas veces a indultarse para terminar con la inútil guerra de desgaste a la que desde hacía tiempo se enfrentaban, resultaba así el hombre deseado; mas Guerrero no previó que Armijo conservaba todavía muy arraigado el sentimiento de lealtad a las instituciones, por lo cual, al recibir una invitación de Guerrero proponiéndole unir sus fuerzas para independizarse, no se atrevió a actuar, e informó al virrey de tan extraña comunicación.

Guerrero no se desanimó, sino que insistió en su proyecto, invitando al coronel Carlos Moya, oficial de Armijo establecido en Chilpancingo, a sumarse a sus proyectos. Para ello le escribió una carta el 17 de agosto de 1820, uno de cuyos párrafos sobresalientes es el siguiente, en el cual puede apreciarse la buena información que poseía sobre la situación española y la sagacidad psicológica con que actuaba ofreciéndole a su contrincante el mérito de la gloria que alcanzarían:

Como considero a vuestra señoría bien instruido en la revolución de los liberales de la Península, aquellos discípulos del gran Porlier, Quiroga, Arco-Agüero, Riego y sus compañeros, no me explayaré sobre esto y sí paso a manifestarle que éste es el tiempo más precioso para que los hijos de este suelo mexicano, así legítimos como adoptivos, tomen aquel modelo para ser independientes no sólo del yugo de Fernando, sino aun de los españoles constitucionales. Sí, señor don Carlos, la mayor gloria de Guerrero fuera ver a V. S. decidido por el partido de la causa mexicana y que tuviera yo el honor de verlo, no de coronel de las tropas españolas (en donde se tienen muchos rivales), sino con la banda de un capitán general de las americanas, para decir por todo el orbe que yo tenía un jefe, un padre de mi afligida patria, un libertador de mis conciudadanos y un director que con sus realzadas luces y pericia supiera guiarnos por la senda de la felicidad... Cuando se trata de la libertad de un suelo oprimido, es acción liberal en el que se decide a variar de sistema... Mis confidentes, así en México como en Ultramar, me aseguran que en octubre próximo debe arribar a la corte mexicana el excelentísimo señor capitán gene-

real de Navarra don Francisco Espoz y Mina a suceder al Venadito.
El primero sé que conserva cierto resentimiento con los realistas (ignoro cuál sea la causa) y puede ser que nos resulten algunas ventajas...

En este texto, como con entera razón afirma el historiador Ernesto Lemoine, se prefiguran los acontecimientos políticos futuros, principalmente el surgimiento del Plan de Iguala, pues en él se trata de la unión de españoles y mexicanos para obtener la independencia, la cual se haría mediante la cooperación de las fuerzas realistas e insurgentes, actuando como jefe el coronel Moya, y Guerrero en calidad de subalterno.

Moya, fiel oficial de Armijo, comunicó a éste la misiva de Guerrero y también al propio virrey, quien entrevió una esperanza de arreglo. Poco después, Apodaca cambió a Armijo y nombró a Agustín de Iturbide, el 9 de noviembre, encargado de la Comandancia del Sur. Iturbide, que había sido comandante del Ejército del Norte, del que fue separado y enjuiciado, acusado de extorsiones y malos manejos, trataba de congraciarse con los grupos dirigentes y mantenía gran amistad con el canónigo Monteagudo y otros personajes ligados a Apodaca. Éste, al designar a Iturbide, lo hizo porque conocía su aptitud militar y porque pensó que podía pactar con Guerrero y negociar la pacificación del país sin alterar el gobierno. Los conjurados de la Profesa creyeron, por su parte, que Iturbide podría ser el jefe del movimiento que, unificando a mexicanos y españoles y garantizando el mantenimiento de la religión católica, podría obtener la independiencia de la Metrópoli, que oscilaba entre absolutismo y liberalismo convulsos.

Iturbide, ambicioso e inteligente, maduraba dentro de sí un proyecto que le pudiera beneficiar. El 1.º de diciembre se hizo cargo en Teloloapan de la Comandancia del Sur y, mediante copiosa correspondencia, empezó a establecer contactos con antiguos amigos y conocidos. Para no despertar sospechas, emprendió una campaña contra las tropas de Pedro Ascensio, las cuales lo derrotaron. Guerrero por su parte, vencía a fuerzas de Carlos Moya. Estos descalabros le mostraron que los insurgentes tenían arraigo en el Sur, que luchaban con patriotismo y valor y que resultaba difícil exterminarlos. Convenía mejor pactar con ellos. Así, el 10 de enero de 1821, dirigió una primera carta a Guerrero llamándole «Muy señor mío». Éste no le respondió hasta el día 20 desconfiando de sus intenciones, y batió en Cueva del Diablo a contingentes de Iturbide. El 4 de febrero, desde Tepecuacuilco, escribe nueva carta llamando al suriano «Estimado amigo» y proponiéndole una entrevista en la cual pudiera abrazarlo, pues lo consideraba «hombre de bien». En esa carta exteriorizaba sus planes de independencia, le indicaba que se constituiría un gobierno monárquico con arreglo a una constitución peculiar y adaptable al reino; que si se llamaba a Fernando VII, lo hacía como maniobra política. Que él, Iturbide, batiría a las fuerzas virreinales que se opusieran a ese plan, principalmente a las del centro, en tanto Guerrero, con su ejército, defendería la línea del Sur, guardándole las espaldas.

Para el 24 de febrero, Iturbide concluyó en Iguala su famoso plan mediante el cual se consumó la independencia, y que contó con la aquiescencia de Guerrero. Ambos ejércitos juraron sostener ese plan y el día 14, en Acatempan, cerca de Teloloapan, se encontraron ambos jefes decididos a luchar unidos por ver a su patria libre. El Ejército Trigarante, como se denominó al que defendería religión, independencia y unión íntima de americanos y europeos, se aprestó a combatir por su causa. Copias del Plan de Iguala fueron enviadas al virrey, al arzobispo y a las principales autoridades civiles, eclesiásticas y militares, y las adhesiones de los prelados y jefes de armas se sucedieron una tras otra. Las ciudades más importantes de Nueva España recibieron a los trigarantes encabezados por Iturbide con inmensas muestras de júbilo. Valladolid, Guanajuato, Querétaro y Puebla lo aclamaron como libertador. La guarnición de México optó por apoyar su movimiento, destituyó al virrey Apodaca y nombró para reemplazarlo al mariscal Francisco Novella.

Iturbide, durante su recorrido triunfal, permaneció atento tanto a las adhesiones, cuanto a la oposición que su movimiento había despertado, teniendo en consideración que algunos elementos peninsulares no habían manifestado su conformidad, como el general Dávila, comandante de la fortaleza de San Juan de Ulúa, en la que siguió ondeando el pabellón español. También estuvo atento a la llegada de noticias de España, y así se enteró, durante su estancia en Puebla, de que había llegado a Veracruz Juan O'Donojú, quien venía a sustituir a Apodaca, y el cual traía el título que la Constitución gaditana le daba de Jefe Político Superior, pero que en realidad hizo de él el último virrey.

El arribo de Juan O'Donojú, hombre de ascendencia liberal, afiliado a la masonería, y que había influido en el ejército liberal español, hizo que Iturbide cambiara hábilmente sus planes de entrar pronto en la ciudad de México, de tal manera que destacó emisarios al camino por el que vendría el virrey, y esperó. O'Donojú, por su parte, al llegar a Veracruz se enteró del estado de cosas reinante, del paso al Ejército Trigarante de toda o la mayor parte de la milicia española y de la adhesión de autoridades civiles y eclesiásticas. Como liberal, ese estado de cosas le gustaba; como militar, comprendió que Nueva España se había perdido para la Metrópoli y que sólo una guerra cruenta con un enorme ejército podría, a través del tiempo, hacer que volviera a la sujeción y eso si se tenía mucha suerte. Los contados soldados que le acompañaban resultaban insuficientes para intentar cualquier acción, por lo que era indispensable actuar como hábil diplomático, como sagaz político. Por ello, al entrar en el territorio, destacó personal para ponerse en comunicación con Iturbide.

Ambos convinieron en entrevistarse en la villa de Córdoba, lo cual efectuaron el 24 de agosto de 1821. Iturbide expuso a O'Donojú la situación reinante, el apoyo general de los mexicanos y españoles a su empresa; le explicó los principios esenciales del Plan de Iguala, que llamaban para hacerse cargo del trono de México a Fernando VII, y las ventajas de hacer realidad esos principios, tanto para España como para México.

Comprendió O'Donojú la situación, aceptó la realidad y después de conferenciar largamente con Iturbide, accedió a firmar con él el convenio conocido con el nombre de Tratados de Córdoba, integrado por 17 artículos, en los que se reconoce a México como nación soberana e independiente, se crea un gobierno monárquico constitucional moderado, y se llama a reinar en el Imperio Mexicano, en primer lugar, al señor don Fernando VII, y por su renuncia o no admisión, al serenísimo infante don Carlos Luis, y por renuncia o no admisión, al que las Cortes del Imperio designaran.

Aun cuando los Tratados de Córdoba traducen fielmente los principios consignados en el Plan de Iguala, Iturbide, con hábil inteligencia, modificó los términos del artículo 4.º del plan, el cual, al señalar a las personas que ocuparían el trono se leía: «Fernando VII y en sus casos los de su dinastía o de otra reinante serán los emperadores, para hallarnos con un monarca ya hecho y precaver los atentados de ambición». En cambio, en el artículo tercero de los tratados, en su última parte, al no aceptar ninguno de los miembros de la familia real el trono de México, «serían las Cortes del Imperio las que designaren al emperador». De esta suerte, al dejar abierto ese resquicio, pensó que podría ser un mexicano, ¿y por qué no él el designado?

Con habilidad cortaba con la dependencia de la monarquía española, y O'Donojú, hubiera o no entrevisto esa perspectiva, estuvo de acuerdo, firmó el pacto y autorizó el paso de dos comisionados para que fueran a España a llevar copia de los tratados y obtener la aprobación del monarca.

Más aún, el día 31 de agosto, desde Córdoba, una vez pasada la euforia del encuentro y del arreglo, y antes de marchar con Iturbide a la capital mexicana, escribió al secretario de Estado y del despacho de Ultramar, encargado de los asuntos del Imperio, una larga carta en la que le expone su conducta en México, los contactos que había establecido con Iturbide, la situación general reinante y, principalmente, el acuerdo o tratados, de los que enviaba copia. La parte más sobresaliente de esa carta dice:

> El resultado de nuestra conferencia es haber quedado pactado lo que resulta de la copia de nuestro convenio (los tratados). Yo no sé si he acertado. Sólo sé que la expansión que recibió mi alma al verlo firmado por Iturbide en representación del pueblo y ejército mexicanos, sólo podrá igualarla la que reciba al saber que ha merecido a aprobación de S. M. y del Congreso. Espero obtenerla cuando reflexiono que todo está ganado, menos lo que era indispensable que se perdiese, algunos meses antes o algunos después.
>
> La Independencia ya era indefectible, sin que hubiera fuerza en el mundo capaz de contrarrestarla. Nosotros mismos hemos experimentado lo que sabe hacer un pueblo que quiere ser libre. Era preciso, pues, acceder a que la América sea reconocida por nación soberana e independiente y se llame en lo sucesivo Imperio Mexicano.

Hay que adelantar que, habiendo llegado al gobierno español los Tratados de Córdoba, pese al espíritu liberal que le animaba, desconoció lo pactado por Juan O'Donojú, cuya conducta desautorizó y negó el reconocimiento al Estado Mexicano que surgía. Habría que esperar hasta 1836 para que España reconociera la independencia de su antigua colonia.

De acuerdo Iturbide y O'Donojú con hacer realidad su convenio, abandonaron Córdoba y marcharon hacia México. La capital, que aún no capitulaba ante los trigarantes y que se mantenía en expectativa por la llegada del virrey, sin saber qué conducta tomaría, estaba protegida por una importante guarnición que dirigía Novella. Al considerar éste la situación, puso a la intimación del ejército libertador algunos reparos, pero tuvo que doblegarse ante la fuerza de los acontecimientos. El ejército libertador acampó en Tacubaya y preparó su entrada a la capital, lo que ocurrió el 27 de septiembre, consumándose así la Independencia de México después de once años de intensa lucha que puso fin a una sujeción de trescientos años.

Instalados Iturbide y O'Donojú en la capital mexicana, procedieron rápidamente a organizar el gobierno de acuerdo con las bases fijadas en los tratados. Así, el día 28 se instaló la Junta Provincial Gubernativa, compuesta por treinta y ocho miembros, «los primeros hombres del Imperio, por sus virtudes, por sus destinos, por sus fortunas, representación y conceptos». En ella figuraron tanto el canónigo Monteagudo, el arcediano de Valladolid, Manuel de la Bárcena; el viejo, patriota y jurista Azcárate; militares como Horbegoso y Bustamante, y prominentes aristócratas como José María Fagoaga, Tagle y otros más. Iturbide fue designado por unanimidad presidente de la Junta. Por la noche de ese mismo día se formuló la Declaración de Independencia del Imperio Mexicano, en la cual los indefectibles partidarios de Iturbide la llaman «genio superior a toda admiración y elogio» y se anunció su independencia respecto a España, con quien en lo sucesivo no mantendrá otra unión que la de una amistad estrecha. Esta Declaración de Independencia es más bien una declaración de tipo político, pero no es la declaración fresca y espontánea que declaraba que «el pueblo mexicano recobraba el ejercicio de su soberanía, y rompía para siempre y jamás la dependencia del trono español», como lo hizo la primera declaración de independencia que el Congreso de Anáhuac, reunido en Chilpancingo, redactó el seis de noviembre de 1813.

De toda suerte, el imperio que nació en esos momentos declaraba solemnemente ser independiente de su antigua Metrópoli. También nombró la Junta a la Regencia del Imperio, que no tuvo tres sino cinco miembros, los cuales fueron: Agustín de Iturbide, electo presidente de la misma; Juan O'Donojú, Manuel de la Bárcena, José Isidro Yáñez y Manuel Velázquez de León. El obispo de Puebla, Antonio Pérez, ocupó la presidencia de la Junta por haber pasado Iturbide a la Regencia.

Instalado así el gobierno, no se alteró durante poco tiempo la administración existente. La Real Audiencia funcionó como Supremo Tribunal de Justicia. El 4 de octubre, la Regencia, que actuaba como Ejecutivo, creó cuatro ministerios: el de Relaciones Exteriores e Interiores, Justicia y Asuntos Eclesiásticos, Hacienda y Guerra y Marina. Iturbide fortaleció al ejército y creó cinco distritos militares para todo el territorio.

El cinco de enero de 1822 Centroamérica se adhirió al imperio impulsada por el prestigio secular que Nueva España había tenido durante tres siglos, su acción cultural, política y económica y porque pensaba que su unión con un estado fuerte, respetable, poseedor de vastos recursos, hermanado en ideales y sin pretensiones expansionistas, podría garantizar el desarrollo de las provincias centroamericanas, fusionarlas para evitar su debilitamiento, las ambiciones caudillistas y su desintegración, lo que las expondría a ser presa de ambiciones intervencionistas que ya se veían surgir en el ambiente político americano.

El paso de la tierra caliente de Veracruz al altiplano afectó al poco tiempo la salud de O'Donojú, quien era visto como símbolo de unidad y seguridad, como político que podía con su autoridad calmar a los partidarios de España que estaban descontentos, y por su experiencia y posición liberal a los que temían un estado conservador. Un ataque de pleuresía le quitó la vida el 8 de octubre de 1821. O'Donojú fue sepultado con los honores de virrey en el Altar de los Reyes de la Catedral de México.

Su muerte debilitó al gobierno provisional. Los peninsulares partidarios de la unión con España, a los que se empezó a llamar borbonistas, veían que con la muerte de O'Donojú se debilitaba el vínculo de la unidad de mexicanos y españoles. Los mexicanos empezaron a sospechar que Iturbide adquiriría mayor poder, pues no habría ya quien le contuviera. Fuertes núcleos de criollos y mestizos no eran partidarios de la monarquía. Temían que se convirtiera en un sistema absoluto, despótico, y sentían mayores simpatías por el sistema republicano, como el de Estados Unidos, que había favorecido el progreso, la tranquilidad y la paz de aquella nación. Por otra parte, no deseaban que se estableciera una monarquía hereditaria encabezada por un criollo sin ninguna experiencia política. El grupo que apoyaba una forma de gobierno republicana se acrecentó con fuertes contingentes de mestizos que deseaban mayor movilidad social, y a los cuales estorbaban los peninsulares y los criollos aristócratas ligados a ellos.

Deseoso Iturbide de acatar los compromisos contenidos en el Plan de Iguala y en los Tratados de Córdoba, instó a la Junta para que convocara al Congreso. Iturbide pensaba en su sistema corporativo que llevaría al Congreso a representantes de las distintas clases sociales. La Junta no estuvo muy de acuerdo con ese principio y hubo que modificar la convocatoria que señalaba que el 21 de diciembre los ciudadanos elegirían electores; el 24 se elegirían alcaldes, regidores y síndicos de los ayuntamientos; el 27, a los electores de partido y éstos a los electores de provincia, los cuales a su vez elegirían a los diputados. El Congreso debería instaurarse el 24 de febrero, aniversario del Plan de Iguala, y tendría que integrarse con 162 diputados y 29 suplentes.

El Congreso se reunió el 24 de febrero solamente con cien diputados, y emitió una declaración señalando que la soberanía de la nación residía en el Congreso, que la religión sería la católica y el gobierno monárquico constitucional moderado. Afirmó que los poderes Ejecutivo, Legislativo y Judicial no estarían unidos. El Ejecutivo quedaba en manos de la Regencia y el Judicial en los tribunales existentes y en los que se creasen. El Congreso se abocó al examen de la situación financiera que comenzaba a ser difícil, y, para contrarrestar el poder de Iturbide, hizo cambios en la Regencia sustituyendo a sus partidarios por otras personas, no neutrales sino desafectas. En el Congreso figuraban elementos influidos por las logias masónicas que apoyaban las ideas republicanas y cambios fundamentales en la administración del Estado, además de tener también antipatía a los españoles, la cual empezó a manifestarse a través de panfletos y libelos periodísticos. Por otra parte, el Congreso, que había adquirido enorme poder, dificultaba la acción gubernativa. Se opuso a que Iturbide fuera al mismo tiempo miembro del Ejecutivo y generalísimo del Ejército y a que se creara un fuerte ejército que pudiera salvaguardar a México de cualquier ataque.

Estos hechos llevaron a un enfrentamiento entre el Congreso e Iturbide, enfrentamiento que se vio turbado cuando, en la noche del sábado 18 de mayo de 1822, los sargentos del regimiento de Celaya, encabezados por Pío Marcha, reunieron a sus tropas, las armaron y las lanzaron a las calles desde el templo de San Hipólito, gritando: «¡Viva Agustín I, emperador de México!».

Otros contingentes militares se unieron a ellos, así como numeroso populacho, y pronto la ciudad, sorprendida por los repiques de las campanas, el atronar de los cohetes, los gritos, la multitud que se dirigió a la calle de San Francisco, en una de cuyas casas habitaba Iturbide, pronunciábase en favor de la exaltación del libertador al trono de México. El ejército en masa redactó una solicitud en la que apoyaba esa aclamación. Iturbide, que recibió desde una de las ventanas de la casa que habitaba la aclamación, salió varias veces al balcón y más tarde redactó una proclama en la que agradecía esas manifestaciones y exhortaba al respeto a las instituciones, afirmando que «la nación es la patria; la representan hoy sus diputados, oigámoslos».

El Congreso, reunido el 19 de mayo, por voz de Valentín Gómez Farías, declaró a Iturbide emperador. La Regencia cesó sus funciones. El 21 de mayo Iturbide juró conservar la religión católica, guardar y hacer guardar la Constitución que redactara el Congreso y en tanto la redactaba, se utilizaría la gaditana de 1812 vigente —no la de Apatzingán de 1814, que era obra neta del grupo insurgente—, así como las leyes, órdenes y decretos del Congreso. Afirmaba se respetaría la propiedad, la libertad política de la nación y la individual de los ciudadanos.

Dos meses después, el 21 de julio de 1822, Iturbide fue solemnemente coronado como Agustín I, emperador, en la Catedral de México. El Congreso mantuvo enérgicamente sus atribuciones, llegándose en ocasiones a arrogar facultades que correspondían al Ejecutivo, como era el nombramiento de los ministros del Supremo Tribunal, mas apoyó casi unánimemente al emperador en sus primeras actuaciones. Después, algunos diputados como el padre Mier, enemigo declarado de la monarquía, criticó esa forma de gobierno y al gobernante y a él siguieron otros diputados partidarios de las formas republicanas.

En ese momento la acción de las logias masónicas se hizo patente, cohesionando bajo la bandera del republicanismo a todos los enemigos de Iturbide. Directores de esa oposición fueron don Miguel Santa María, veracruzano que había servido a Bolívar y llegó a ser secretario del Congreso de Cúcuta; Mariano Michelena, recién llegado de España y muy ligado a la masonería, a la que fortaleció; Miguel Ramos Arizpe, quien traía de España una clara aversión al absolutismo el cual, afirmaba, se presentaba más en los regímenes monárquicos que en los republicanos. También figuraban el ecuatoriano Vicente Rocafuerte, enemigo acérrimo del emperador, Juan de Dios Mayorga y José del Valle, centroamericanos; también, como catalizador del descontento, estaba el estadounidense Joel R. Poinsett, quien en todo momento exaltó los moldes políticos norteamericanos e intrigó con el fin de evitar la creación de un poder fuerte al sur de Estados Unidos que escapara a la dependencia de aquella nación. Estos personajes, a los que poco a poco se sumaron otros, atraídos tanto por los principios republicanos, como por reacción a los errores políticos de Iturbide, van a constituir una oposición que elabora planes para derrocarlo.

Se descubrió una primera conspiración fijada para agosto de 1822, que tenía como propósito sublevar al ejército y trasladar el Congreso a Texcoco, en donde declararía nula la elección de Iturbide. El 26 de agosto detúvose a 19 diputados y a varios civiles y militares; los encarcelados sumaron 66. Las discusiones en torno de la detención de los cinco diputados que habían quedado arrestados, pues al resto se les liberó, fueron tantas y encendieron los ánimos a tal grado, que Iturbide disolvió el Congreso el 31 de octubre de 1822.

Para que existieran los tres poderes, Iturbide creó la Junta Nacional Instituyente, compuesta de dos de los antiguos diputados por cada provincia de las que tenían mayor número y de uno en las que fuese único. Esta Junta actuó del 2 de noviembre de 1822 al 6 de marzo de 1823 y se ocupó del problema hacendario, de formular una Constitución provisional y las bases del futuro Congreso Constituyente. Estos dos últimos puntos fueron muy discutidos. Respecto del Constituyente por reunir, se aprobó mantener la elección indirecta en un solo nivel y sin que intervinieran los ayuntamientos y diputados provinciales; se fijaba un diputado por cada cien mil habitantes; se establecían dos cámaras y se recomendaba que el nuevo Congreso se reuniera a más tardar el 10 de agosto. Debería reconocer a Iturbide como emperador y no discutir el monopolio religioso, la tolerancia, ni la monarquía constitucional.

En tanto la Junta discutía esos puntos, los descontentos, que habían visto frustrados sus conatos de rebelión intentados desde noviembre de 1821 y reiterados en agosto, septiembre y diciembre de 1822, decidieron actuar. Los mentores de la rebelión, Santa María y Poinsett, buscaron el brazo fuerte que la condujera y lo encontraron en Antonio López de Santa Anna, quien, ambicionando ser capitán general de la provincia de Puebla, la más importante por su cercanía a la capital, no la obtuvo en virtud de los informes y cargos que por mala conducta se dirigieron a Iturbide, el cual, por conocer a su antiguo correligionario, trató de atraerlo a la Corte, pero Santa Anna prefirió regresar a Veracruz, en donde el 2 de diciembre lanzó un escrito proclamando la República. Después, asesorado por Santa María, emitió un manifiesto, un plan y unas aclaraciones en los cuales traduce su sentimiento republicano y declara la nulidad del imperio alegando que la elección de Iturbide fue violenta. Trató en esos documentos de ganarse la adhesión del clero, del ejército y de los españoles, y principalmente insistió en la instalación del Congreso disuelto por Iturbide.

En un principio la revuelta fue contenida, pero habiéndosele unido algunos jefes de prestigio, como Bravo y Guerrero, se reforzó hasta que éstos fueron dominados. Sería la defección de los jefes del Ejército Imperial, como Echávarri, Cortázar y Lobato, quienes se unieron a Santa Anna y sus corifeos, la que hizo posible la aparición del Acta de Casa Mata del 1.º de febrero de 1823, cuyo punto esencial consistió en solicitar la reinstalación del Congreso, que no debería tener ninguna traba impuesta por Iturbide. El Plan o Acta de Casa Mata contó pronto con la adhesión de la mayor parte del ejército y de los jefes políticos de las provincias. Ese hecho obligó a Iturbide a reinstaurar al Congreso por medio de un decreto dado el 4 de marzo en Ixtapalucan, a cuya reapertura asistió el día 7.

Como la oposición creció y el fondo de las discusiones fue la presencia de Iturbide al frente del gobierno, éste se apresuró a enviar al Congreso el 19 de marzo, escrita de propia mano, su abdicación, en la que explicaba que él prefería expatriarse para evitar se reiniciara una nueva guerra. El 7 de abril el Congreso discutió la abdicación y la forma de gobierno que se le había dado al país.

Agustín de Iturbide salió el 30 de marzo de Tacubaya hacia Tulancingo, en donde esperó la resolución del Congreso sobre su abdicación. De ahí siguió hacia Veracruz, donde se embarcó con su familia en el puerto de La Antigua en dirección a Liorna, Italia. Durante su permanencia en Europa, Iturbide conoció las intenciones de la Santa Alianza para reconquistar México y entregarlo al gobierno absoluto de Fernando VII. Creyendo en el prestigio que allí tenía y que sus partidarios se congregarían a su rededor para defender la integridad y libertad de su país, y tal vez ambicionando nuevamente el puesto que había dejado, decidió regresar a México. Ignoraba que había surgido una fuerte oposición a su persona y que el Congreso había decretado el

7 de mayo de 1824 declararlo «traidor y fuera de la ley y siempre que se presente en nuestro territorio bajo cualquier título». Sin conocer esa disposición, desembarcó el 15 de julio de 1824 en Soto La Marina. Descubierto, fue aprehendido, llevado a Padilla y juzgado por el Congreso de Tamaulipas. Fue fusilado en Padilla el 19 de julio de 1824.

El proyecto de un gobierno eminentemente nacional que anhelara Iturbide se frustró tanto por la radicalización de los grupos políticos, muchos de los cuales sirvieron de instrumento a la acción disolvente de políticas extrañas, como por los desaciertos cometidos por el propio emperador. Su salida del país y su muerte significó la ruptura de una compuerta por la que brotaron numerosos males que afligieron a México en los años posteriores.

# IV

## EL IDEARIO SOCIO-ECONÓMICO Y POLÍTICO
## DE LOS EMANCIPADORES

Si bien en diferentes capítulos hemos referido los móviles socio-económicos y políticos que impulsaron el movimiento emancipador mexicano, conviene dedicar un apartado de esta obra al estudio de las finalidades sociales, económicas y políticas que la Independencia mexicana enarboló, desprendidas de los escritos y declaraciones de sus dirigentes. Tales finalidades no pudieron ser plasmadas en un cuerpo integral de doctrina, uniforme y totalizador, debido al surgimiento repentino de la rebelión, y al cauce violento de la guerra, que obligó a atender los aspectos militares y políticos preferentemente. También hay que mencionar que la situación socio-económica de Nueva España no era igual en todo el país, lo que provocó que algunos de los caudillos prestaran mayor atención a aspectos que afectaban más a sus provincias que a otros, y también, que el curso mismo de la guerra desbordó las primeras expectativas, transformando el movimiento, que en un principio tuvo un carácter político, en honda conmoción social, la primera de esta naturaleza en el mundo moderno. Esta transformación, que convirtió a la guerra de Independencia mexicana en una guerra de tipo social y económico, es, insistimos, la que diferencia al movimiento emancipador mexicano de los otros movimientos emancipadores que se dieron en Hispano-América en el siglo XIX.

La insurgencia encabezada en Nueva Granada por Simón Bolívar, aun cuando presenta aspectos sociales muy relevantes, hay que calificarla como guerra con una finalidad esencialmente política. Es preciso resaltar que el pensamiento del libertador fue por sus alcances, proyecciones y sentido el más amplio y luminoso, el que tuvo más hondo sentido universalista. La lucha emancipadora en el Río de la Plata se da dentro de los cánones de la política y se apoya en las instituciones políticas y jurídicas existentes. La guerra insurgente en México cobró otros aspectos y fue su carácter social, sus exigencias de tipo económico, las que rebasaron a sus dirigentes y atemorizaron a amplios grupos de simpatizantes al advertir se conmocionaba con ella la estructura existente, se transformaba de cuajo la sociedad.

Por esta razón conviene, extractándolo de los principales testimonios, poner de relieve el ideario que configura nuestro movimiento emancipador. Como los testimonios son amplios y numerosos, consideramos pertinente examinar tan sólo los emitidos por los personajes más salientes: Miguel Hidalgo, Ignacio López Rayón y José M.ª Morelos. Los tres representan los momentos estelares del proceso emancipador, aquel que va del año de 1810 en que se inicia, al de 1815, en el que muere quien era, por propio derecho, su caudillo sobresaliente, Morelos. López Rayón, que actúa en todo ese período, está ligado al pensamiento de Hidalgo, de quien fue uno de los colaboradores más eficaces, y sobrevivió a Morelos.

Estos tres personajes dejaron plasmadas sus ideas en valiosos testimonios y acciones, no sólo las de transformación política del país, sino las referentes a un cambio total de las condiciones socio-económicas que afligían a la sociedad mexicana. En documentos de enorme trascendencia emitidos en diferentes momentos y lugares, los próceres, movidos por una realidad angustiosa, consignaron sus deseos, que eran los de la mayoría de la población: modificar la situación del país.

Agrupadas en orden a su impotencia y contenido, podemos dividirlas en los siguientes apartados:

IDEAS SOCIALES Y SOCIO-ECONÓMICAS

A) Igualdad y libertad de todos los hombres.
   Abolición de la esclavitud y de las castas

Aun cuando el número de esclavos hacia esos años era escaso y afligía preferentemente a miembros de la raza negra, la sociedad novohispana, educada en un ambiente de fraternidad cristiana en el que las ideas libertarias estaban bien arraigadas, consideraba como una lacra social la existencia de esclavos. Los dirigentes, abogados y eclesiásticos juzgaron necesario suprimir la esclavitud, y, desde el primer momento y en forma unánime, decretaron su extinción. El intendente de Valladolid, Anzorena, estrechamente vinculado a Hidalgo, hizo, al entrar las fuerzas de Hidalgo en esa ciudad, la primera declaratoria contra la esclavitud. Esta actitud la confirmaría Hidalgo al decretar el mes de diciembre de 1810 en Guadalajara la liberación de los esclavos y la supresión de la esclavitud. Entre el decreto de Anzorena del 19 de octubre de 1810, que afirma que «En cumplimiento de las sabias y piadosas disposiciones de Don Miguel Hidalgo, ordeno a todos los dueños de esclavos, los pongan en libertad» y «prohíbo que en lo sucesivo se puedan vender o comprar», y el decreto de Hidalgo, dado el 6 de diciembre en Guadalajara, Ignacio López Rayón emite el 23 de octubre otro decreto, íntimamente ligado a aquellos dos, el cual, expedido en Tlalpujahua, asienta que «en vista de que todos los americanos debían ser iguales y no debía existir distinción de castas, quedaba abolida la mísera condición de esclavo, y libre el que lo haya sido, como cualquier individuo de la Nación». Morelos, por su parte y en la misma línea, expidió el 17 de noviembre en el Aguacatillo un decreto mediante el cual ordenó la supresión de los esclavos y las castas, e impuso severas penas a quienes los tuvieran.

Estas disposiciones, verdaderas declaraciones de derechos humanos, principalmente del más sobresaliente, el de la libertad, muestra el carácter humanitario de la guerra insurgente y su trascendencia social. Morelos, quien a la muerte de Hidalgo llevó el peso de la guerra, en otros de sus decretos ratificó sus iniciales disposiciones de abolición de la esclavitud, supresión de las castas e igualación de toda la sociedad en un amplio grupo, el de los mexicanos. Más aún, cuando algunos disidentes trataron de dividir su movimiento provocando una guerra de castas, él estimó como nefasto ese hecho y se apresuró a tomar medidas para que no surgieran rivalidades de ese tipo dentro de una sociedad cuyas raíces étnicas eran diferentes. Como al término de la guerra de Independencia, ya México constituido como estado independiente, aún se advertían algunos resabios de esa vieja institución, para erradicarla por completo, el antiguo insurgente Vicente Guerrero emitió en 1828 un decreto mediante el cual se liquidaban los casos de esclavitud aún existentes en zonas marginales.

B) Distribución equitativa de la propiedad
para alcanzar la igualdad social y económica

Lucas Alamán, crítico severo de la insurgencia y conocedor muy cercano de ella, afirma en su *Historia de México*, que el movimiento de Hidalgo cobró enorme auge porque éste ofreció a los campesinos realizar una justa distribución de la tierra. Dos de los partidarios más próximos a Hidalgo, lanzados con él a la rebelión, Epigmenio y Eleuterio González, formularon un amplio plan de distribución agraria, a base de la repartición de tierra de las haciendas más importantes del centro del país.

Ignacio Rayón, en sus escritos, trasluce la idea de que la rebelión debía servir para asegurar al campesino la propiedad de su tierra.

Morelos, a su vez, en varios decretos mencionó la necesidad de una más justa distribución de la riqueza y dispuso se devolviesen tierras y aguas a los pueblos que habían sido despojados de ellas.

C) Supresión del tributo, como forma de subordinación
social y política y como carga económica

El tributo fue visto como forma de servidumbre, como dependencia social y política, y también como carga económica

En este aspecto Hidalgo dispuso su supresión, así como de las gabelas de carácter semejante. Ignacio Rayón, en el decreto dado en Tlalpujahua el 25 de octubre, dispuso la extinción de esa carga. Morelos, en diferentes disposiciones, ordenó su desaparición. Con el mismo carácter, Morelos dispuso la supresión de aquellas instituciones económicas que significaban una traba para la libertad del trabajador, como la organización gremial. Con un amplio sentido humanitario y no guiado tan sólo por normas del liberalismo económico, estimó que las trabas jerárquicas de los gremios coartaban la libertad y la posibilidad de mejorar la situación de los trabajadores. Esta disposición de Morelos fue anterior a la dada por las Cortes de Cádiz, en las cuales sí fueron los principios de liberalismo económico los que actuaron. Morelos también se preocupó por asegurar la libertad de comercio para todo el pueblo, escapando así de los monopolios establecidos.

D) Igualdad de condiciones para todos.
Derecho a la representatividad en todos los ámbitos

El derecho de ocupar puestos en todos los ámbitos de la administración, tanto civil como eclesiástica, fue un anhelo general de la sociedad. Esta posibilidad trataba de eliminar la oligarquía, el nepotismo y el despotismo que de ahí derivaban.

IDEAS POLÍTICAS

Brevemente, y a modo de resumen, mencionaremos las siguientes:

A) Independencia de la Metrópoli

Los próceres, desde Talamantes en 1808 hasta Iturbide en 1821, expusieron las diversas razones que la propiciaban: tiranía, malos tratos, explotación económica endurecida en el régimen borbónico, mala administración de las colonias en beneficio de la Metrópoli, abusos de los administradores secundarios. También, la mayoría de edad, las suficiencias política y cultural, y la necesidad de liberarse de las medidas dañosas tomadas en beneficio de la Metrópoli que perjudicaban a las colonias, como observó Abad y Queipo.

B) Necesidad de constituirse como ente político-jurídico autónomo.
Formación de un Estado Nacional
dentro de un régimen de derecho

C) Constitución del Estado Nacional mediante el ejercicio democrático; la representatividad del pueblo

D) Formación de un Estado con sus poderes bien definidos.

Por influencia de los Estados Unidos se pensó en la republicana y democrática. Los poderes alternados limitarían la aparición de todo absolutismo. Se otorgó por ello más poder al Legislativo, al Congreso, que al Ejecutivo.

## E) Régimen Constitucional

El Nuevo Estado estaría regido por una Constitución que estableciera la primacía del derecho. El Estado tendría, a través de sus órganos, posibilidad de emitir leyes políticas, económicas, sociales y culturales.

Estas ideas se plasman en los escritos y actos de Hidalgo cuando propone la formación de un congreso de representantes de ciudades que elaborarían una constitución. En Guadalajara crea un embrión de Ejecutivo, al designar un Ministerio con la participación del licenciado Rayón y del licenciado Chico.

Rayón, al encargarse de la conducción de la insurgencia, después de la muerte de Hidalgo, se esfuerza por crear la Suprema Junta Nacional Americana y por elaborar una constitución. Los esfuerzos del padre Santamaría y de Carlos M.ª de Bustamante van en ese sentido.

Morelos apoya la necesidad de organizar el país bajo serias bases político-jurídicas. Convoca el Congreso en Chilpancingo y propicia la elaboración de una Constitución que cristalizó en la Constitución de Apatzingán del mes de octubre de 1814. Elaboró un recio plan de gobierno, cuyas bases fueron su célebre escrito titulado *Sentimientos de la Nación.*

## MEDIDAS DE POLÍTICA EXTERIOR

### A) Formación de un Estado Nacional, bien estructurado jurídica y políticamente, el cual debería sumarse al concierto de las naciones libres e independientes, sin sujeción a ninguna otra

Este nuevo estado debería ser reconocido por otras potencias y debería establecer relaciones de amistad, comercio y auxilio. México tendría que incorporarse a la comunidad de estados americanos a la que pertenecía históricamente y a la que estaba ligada cultural y políticamente. Esta idea se precisa en los escritos de Francisco Severo Maldonado, en los de Hidalgo, Morelos, el padre Mier, se hermana con las ideas bolivarias y constituye la clave de la política exterior de Lucas Alamán.

## B) Autonomía aun en el ámbito religioso

La supeditación al régimen del Real Patronato significó, a los ojos de los dirigentes, una dependencia con España que era necesario destruir. Eclesiásticos como el padre Mier advirtieron la necesidad de que el país y la Iglesia mexicana fueran reconocidos por la Santa Sede sin injerencia ninguna de España. Mier intenta establecer relaciones con los prelados de Nueva Orleans y Baltimore (Carroll) para que actuaran como medianeros ante el Vaticano y éste reconociera la independencia de los nuevos estados y también se estableciera una relación directa sin mediar el Real Patronato entre la Santa Sede y la iglesia mexicana.

Estas ideas trataron de convertirlas en realidad nuestros próceres.

Hidalgo el primero, para establecer relaciones de amistad con Estados Unidos y obtener su reconocimiento y apoyo, designó a Pascasio Ortiz de Latona y posteriormente a Aldama. Rayón sintió que una acción diplomática en el exterior apoyaría la organización del nuevo estado y por ello promovió el envío de diversos personajes a América del Sur, Colombia, Río de la Plata, Chile, con la idea de que concertaran tratados de comercio, de unión y de confederación hispanoamericana. Uno de ellos fue Tadeo Ortiz, quien planeó convenios regionales en los que están presentes las ideas de mercado común. Morelos, a su vez, envió representantes a los Estados Unidos. Uno de ellos fue José Manuel de Herrera, quien actuó ante las autoridades norteamericanas solicitando ayuda y reconocimiento. Ante la idea de que un sentimiento americanista unificador existía en las sociedades criollas de otros países, apoyado en fray Vicente de Santa María, intentó relacionarse con los grupos criollos de Perú encabezados por Baquíjano. Es evidente que el sentimiento americanista vibraba en el ánimo de los dirigentes del movimiento emancipador de todas las latitudes.

EXPRESIONES DE UNA TRANSFORMACIÓN CULTURAL
PARA REAFIRMAR LOS IDEALES LIBERTARIOS

Los próceres de la emancipación formados dentro de la corriente del Humanismo, que sustentaba las ideas de libertad e igualdad, e influidos por los ideales de la Ilustración, afirmaron de continuo que la transformación política sólo era posible si se transformaba la mentalidad del pueblo. Había que «pasar de la condición de ilotas, a la de hombres libres», conscientes, responsables de su propio destino y eso sólo lo podía hacer la cultura, la ilustración y la educación del pueblo. Por eso todos apoyaron el fomento de la educación elemental y también de la educación técnica. Ambas permitirían conocer los deberes y derechos ciudadanos y capacitar a amplios núcleos de la sociedad para transformarse en una clase artesanal económicamente sólida. Debería apoyarse la cultura mediante el libro y el periódico, y la creación de instituciones de enseñanza superior abiertas a toda clase de estudiantes.

Hidalgo, en sus curatos, estableció talleres artesanales, implantó industrias y escuelas técnicas que marchaban a la par que las escuelas elementales. Severo Maldonado, en Jalisco, formuló un plan de impulso a la instrucción pública. Fernández de Lizardi fundó periódicos, planeó la creación de gabinetes de lectura, bibliotecas incipientes y, en momentos de libertad de imprimir, difundió los ideales libertarios. Rayón fue un convencido de la necesidad de difundir el ideario insurgente y, con el auxilio del doctor Cos, publicó *El Ilustrador Nacional, El Correo Americano del Sur,* que dirigía Bustamante, y otras publicaciones.

Morelos, además de propiciar la aparición de la prensa insurgente, manifestó su idea de que era indispensable la difusión del saber y la cultura, como elementos o virtudes que todo hombre debería poseer. En la Constitución de Apatzingán se precisa muy claramente el apoyo que el Estado debía prestar a la educación, la cultura y las instituciones consagradas a esa finalidad.

Las expresadas son algunas de las ideas que configuran el pensamiento insurgente. Algunas de ellas surgieron mucho antes de 1810, ya en el siglo XVIII, en las rectoras de la sociedad. Otras aparecieron como respuesta a la conmoción que el inicio de la guerra insurgente provocó. Todas ellas, incorporadas en el ideario insurgente, revelan cómo esa guerra trataba de transformar a la sociedad novohispana desde sus raíces.

V

# REPERCUSIONES DE LA GUERRA INSURGENTE
# EN LA SOCIEDAD MEXICANA

Si en el ánimo de algunos de los grupos dirigentes de la guerra insurgente actuó un móvil político potente: la obtención de la autonomía, la separación política de España, para crear un estado independiente, una entidad jurídico-política autónoma que pudiera darse una organización acorde a sus necesidades y regirse por sus mismos miembros, en otros grupos se impuso la idea de la cual estaban plenamente conscientes para superar la crítica situación social y económica que afligía al país: era necesario romper los vínculos que nos sujetaban a España, pues ellos eran los causantes de esa situación. La insurgencia se impuso para las mayorías como medio de alcanzar una transformación política, pero fundamentalmente socio-económica. Es evidente que los núcleos partidarios de la emancipación se movieron por un esquema que postulaba la creación de un estado democrático bajo una organización que contuviera las normas imperantes de los países modernos: la existencia de un congreso democrático que representara la voluntad nacional y en el que recayera la soberanía, la división de poderes perfectamente equilibrados y regidos al igual que el pueblo por una norma fundamental y una Constitución emanada de los representantes de la nación, la cual constituiría la representación más genuina del Estado de Derecho que se anhelaba.

Este esquema, que se revela a través de los muy diversos documentos surgidos de los dirigentes de la emancipación en diferentes momentos y que encuadra todo su proceso, fue un esquema que maduró en la mente de los caudillos, de sus partidarios, de distintos núcleos del pueblo. Abogados y eclesiásticos procedentes de colegios y seminarios, duchos en teoría política, en derecho público, en teología y filosofía y conocedores de los cambios que se operaban en Europa y América y que originaron la revuelta e independencia de las colonias inglesas en Norteamérica, la Declaración de los Derechos del Hombre, la Revolución Francesa, la independencia de Haití y otros acontecimientos igualmente relevantes, como la abdicación de los reyes españoles al trono, habían reflexionado ante esos hechos, los habían discutido y comentado, y habían formulado, cada uno a su manera, diversos proyectos.

No se dio en nuestro medio un núcleo centralizador de esas aspiraciones. No se formó un grupo que catalizara, como aspiraciones de la nación o de ese mismo grupo, una serie bien estructurada de principios de alta política, que formulara un programa de gobierno sólido y eficaz que atendiera tanto a la organización jurídica y política de la nación, como a la resolución de sus males sociales y económicos. Faltó madurez, cohesión, proyección política. Los diversos núcleos existentes en el país, en las principales ciudades y villas del reino, tuvieron una idea fija: romper políticamente con la Metrópoli. La coyuntura política de los años 1808-1809 trató de ser aprovechada a su máximo. En el centro del país en donde esa idea había madurado y salido de los grupos de eclesiásticos y licenciados para difundirse en capas más amplias del pueblo, esa idea se había teñido de fuerte sentimiento nacionalista, de un espíritu antiespañol, de aspiraciones reivindicadoras y de descontento por la injusta distribución de la tierra y la mala situación social y económica que afligía a amplias capas de la sociedad.

La clase dirigente de la emancipación no tuvo, por razones históricas diversas: falta de unidad, de cohesión, de un plan amplio suficientemente estructurado y apoyado por núcleos más vastos, la posibilidad de madurar suficientemente. El oportunismo político representado por los acontecimientos peninsulares a partir de 1808 apresuró los acontecimientos, y las aspiraciones de una rápida transformación socioeconómica provocaron honda conmoción que no fue posible detener y ante la cual serios e importantes grupos sociales, que veían con buenos ojos un cambio político, se retrajeron.

En algunas ocasiones se ha mencionado que a la clase dirigente de la emancipación le faltó el designio brotado de la madurez, de constituir un estado fuerte, organizado, con sólidas bases doctrinales y jurídicas como el que tuvo el núcleo de patriotas que emancipó las colonias inglesas. Si bien es cierto que aquí no contamos con hombres con la formación intelectual de Jefferson, Adams, Monroe, Hamilton, Madison, es indudable que estos hombres concibieron un proyecto político muy diferente al nuestro, tuvieron un signo totalmente distinto. Aquellos próceres, miembros de una sólida burguesía, de una clase dirigente preocupada por los muy válidos intereses de su grupo, aspiraron a conservar y a aumentar esos intereses bajo una estructura jurídico política que los garantizara. La sociedad norteamericana era una sociedad esclavista bien definida. La población autóctona estaba separada y no contó nada para sus designios futuros, salvo para servir como fuerza de trabajo al igual que los negros. No se dio un mestizaje asimilado a la sociedad dirigente. De esta suerte, al ocurrir la emancipación, no se tuvo a la vista problema social alguno. Interesó constituir un estado burgués moderno con integrantes europeos que tenían un estándar de vida homogénea, un origen común y aspiraciones semejantes. En Nueva España, los hombres que lucharon por la independencia fueron impulsados por el anhelo de transformar a la sociedad, integrada por grupos heterogéneos, en estadios de cultura muy diversos y en condiciones de vida muy desemejantes. La independencia se vio como medio de transformar a esa sociedad, de mejorar su existencia, de hacer su vida más justa. Aquí no se segregó a los elementos de origen ni a los diversos grupos raciales existentes. Se luchó por hermanarlos, por dar a todos una vida digna dentro de un designio colectivo, sin injustas separaciones. Semejante tarea rebasó las fuerzas de los dirigentes. Intereses potentes, desvíos políticos, injerencias extrañas dificultaron esa tarea. La magnitud de la tarea sólo es comparable con la nobleza de la misma. El país aún sigue empeñado en esa obra, que es de enorme trascendencia social.

Independientemente de la clase administradora criolla y peninsular, ligada fuertemente con los intereses del Estado, y también la dirigencia eclesiástica atada por vínculos de sujeción política a la Corona, que fueron los grupos que rechazaron violentamente el movimiento insurgente, condenándolo y combatiéndolo con todas las armas a su alcance, hubo un sector importante que tenía gran peso en las decisiones que se tomaban, el grupo de los intelectuales constituido por criollos y peninsulares, agrupado en dos corporaciones importantes, el Colegio de Abogados y la Real y Pontificia Universidad. Ambas corporaciones monopolizaban el saber y a través de él ejercían un poder enorme en la sociedad novohispana. Éste era un poder derivado del estatal, no un poder propio. Si bien muchos abogados y catedráticos apoyaron los cambios políticos y se mantuvieron leales a sus convicciones, otros, que se dieron cuenta de que el poder derivado del Estado era más fuerte que el derivado de su saber individual, no quisieron perderlo; más aún, tuvieron miedo de que la conmoción social que se iniciaba los desbordara. A eso se debió la reprobación que el Colegio de Abogados y la Real y Pontificia Universidad hicieran del movimiento insurgente. Es verdad que fueron los prominentes licenciados, colocados en puestos de importancia, los que condenaron la emancipación, mas también lo es que muchas de las infanterías se mantuvieron leales a ella. Si no se lanzaron a la rebelión abierta, sí prestaron ocultamente su apoyo, asesoría y toda suerte de auxilios a la insurgencia. Dentro del movimiento secreto de la independencia, como miembros del grupo de los Guadalupes, actuaron notables juristas. Asesoraron a los caudillos en el programa de organización política y jurídica, redactaron leyes y manifiestos, revisaron los proyectos constitucionales e indicaron las coyunturas políticas más convenientes a seguir. Los Guadalupes, a través de la organización que se dieron bajo la dirección de López Rayón y Morelos, representaron, en un ambiente convulsionado por la guerra y los movimientos sociales, el grupo asesor más eficaz que tuvo la insurgencia. No pudieron ser el grupo que dirigiera en un ambiente de paz la organización del país, pero es evidente que significó la respuesta de la clase intelectual patriota, nacionalista y consciente emancipadora del país. De ese grupo saldrían los primeros magistrados y miembros del poder judicial, algunos de los Ministros de Estado y prominentes parlamentarios. Su conducta eminentemente patriótica contrastó con la de los cuerpos a que pertenecieron, que perdieron desde entonces el prestigio y la capacidad de ejercitar el poder gracias a su saber. El Colegio de Abogados vegetó como corporación y no ha vuelto a adquirir su antiguo prestigio. La Real Universidad tuvo que ser desaparecida por irreformable, perniciosa e inútil por las más variadas administraciones del siglo XIX. Algunos de sus miembros actuarían con comprobado patriotismo por difundir un saber ligado a los intereses más limpios de la nación, por un poder apoyado en un saber que respondía a anhelos de libertad, de igualdad y de fraternidad generosa.

# APÉNDICES

# BREVES SEMBLANZAS DE LOS PRINCIPALES ACTORES EN LA GUERRA DE INDEPENDENCIA

## Abad y Queipo, Manuel

Nació en Asturias en 1775. Fue obispo de Valladolid, la actual Morelia, cuando se inició el Movimiento de Independencia, al que se opuso.

En su obra *Estado moral y político en que se hallaba la población del virreinato de Nueva España en 1799*, hizo un profundo análisis de la división que afectaba a la sociedad mexicana. Francamente explosiva, como en seguida se vio:

> Indios y castas se ocupan en los servicios domésticos, en los trabajos de la agricultura y en los ministerios ordinarios del comercio y de las artes y oficios. Es decir, que son criados, sirvientes o jornaleros de la primera clase. Por consiguiente, resulta entre ellos y la primera clase aquella oposición de intereses y de afectos que es regular entre los que nada tienen y los que lo tienen todo, entre los dependientes y los señores. La envidia, el robo, el mal servicio de parte de los unos; el desprecio, la usura, la dureza de parte de los otros. Estas resultas son comunes hasta cierto punto en todo el mundo. Pero en América suben a muy alto grado, porque no hay graduaciones o medianías; son todos ricos o miserables, nobles o infames.

En España fue ministro de Gracia y Justicia y obispo de Lérida. Murió en 1825, recluido en un convento.

## Abasolo, Mariano

Nace en Dolores, Guanajuato, en 1784. Ingresa en la milicia en el Cuerpo de Dragones Provinciales de la Reina de San Miguel el Grande, en unión de Allende y Aldama. Junto con Hidalgo, Allende y Aldama, se rebela el 15 de septiembre en Dolores. Toma parte en las batallas de las Cruces, Aculco y Puente de Calderón. Es aprehendido el 21 de marzo de 1811 en

Acatita de Baján con los demás jefes insurgentes. Por gestiones de su esposa, María Manuela Rojas Taboada, se le perdonó la vida y fue sentenciado a vivir fuera de Nueva España. Fallece en 1816 en el castillo de Santa Catalina del Puerto de Santa María.

### Aldama, Ignacio

Nació en San Miguel el Grande, Guanajuato. Abogado. Se incorpora a la insurgencia y se le confiere el mando político y militar de su ciudad natal. Marcha con Allende a Guanajuato y Guadalajara. Trata de organizar el gobierno independiente y colabora en la publicación de *El Despertador Americano*. Ya como mariscal de campo, en Saltillo, es nombrado por Allende embajador en los Estados Unidos. Llega a San Antonio Béjar y es aprehendido. Conducido a Monclova, es fusilado el 20 de junio de 1811.

### Aldama, Juan

Nace en San Miguel el Grande, Guanajuato, en 1774. Militar. Participó en la conspiración de Valladolid en 1809. Avisó a Hidalgo y Allende que habían sido descubiertos y, junto con ellos, se levanta en armas en Dolores el 15 de septiembre de 1810. Participa en la batalla de las Cruces y se opone, en unión de Allende, a retirarse. Marcha con Allende a Guanajuato y después toma parte en la batalla del puente de Calderón. Es aprehendido en Acatita de Baján el 20 de marzo de 1811 con los demás jefes insurgentes. Es fusilado en Chihuahua el 26 de junio de 1811.

### Allende y Unzaga, Ignacio María de

Nace en San Miguel el Grande, Guanajuato, el 21 de enero de 1769, y es fusilado en Chihuahua el 26 de junio de 1811. Ingresa en la milicia y en 1801 lucha en Texas contra el filibustero Nolland. En unión de Hidalgo, se levanta en armas en Dolores el 15 de septiembre de 1810 y es nombrado capitán general del ejército insurgente. Después de la victoria en el cerro de las Cruces, aconseja marchar sobre México, pero Hidalgo se opone. Es aprehendido con Hidalgo, Jiménez y Aldama en Acatita de Baján el 21 de marzo de 1811.

### Azcárate y Ledesma, Juan Francisco

Nació en 1767 en México. Se recibió de abogado en 1790 y fue nombrado fiscal y regidor en el Ayuntamiento de México. El 8 de junio de 1808, propone al Ayuntamiento jurar fidelidad a Fernando VII. El 19 presentan al virrey la propuesta redactada por Azcárate que sugería que el virrey no reconociese a la junta española ni obedeciese órdenes de España. Iturriga- ray es depuesto el 15 de septiembre de 1808 y el día 16 es encarcelado Azcárate, junto con el licenciado Cristo, Primo Verdad y Ramos y Mel- chor de Talamantes. Preso durante 3 años, se le hizo renunciar a todos sus cargos. Con Iturbide forma parte de la Soberana Junta Provisional Gu- bernativa y firma el Acta de Independencia en septiembre de 1821. Nom- brado Ministro Plenipotenciario en Londres, la caída de Iturbide le impide tomar posesión. Fallece en 1831 en México. Fue uno de los miembros más salientes de la sociedad secreta de los Guadalupes.

## Bravo, Leonardo

Originario de Chilpancingo, nació en 1764. Encabezó una familia de in- surgentes, pues sus hermanos Miguel, Víctor, Máximo y Casimiro y su hijo Nicolás participaron en ella en forma importante. Al no acatar órdenes realistas, todos fueron perseguidos. Leonardo se une a Hermenegildo Ga- leana en mayo de 1811. Fue un gran auxiliar, pues actuó como construc- tor de material de guerra, y estableció sistemas para el despacho de órde- nes y documentos. Derrotó en Izúcar, el 17 de diciembre de 1811, al teniente Miguel Soto y Macedo. Durante el sitio de Cuautla, defendió con éxito Santo Domingo y rompió el cerco. Fue aprehendido en la hacienda de San Gabriel y poco después, el 6 de mayo, fue condenado a muerte con la condición de que si sus hermanos e hijo abandonaban las armas, se le perdonaba, pero lo rechazaron, a pesar de que Morelos ofreció 800 prisioneros por ellos. Fue ejecutado a garrote vil, junto con Mariano Pie- dras y Luciano Pérez en México el 13 de septiembre de 1812.

## Bravo, Nicolás

Nació en 1786 en Chilpancingo. Fue hijo de Leonardo Bravo. Se unió el 16 de mayo de 1811 a Hermenegildo Galeana en su hacienda de Chichi- hualco. Luchó al lado de Morelos en las campañas del Sur y en el sitio de Cuautla; destacó por su valor. Derrotó a Labagui en San Agustín del Palmar, donde se enteró de la muerte de su padre y supo de la oferta de indulto del virrey, que no aceptó. Morelos le manda en represalia fusile a 300 prisioneros, a quienes, por clemencia, deja en libertad. En noviembre de 1812 toma Alvarado. Es hecho prisionero el 21 de diciembre de 1817 y permanece encarcelado hasta octubre de 1820. Marcha a Cuernavaca y se adhiere al Plan de Iguala. Fue Consejero de Estado en la Segunda Re- gencia (11 abril-18 de mayo de 1822). Gobernó con Guadalupe Victoria y Pedro Celestino Negrete del 31 de marzo de 1823 al 1.º de octubre de

1824. Suple en la Presidencia a Santa Anna (1842) y a Paredes (1846). Fue hecho prisionero en la defensa de Chapultepec el 13 de septiembre de 1847. Se cree fue envenenado junto con su esposa en Chilpancingo en 1854.

### Bustamante, Carlos María de

Nace en Oaxaca en 1774 y fallece el 21 de septiembre de 1848. Estudió en el seminario de Oaxaca y se graduó de bachiller en artes en México. Se recibió de abogado en la Audiencia de Guadalajara, de la que fue relator. Con Jacobo de Villaurrutia fundó el *Diario de México* en 1805. En 1812 publica el periódico *El Juguetillo*, clausurado por el virrey. Huye a Zacatlan, ocupado por Osorno, y pasa después a Oaxaca, donde Morelos le nombra brigadier e inspector general de caballería. En Oaxaca redacta *El Correo del Sur*, periódico fundado por el doctor Herrera. Fue diputado por el Estado de México al Congreso de Chilpancingo. Hostilizado por Rosáins, se acogió al indulto el 8 de marzo de 1817. El 11 de agosto de 1817 es detenido y encerrado en San Juan de Ulúa hasta el 2 de febrero de 1819, dándole por cárcel la ciudad de Veracruz. Iturbide lo aprehende por conspiración y críticas en el semanario *La Avispa de Chilpancingo*. Desde 1824 hasta su muerte, con pequeños intermedios, estuvo de representante de su estado en el Congreso. Prolífico escritor, gran periodista y editor. Su bibliografía comprende 107 títulos.

### Calleja del Rey, Félix María, conde de Calderón

Nació en 1755 (?) en Medina del Campo, Valladolid, España. Participó en la expedición de Argel como alférez, al mando del conde O'Reilly. Maestro y capitán de una compañía de 100 cadetes. Llegó a México en 1789 como capitán agregado al regimiento de infantería fijo de Puebla. Comandante de la brigada de San Luis Potosí. Al levantamiento de Hidalgo, forma el Ejército del Centro. Fue el militar realista que más combatió a las fuerzas insurgentes. Derrotó a Hidalgo en Puente de Calderón y sitió a Morelos en Cuautla, en mayo de 1812. Se caracterizó por sus medidas crueles. Virrey de 1813 a 1816. Vuelve a España y, en 1818, recibe el título de conde de Calderón. Fallece en 1828 en Valencia. Por haber sido el militar realista que cargó con el peso de la guerra, queda incorporado en esta nómina. Algunos otros jefes que combatieron a la insurrección fueron José de la Cruz, «Flor», Armijo, mas Calleja tuvo la dirección central. Fue enérgico y en ocasiones cruel, y sus medidas tanto políticas como militares no pudieron hacer cesar la guerra.

Cos, José María

Natural de Zacatecas. Estudió en el Colegio Real de San Luis Gonzaga de su ciudad natal. Doctor en teología por la Real Universidad. Vicerrector del Seminario Tridentino de Guadalajara, en donde impartió diversas materias. Cura de Zacatecas en 1800, del Mineral de la Yesca, Jalisco, en 1801 y en 1804 de San Cosme. Publicó *El Ilustrador Nacional* del 11 de abril al 16 de mayo de 1812, con tipos de madera que él labró. También editó *El Ilustrador Americano*. Actuó como diputado por Zacatecas al Congreso de Chilpancingo. Destacado ideólogo de la Independencia y del periodismo político.

Galeana, Hermenegildo

Nace en Tecpan, Guerrero, en 1762. Se unió a Morelos el 7 de noviembre de 1810 en su ciudad natal. Combatió en las acciones de El Veladero, Llano Grande, La Sabana y Los Coyotes, en donde asumió el mando por haber huido el coronel Hernández. Tomó Taxco, Toluca, Cuernavaca y Cuautla. Estuvo en el sitio de Acapulco y en el ataque a Valladolid. En el Salitral, cerca de Coyuca, murió peleando el 27 de julio de 1814. Fue uno de los militares más valientes y desinteresados de la emancipación. Morelos lo consideraba como su brazo izquierdo, pues como el derecho estimaba a Mariano Matamoros.

Garibay, Pedro de

Militar español, nacido en 1729 y muerto en 1815. Fue virrey de Nueva España entre 1808 y 1809. Tuvo que actuar en circunstancias comprometidas y en un ambiente nada fácil, para recaudar grandes sumas de dinero que ayudasen a la causa de Fernando VII. Debió, también, hacer frente a la agitación sembrada por los agentes franceses en tierras mexicanas y a las inquietudes independentistas, que ya empezaban a manifestarse.

Guadalupes, Los

Organización secreta cuya actividad, diversa y comprometida, posibilitó en gran medida el avance de la insurgencia. La formación de este grupo debió de partir de la existencia de diversos núcleos comprometidos en el movimiento de 1810, los cuales trataron de apoyarlo en diversas formas, habiendo sido varios de ellos sorprendidos y severamente castigados. La necesidad de organización del movimiento insurgente persuadió a los partidarios de la independencia de la idea de constituir una organización bien tramada, activa y secreta, que sirviera de medio eficaz para unir a los simpatizantes dispersos de la insurgencia, que los conectara con los jefes y que diera a los grupos rebeldes el auxilio material y moral que requerían en una guerra que era desigual. El signo religioso-político escogido por los mexicanos, su insignia de lucha, lo adoptaron para suscribir sus cartas Número Doce, Serafina Rosier y los Guadalupes (denominación simbólica en torno a la Virgen de Guadalupe, patrona de las fuerzas insurgentes). Los Guadalupes todo lo sabían: estaban por todas partes y no podían ser identificados; escuchaban, leían las órdenes más ocultas sin ser sorprendidos; mas no sólo informaban de cuanto conocían, sino que tenían un poder de mando extraordinario y también de decisión, actuando cerca de los jefes de armas que rodeaban la ciudad de México, de cuya actividad estaban muy pendientes. En sus filas hubo nobles, propietarios, comerciantes, gobernadores de indios, eclesiásticos, letrados, militares, impresores, mensajeros, etcétera.

### Guerrero, Vicente

Nace el 10 de agosto de 1782 en Tixtla, Guerrero. Se une a Morelos en su ciudad natal en noviembre de 1810. Luchó en Izúcar, Taxco, Oaxaca, etcétera. No aceptó las ofertas del virrey Apodaca para deponer las armas, afirmando que «la patria es primero». Derrotó a Armijo el 15 de septiembre de 1818 en Taxco y, posteriormente, a las fuerzas realistas en Axuchitlán, Santa Fe, Tetela del Río, Huetamo, Tlachapa y Cuautlotitlán. Junto con Pedro Ascencio Alquisiras, mantuvo la lucha armada a la muerte de Morelos. Iturbide le escribió el 10 de enero de 1821 para conferenciar sobre la independencia. Reunidos el 10 de marzo de 1821 en Acatempan, Guerrero, deciden luchar juntos por la independencia. Así, apoya a Iturbide, pero después, junto con Nicolás Bravo, lo combate el 23 de enero de 1823 en Almolonga. Al consumarse la independencia, desempeña varios puestos políticos y militares de gran importancia. Traicionado por Picaluga, fue aprehendido en el barco *El Colombo*, en Acapulco, llevado a Huatulco y después a Oaxaca; se le forma consejo de guerra, y es fusilado en Cuilapan, Oaxaca, el 14 de febrero de 1831.

### Herrera, José Manuel de

Originario de San Luis Huamantla, Tlaxcala, nace en 1776. Doctor en teología por la Universidad de México en 1803. Ocupa los curatos de Santa Ana Acatlán y Guamauxtitlán. Regía la capellanía de Chiautla cuando fue atacado el pueblo; entonces se une a Morelos y lo acompaña a Oaxaca. Diputado por Tecpan al Congreso de Chilpancingo. Colaborador de *El Correo del Sur*. Fue enviado por Morelos a Estados Unidos para entablar negociaciones con el gobierno de ese país. En 1821, funda el periódico *El Mexicano Independiente*. Ocupó varios puestos importantes. Fue el primer Ministro de Relaciones Exteriores de México. Despachó la primera comunicación oficial del México independiente a la Secretaría de Estado de Washington. En 1831 muere en la ciudad de México.

### Hidalgo y Costilla, Miguel

Nació en la hacienda de San Diego de Corralejo, Guanajuato, el 8 de mayo de 1753. Hijo de Cristóbal Hidalgo Costilla y de Ana María Gallaga. Estudió en el colegio jesuita de San Francisco Javier en Valladolid en 1765 a 1767. Ingresó en el colegio de San Nicolás en 1767 y se graduó en bachiller en letras en 1770. Fue bachiller en artes y en teología por la Universidad de México en 1771 y 1773. Maestro de 1779 a 1792 de filosofía y teología en San Nicolás y rector de enero de 1790 al 2 de febrero de 1792. Sirvió varios curatos: Colima, San Felipe (Guanajuato), Dolores. Se levantó en armas el 15 de septiembre de 1810 en unión de Allende, Aldama y Abasolo. Derrotó a Trujillo en las Cruces el 30 de octubre. Marcha a Guadalajara y posteriormente es derrotado en el Puente de Calderón el 15 de enero de 1811. Ignacio Elizondo lo aprehende en Acatita de Baján el 21 de marzo de 1811. Llevado a Monclova y después a Chihuahua, fue fusilado el 30 de julio de 1811 en el excolegio de la Compañía. Llamado con justicia «el libertador», sus ideales de justicia social, de creación de una patria democrática y libre, que no pudo ver realizados dada la brevedad de su acción, quedaron latentes y representaron la base de posteriores movimientos. En sus breves proclamas y decretos, perfila un ideario de enorme trascendencia social.

### Iturbide, Agustín de

Nació en 1783 en Valladolid, hijo de José Joaquín de Iturbide y Josefa de Arámburu. Estudió en el seminario de su tierra natal; ingresó en la milicia como alférez del Regimiento de Valladolid. Combatió a los insurgentes en el Monte de las Cruces. Coronel en 1810. El virrey Apodaca le nombra comandante del Ejército del Sur para combatir a Guerrero. El 10 de enero de 1821 escribe a Guerrero ofreciéndole el indulto; éste se niega y de nuevo le escribe proponiéndole la independencia. En Acatempan se ponen de acuerdo, el 24 de febrero de 1821 proclama el Plan de Iguala, y el Ejército Trigarante entra en México el 27 de septiembre de 1821, consumando así la independencia. Es coronado emperador el 21 de mayo de 1822 como Agustín I. Obligado a abdicar el 19 de marzo de 1823, marcha a Europa;

regresa el 14 de julio de 1824 a Soto la Marina, donde es aprehendido y fusilado el 19 de julio de 1824 en Padilla.

## Iturrigaray, José de

Nacido en Cádiz en 1742 y muerto en 1815. Fue nombrado virrey de Nueva España (1803). Dispuesto a desconocer la autoridad de José Bonaparte en España (1808), fue hecho prisionero por sus oidores y otros elementos capitaneados por Gabriel Yermo, y obligado a embarcarse para España, donde fue absuelto del cargo de traición. Sin embargo, fue condenado, por malversación, a pagar una importante multa.

## Jiménez, José Mariano

Natural de San Luis Potosí, nace en 1781. Se graduó como ingeniero de minas en el Colegio de Minería de México el 19 de abril de 1804. Se une a Hidalgo después de la toma de la Alhóndiga en Guanajuato con el grado de coronel. Derrota a Trujillo en Atenco. Como parlamentario fue a Chapultepec a pedir la rendición de la capital, que rechazó el virrey. Tomó parte en las batallas del Monte de las Cruces, Aculco y Guanajuato. Fue comandante militar de las Provincias Internas de Oriente, dominadas totalmente durante su mando. Aprehendido en Acatita de Baján, fue fusilado con Allende, Aldama y Santa María el 26 de mayo de 1811 en Chihuahua.

## Liceaga, José María

Nace en Guanajuato en 1780. Cadete del regimiento de dragones de México. Combatió en Las Cruces y Aculco, y partió a Guanajuato, Zacatecas y Guadalajara con Allende. En Saltillo es nombrado adjunto de Rayón. Vocal de la junta de Zitácuaro. Combate a Iturbide. Firma la Declaración de Independencia en el Congreso de Chilpancingo. Se une a Mina. Es asesinado en 1818 en Guanajuato.

## Lizana y Beaumont, Francisco Javier de

Nacido en Arnedo, fue arzobispo de México (1803). Sucedió a Pedro Garibay en el cargo de virrey de la Nueva España, cargo que desempeñó entre 1809 y 1810. Dejó que tomara impulso el espíritu de independencia, por lo que fue destituido. Murió en México en 1811.

López Rayón, Ignacio

Nace en 1773 en Tlalpujuhua, Michoacán. Junto con sus hermanos Ramón, José María, Rafael y Francisco, se unió a la insurgencia. Ingresó en el colegio de San Nicolás y en 1796, en San Ildefonso, México, se recibe de abogado. Se une a Hidalgo en Maravatío. Fue secretario de Hidalgo y promovió en Guadalajara la publicación de *El Despertador Americano*. A la muerte de Hidalgo y Allende regresa a Michoacán, se atrinchera en Zitácuaro y organiza la Junta Suprema Gubernativa, en agosto de 1811, junto con Liceaga y Verduzco. Formó parte del Congreso de Chilpancingo. Sostuvo un sitio por varios meses en el cerro del Cóporo, en unión de su hermano Ramón. Capituló el 7 de enero de 1817 y, al negarse a reconocer la Junta de Jaujilla, fue hecho prisionero en ese año y sentenciado a muerte. Al aplazar su sentencia, queda prisionero hasta 1820. Consumada la independencia, fue tesorero en San Luis Potosí, comandante general de Jalisco y presidente del Tribunal Militar. Falleció en 1832 en la ciudad de México este destacado jefe insurgente, quien trató de dar al país una sólida organización política y jurídica.

Matamoros y Orive, Mariano

Nace en 1770 en México. Cura de Jantetelco, Morelos, en 1810. Se une a Morelos el 16 de diciembre de 1811 en Izúcar, Puebla. Durante el sitio de Cuautla, lo rompe por el puente de Santa Inés el 21 de abril de 1812. Participó en la toma de Oaxaca; derrota a Manuel Dambrini en Tonalá el 19 de abril de 1813. Vencedor de la batalla de San Agustín del Palmar el 16 de agosto de 1813. Derrotado en Peruarán, es apresado y llevado a Valladolid, donde fue fusilado el 3 de febrero de 1814. Fue el brazo derecho de Morelos, quien lo tenía en alta estima por su valor y preparación.

Mercado, José María

Nace en 1781 en Teúl, Jalisco, y el 31 de enero de 1811 muere en San Blas. Estudia en el Seminario de Guadalajara; se ordena sacerdote en 1810; marcha como cura a Ahualulco y el 13 de noviembre de 1810, en unión de Juan José Zea, apoya la Independencia y se subleva en esa población. El 8 toma Etzatlán, el 23, Tepic, y el 1.º de diciembre hace capitular a San Blas, donde se apodera de piezas de artillería. Envía 42 cañones a Hidalgo, que nunca llegaron, pues, al saberse la derrota del puente de Calderón, los destruyeron. Como efecto de la contrarrevolución que estalló en San Blas, encabezada por el cura Nicolás Santos Verdin, muere Mercado al tratar de escapar de la fortaleza.

### Michelena, José Mariano

Originario de Valladolid, nació en 1772. Abogado por la Universidad de México. Teniente del Regimiento de Infantería de la Corona. En septiembre de 1808 es mandado a Valladolid, donde, en unión de civiles, militares y religiosos, colaboró en la Conspiración de Valladolid que pretendía la independencia de Nueva España. Descubierta ésta el 21 de diciembre de 1809, fue puesto en prisión. Se le dio por cárcel la ciudad, pero, al levantamiento de Hidalgo es llevado a San Juan de Ulúa y más tarde a España. Regresa a México en 1822. Diputado al Congreso Constituyente. Lucha contra Iturbide. Ocupa varios puestos importantes. Introdujo el café en Michoacán. Falleció en 1852 en Morelia, la antigua Valladolid.

### Mier Noriega y Guerra, fray Servando María Teresa de

Nació en 1765 en Monterrey, Nuevo León, y fallece en noviembre de 1827 en México. En esta ciudad, en el colegio de Porta Coeli, estudió filosofía y teología. Por un discurso sobre la Virgen de Guadalupe, del 12 de diciembre de 1794, fue desterrado a España. En octubre de 1811 escapa a Londres para trabajar a favor de la Independencia. Conoció a Alamán, Blanco White y Mina, con quien marcha a Nueva España. Es aprehendido en Soto La Marina el 13 de junio de 1817 y enviado a la cárcel de la Inquisición. En 1820 lo remiten a España; se fuga en La Habana y marcha a Filadelfia. En febrero de 1822, regresa a México y es encarcelado en San Juan de Ulúa, y de ahí, enviado preso al convento de Santo Domingo. Firmó en 1824 el *Acta Constitutiva de la Federación* y la *Constitución Federal de los Estados Unidos Mexicanos*. Gran ideólogo de la emancipación, sus numerosos escritos revelan a un publicista consumado.

### Mier y Terán, Manuel

Nace en México en 1789. En 1808 estudia en San Ildefonso y luego en el Colegio de Minería. El 27 de julio de 1814, ya teniente coronel, rompe el sitio impuesto por Alfaro en Silacoyoapan, Oaxaca. Combate en Puebla y Veracruz. En 1815 quiso disolver el Congreso y asumir el mando, a lo que se opusieron los demás jefes. El 1.º de enero de 1817 defiende Tehuacán y capitula el 20, retirándose a Puebla. En 1832 se dirige al norte para pacificarla, pero fracasa. Se suicidó en Padilla el 8 de julio de 1832.

### Mina, Francisco Javier

Originario de Navarra, España, nace en 1789. Inicia los estudios de derecho en Pamplona, pero los deja para luchar contra la invasión francesa en

1808. Liberal, huye a Francia e Inglaterra, donde conoce a fray Servando Teresa de Mier, quien lo convence de ir a Nueva España. Desembarcó el 15 de abril de 1817 en Soto la Marina con tres buques: el *Cleopatra*, el *Neptuno* y el *Congreso Mexicano*, con poco más de 300 hombres. Obtiene varias victorias el 8 de junio en Valle de Maíz; el 15 de junio en Peotillos (San Luis Potosí); en Real de Pinos, Zacatecas, el 19, y llega al fuerte del Sombrero el 24. El 7 de julio toma la hacienda del Jaral. El general Liñán sitia el fuerte del Sombrero el 1.º de agosto; logra salir el 8, y contrataca sin efecto. Marcha al fuerte de los Remedios y es derrotado en la hacienda de la Caja. Es aprehendido por el coronel Orrantía en la hacienda del Venadito el 27 de octubre. Fue fusilado el 11 de noviembre de 1817 frente al fuerte de los Remedios, en el Cerro del Bellaco, Guanajuato. Sobrino del jefe militar español Francisco Javier Espoz y Mina, prosiguió en América la lucha contra el absolutismo de Fernando VII. Sus proclamas, que tienen hondo sentido universalista, revelan su acendrado liberalismo. Su acción en México fue corta, pues no contó con apoyo de los grupos que luchaban por la Independencia.

## Morelos y Pavón, José María

Nace en Valladolid el 30 de septiembre de 1765 y es fusilado en San Cristóbal el 22 de diciembre de 1815. Ingresa en 1790 en el Colegio de San Nicolás, en Valladolid, y en 1795 recibe en México el grado de bachiller en artes. Fue cura interino de Churumuco y cura de Carácuaro. Se unió a Hidalgo el 20 de octubre de 1810 en Charo, quien lo comisiona al Sur. Inicia su campaña ocupando Petatlán, Tecpan (donde se le incorporan los Galeana) y Coyuca, y en Ahuacatillo derrota a Paris. Toma Chilpancingo, Tuxtla y Chilapa. En Puebla se apodera de Chiautla, Izúcar, Cuautla y llega hasta Chalco. A su lado estaban los Galeana, Bravo, Matamoros, Guerrero, Trujano, Ayala. Calleja lo sitia en Cuautla, y Morelos rompe el sitio después de 2 meses, el 2 de mayo de 1812; marcha a Oaxaca a ayudar a Valerio Trujano, sitiado en Huajuapan; toma Tehuacán y el 25 de noviembre de 1812, Oaxaca. Convocó e instaló el Congreso de Chilpancingo el 12 de septiembre de 1813. Es derrotado en Valladolid (donde pierde a Matamoros) y Puruarán. Fue hecho prisionero el 6 de noviembre de 1815 en Tezmalaca. Hombre de gran visión política, precisó el ideario de la Independencia. Militar valeroso, logró formar el primer ejército nacional. Dictó medidas importantísimas en favor del pueblo desvalido y sentó las bases de la organización política del país. Denominose «siervo de la nación» por su gran amor al pueblo que liberó.

Moreno, Pedro

Nació en 1775 en la hacienda de la Daga, jurisdicción de Lagos, Jalisco. Estudió en el Seminario de Guadalajara. De ideas insurgentes, forma una guerrilla en su hacienda La Sauceda, estableciendo su centro en el fuerte del Sombrero, donde recibe a Mina. El 15 de agosto de 1817, por orden de Mina, evacúan el fuerte, y la columna es deshecha. Se une a Mina y logran varias victorias en el Bajío y los Altos. Sorprendido junto con Mina en la hacienda del Venadito, el 27 de octubre de 1817, murió al enfrentarse a los realistas.

O'Donojú, Juan

Militar español, nacido en Sevilla en 1762 y muerto en México en 1821. Capitán general de México y último virrey. Llegó a Veracruz el 30 de julio de 1821 y encontró el país en manos de Iturbide. Con éste firmó los Tratados de Córdoba, el 24 de agosto de ese año, que no fueron aceptados por España. Presenció la entrada en la capital del Ejército Trigarante. Fue uno de los cinco miembros de la Regencia.

Ortiz de Domínguez, Josefa

Nace en México en 1768. Hija de Juan José Ortiz y Manuela Girón. Estudió hasta 1791 en el Colegio de las Vizcaínas y en ese año se casó con el corregidor de Querétaro, Miguel Domínguez. Persuadió a su marido para apoyar la Independencia. Al ser descubierta la conjuración, alerta a Allende, Hidalgo y los Aldama. Delatada por el capitán Arias, es arrestada y presa en el convento de Santa Clara y después llevada a México. Permaneció durante tres años en el convento de Santa Catalina de Sena. Murió en 1829 en México.

Quintana Roo, Andrés

Nace en 1787 en Mérida, Yucatán, en donde estudia en el Seminario Conciliar y en la Universidad de México la carrera de leyes. Casó con Leona Vicario. Se une a López Rayón en Tlalpujahua. Colaborador de *El Semanario Patriótico Americano* y *El Ilustrador Americano*. Diputado por Puebla al Congreso de Chilpancingo, preside la Asamblea Nacional Constituyente que hizo la Declaración de Independencia el 14 de septiembre de 1813. Se indultó en 1818 y vivió en Toluca hasta 1820. Secretario de Relaciones Interiores y Exteriores del 11 de agosto de 1822 al 22 de febrero de 1823, con Iturbide. Ocupó diversos puestos públicos con honradez y capacidad. Muere en 1851 en la ciudad de México.

Ruiz de Apodaca, Juan

Nació en Cádiz en 1754. Gobernador de Cuba en 1812 y virrey de Nueva España en 1816. Para someter a Vicente Guerrero, envió a Agustín de Iturbide, quien pactará la independencia con el insurgente. El virrey retorna a España el año de 1821 y muere en Madrid en 1835.

Talamantes, fray Melchor de

Nació en 1765 en Lima, Perú. Hijo de Isidro Talamantes y Josefa Balza. Tomó el hábito mercedario en 1779. Se graduó en Teología en la Universidad de San Marcos. Llega el 26 de noviembre de 1799 a Acapulco. Fue nombrado censor de *El Diario de México*. En 1807 Iturrigaray lo comisionó para realizar estudios sobre los límites con Texas. Fue hecho prisionero con Azcárate, Cristo y Primo de Verdad y Ramos por conspirar en favor de la independencia de Nueva España. Escribió los tratados políticos más importantes sobre el anhelo emancipador. En abril de 1809 lo remiten a San Juan de Ulúa, en donde fallece de fiebre amarilla.

Torres, José Antonio, «El Amo Torres»

Nace entre 1755 y 1760 en San Pedro Piedra Gorda, hoy Manuel Doblado, Guanajuato. Camino a Guanajuato se encuentra con Hidalgo, quien le encomienda el alzamiento en Nueva Galicia. Entra en Jalisco por Sahuayo y avanza por Tizapán, Atoyac y Zacoalco, y·el 11 de noviembre de 1810 toma Guadalajara. Participa en la batalla del puente de Calderón. Derrota, el 14 de abril de 1811, a Zambramo en Zacatecas. En Tlazazalca es derrotado en noviembre de 1811, y el 4 de abril de 1812 es aprehendido en Palo Alto, cerca de Tupátaro y llevado a Guadalajara, donde, el 23 de mayo de 1812, es ahorcado.

Venegas, Francisco Javier

Nacido en Bujalance, provincia de Córdoba, en torno a 1760. Fue nombrado virrey de Nueva España en 1809, en sustitución de Lizana. Tuvo fama de intransigente líder de la causa realista. Hizo fracasar la conspiración de Valladolid, precursora del «Grito de Dolores». En 1813 fue reemplazado por Félix María Calleja. Ya en España, fue nombrado capitán general de Galicia en 1818, el mismo año de su muerte.

Verduzco, José Sixto

Nace en Zamora, Michoacán, en 1770 y fallece en 1830?, en México. Estudió en el seminario de Valladolid y en San Nicolás, en donde se ordenó sacerdote. En la Universidad de México recibió el doctorado. Fue rector del Colegio de San Nicolás y cura de Tuzantla. Establece con Rayón, Liceaga y Cos la Junta de Gobierno. Ejerció como jefe militar de la provincia de Michoacán, en donde sostuvo varios encuentros con los realistas. Fue aprehendido en Purichucho, cerca de Huétamo, en diciembre de 1817. Junto con Nicolás Bravo fue conducido a Cuernavaca y a México, llevado a la cárcel de la Inquisición y después al convento de San Fernando. Fue liberado en diciembre de 1820 por el indulto general de las Cortes Españolas. Más tarde fue diputado y senador por Michoacán y después por San Luis Potosí.

## Vicario, Leona

Nació en 1789 en México. Huérfana a temprana edad, la educa su tío, el licenciado Agustín Pomposo Fernández de San Salvador, con quien trabajaba Andrés Quintana Roo, futuro esposo de Leonora Vicario. Fue informante de los movimientos realistas a los insurgentes, por lo cual se la encarceló en el convento de Belén de las Mochas, de donde escapa hacia Oaxaca para unirse con su esposo. Se la recompensó, por decreto del Congreso de 1822, dándole la hacienda de Ocotepec en los Llanos de Apam. Falleció en 1842 en México.

## Victoria, Guadalupe

Manuel Félix Fernández, que fue su verdadero nombre, nace en Tamazula, Durango, en 1786. Estudió en el seminario de Durango y en San Ildefonso en México. En 1811 se une a Morelos y combate en Oaxaca. Su campo de acción fue Veracruz. Derrotado en Palmillas en 1817, permanece oculto al no aceptar la amnistía, hasta 1821. Iturbide lo encarcela, pero escapa para unirse a Santa Anna. Ocupa la presidencia de la República del 10 de octubre de 1824 al 21 de marzo de 1829, siendo el primer mandatario. Logra la rendición de las fuerzas españolas que ocupaban San Juan Ulúa. Crea el Museo Nacional, y el 20 de diciembre de 1827 decreta la expulsión de los españoles. Posteriormente se retira a su hacienda de El Jobo en Veracruz. Fallece en el castillo de Perote en 1843.

# CRONOLOGÍA DE LA GUERRA DE INDEPENDENCIA DE MÉXICO

1743    Se hace cargo de la hacienda de Corralejo, Guanajuato, don Cristóbal Hidalgo Costilla, padre de Miguel Hidalgo.

8 mayo 1753    Nace en la hacienda de Corralejo Miguel, hijo segundo de Cristóbal Hidalgo y Ana María Gallaga. Se bautiza en Cuitzeo de los Naranjos el 16 de mayo.

1765    Ingresa Miguel Hidalgo, junto con su hermano José Joaquín, en el colegio de San Francisco Javier, en Valladolid.

30 sept. 1765    Nace en Valladolid José María Teclo Morelos y Pavón, hijo de José Manuel Morelos y Juana María Guadalupe Pérez Pavón.

20 enero 1769    Nace en San Miguel Ignacio Allende y Unzaga, futuro coautor de la rebelión de Independencia. Muere en 1811.

1770    Se incorpora Miguel Hidalgo, con su hermano José Joaquín, a la Real y Pontificia Universidad de México, para proseguir sus estudios.

1773    Obtiene Hidalgo, en la Universidad, el grado de bachiller en Teología. Torna al colegio de San Nicolás para continuar sus estudios. Obtiene ahí, mediante concurso, beca de oposición.

1773    Nace en Tlalpujahua Ignacio López Rayón. Muere en 1832.

1774    Nace Juan de Aldama, general insurgente. Muere en 1811.

1775    Concursa Hidalgo a una cátedra de filosofía.

4 julio 1776    Declaración de Independencia de los Estados Unidos.

19 sept. 1778    Miguel Hidalgo es ordenado sacerdote en Valladolid.

1779-1790    Morelos trabaja en la hacienda de Tehuejo, Apatzingan, como escribano o contador.

1783    Nace Simón Bolívar; muere en 1830.

1783-1784  Nace Ignacio Abasolo, quien, con Allende y Aldama, enca-
bezará la Guerra de Independencia. Muere en la prisión castillo de Santa Catalina en Cádiz en 1816.

1784  En concurso convocado por el deán José Pérez Calama, Hidalgo presenta su *Disertación sobre el verdadero método de estudiar theología escolástica.*

1787  Hidalgo es nombrado tesorero del Colegio de San Nicolás
y posteriormente vicerrector y secretario.

14 julio 1789  Se inicia la Revolución Francesa; cae la Bastilla.

1790  Miguel Hidalgo es nombrado rector del colegio de San Nicolás en Valladolid.

1790  Morelos ingresa en el colegio de San Nicolás en Valladolid,
del que era rector Miguel Hidalgo.

1792  Morelos solicita entrar como capense en el colegio de San
Nicolás.

1792  Hidalgo renuncia a su puesto de rector, catedrático de teología y tesorero y va a ocupar interinamente el curato de
Colima, el cual deja en noviembre.

1793  Hidalgo toma posesión del curato de San Felipe Torresmo-
chas, donde establece una alfarería. Se consagra al estudio
de escritores ilustrados y hace representar las obras de Mo-
lière y Racine.

28 abril 1795  Se celebra el examen de grado de bachiller en artes defendido por Morelos en la Universidad de México.

19 dic. 1795  Morelos es ordenado subdiácono y recibe la facultad de administrar los sacramentos de manos del obispo de Michoacán, fray Antonio de San Miguel, al mismo tiempo que José
María Cos. La certificación la firma el licenciado Santiago
Camiña, secretario de la Mitra en Valladolid.

21 dic. 1797  Morelos es ordenado presbítero por el obispo de Michoacán fray Antonio de San Miguel, al mismo tiempo que José
Sixto Verduzco, según constancia firmada por el secretario
de la Mitra, Santiago Camiña.

25 enero 1798  Morelos es nombrado cura interino de Churumuco y La
Huacana por fray Antonio de San Miguel, obispo de Michoacán.

1803  Solicita Hidalgo se le conceda el curato de Dolores, que
ocupaba su hermano el doctor José Joaquín, fallecido ese
año. Toma posesión de él el 3 de octubre.

17 marzo 1808  Caída de Manuel Godoy motivada por el motín de Aranjuez.

19 marzo 1808    Abdica Carlos IV en favor del príncipe de Asturias, Fernando.

1 mayo 1808    Renuncia de Fernando VII a la corona de España e Indias en Bayona.

2 mayo 1808    Comienza la Guerra de la Independencia contra los ejércitos de Napoleón en España.

8 julio 1808    Promulgación de la Constitución de Bayona.

14 julio 1808    Llegan a Nueva España las noticias y se inicia la celebración de Juntas.

15-16 sept. 1808    Gabriel de Yermo, con trescientos peninsulares, aprehende al virrey José de Iturrigaray. La Audiencia nombra virrey en funciones a Pedro Garibay. También son detenidos Francisco Primo de Verdad y Ramos, Juan Beye de Cisneros, José Mariano Beristán, el licenciado José Antonio del Cristo y fray Melchor de Talamantes.

21 dic. 1809    El cura del Sagrario de Valladolid, Francisco de la Concha, denuncia al asesor José Alonso Terán una conspiración contra el gobierno dirigida por José Mariano Michelena, José M.ª García Obeso y fray Vicente de Santa María.

1810    El arzobispo-virrey, Francisco Javier de Lizana, simpatizante del grupo criollo, entrega el poder a la Real Audiencia el 8 de mayo. El 30 de mayo publica Manuel Abad y Queipo una de sus famosas *Representaciones* que ponen de relieve los problemas socio-económicos de Nueva España. Desembarca en agosto, en Veracruz, el nuevo virrey, Francisco Javier Venegas.

9 sept. 1810    Es descubierta la conspiración de Querétaro, en la que estaban implicados Hidalgo, Allende, Aldama, Abasolo, el corregidor Miguel Domínguez y su esposa, Josefa Ortiz. El 15 deciden iniciar la lucha y el 16 en la madrugada Hidalgo, en Dolores, convoca al pueblo y se lanza a la Revolución.

16 sept. 1810    Miguel Hidalgo, Ignacio Allende, Juan Aldama y Mariano Abasolo se levantan en armas en Dolores; de ahí pasan a San Miguel y, a su paso por Atotonilco, toman por estandarte una imagen de la Virgen de Guadalupe.

20 sept. 1810    Reunido el ejército insurgente en Celaya, proclaman a Hidalgo capitán general, a Allende, teniente general, y a Aldama, mariscal.

24 sept. 1810  El obispo Abad y Queipo dicta el primer edicto de excomunión contra Hidalgo y sus compañeros, al cual siguen otros de diversos prelados y una nueva acusación de la Inquisición.

28 sept. 1810  Juan Antonio Riaño muere en la defensa de la Alhóndiga de Granaditas, en Guanajuato, tomada por las fuerzas de Miguel Hidalgo.

17 oct. 1810  Entran las fuerzas insurgentes en Valladolid.

19 oct. 1810  En Valladolid, el intendente Ansorena, por orden de Hidalgo, decreta la abolición de la esclavitud, el pago de tributos y otras gabelas impuestas a las castas.

20 oct. 1810  Morelos llega a Valladolid y, al no encontrar a Hidalgo, lo alcanza en Charo y es nombrado su lugarteniente para levantar en armas la costa Sur.

23 oct. 1810  En Tlalpujahua, se une a la insurgencia López Rayón.

24 oct. 1810  En Acambaro, Hidalgo es nombrado generalísimo. El obispo de Guadalajara, Juan Ruiz de Cabañas, excomulga a Hidalgo, Allende, Aldama, Abasolo y a quienes los ayuden.

25 oct. 1810  Morelos sale de Carácuaro e inicia su 1.ª campaña, que terminará el 16 de agosto de 1811 con la toma de Chilapa.

28 oct. 1810  Entra Hidalgo en Toluca y en el monte de las Cruces vence a Trujillo, colocándose a un paso de la Ciudad de México, de la que se aleja posteriormente.

7 nov. 1810  Hidalgo es derrotado en San Jerónimo, Aculco, y vuelve a Valladolid el día 11.

7 nov. 1810  Morelos entra en Tecpan, uniéndosele Ignacio Ayala, Juan José, Antonio y Pablo Galeana. José Antonio Torres derrota a Tomás Ignacio Villaseñor en Zacoalco.

17 nov. 1810  En nombre de Hidalgo expide Morelos un bando en el Aguacatillo suprimiendo la esclavitud, las castas y las cajas de comunidad.

26 nov. 1810  Hidalgo entra en Guadalajara y nombra a José M.ª Chico ministro de Gracia y Justicia, y a López Rayón, de Estado y Despacho.

29 nov. 1810  Decreto de Hidalgo, en Guadalajara, aboliendo la esclavitud, el pago de tributos y alcabalas, y el uso del papel sellado; suprime los estancos. El 6 de diciembre ordena se entreguen a los campesinos tierras para cultivos.

diciembre 1810  Hidalgo organiza en Guadalajara su gobierno y edita *El Despertador Americano*, que dirige Maldonado.

17 ene. 1811   El ejército insurgente es derrotado en el puente de Calderón por las fuerzas de Calleja. Hidalgo y sus compañeros van hacia el Norte. Traicionados, son hechos prisioneros en las Norias de Baján el 21 de mayo, y conducidos a Monclova y Chihuahua.

16 marzo 1811   Los insurgentes deciden en Saltillo que deben pasar a Estados Unidos. Rayón, Arrieta y Liceaga son nombrados jefes de las tropas insurgentes. Bernardo Gutiérrez de Lara es comisionado para conseguir ayuda en los Estados Unidos.

21 marzo 1811   Elizondo aprehende a Hidalgo, Allende, Jiménez y Abasolo, y los conduce a Monclova.

26 mayo 1811   Morelos toma Tixtla. Se le·une Vicente Guerrero.

26 junio 1811   Son fusilados en Chihuahua Allende, Aldama, Jiménez y otros jefes.

13 julio 1811   Morelos publica en Tixtla un bando para la emisión de moneda de cobre. Cartas de Rayón proponiendo a Morelos la creación de una junta gubernativa.

31 julio 1811   Hidalgo es fusilado en Chihuahua y se manda su cabeza a Guanajuato.

13 agosto 1811   Desde Tixtla, escribe Morelos a Rayón aprobando la idea de formar una Junta; nombra como su representante a José Sixto Verduzco.

19 agosto 1811   Se firma en Zitácuaro el acta del establecimiento de la Suprema Junta Nacional de América. Presidente, Rayón, y vocales, Liceaga y Verduzco.

noviembre 1811   Morelos sale de Chilapa e inicia su 2.ª campaña, que termina en mayo de 1812.

18 dic. 1811   Mariano Matamoros se une a Morelos en Izúcar.

19 marzo 1812   Se jura y promulga la Constitución de Cádiz.

11 abril 1812   Se publica en Sultepec el primer número de *El Ilustrador Nacional*, periódico insurgente.

30 abril 1812   Rayón envía a Morelos sus *Elementos Constitucionales* y le avisa de haberle mandado auxilios a Cuautla.

2 mayo 1812   Morelos rompe el sitio de Cuautla y marcha a Ocuituco, donde se reúne con Víctor Bravo. Hermenegildo Galeana se dirige a Tecayaque. Se prepara la 3.ª campaña.

23 mayo 1812   Es ahorcado en Guadalajara José Antonio Torres, «El Amo». Decretos de las Cortes de Cádiz para la elección de diputados provinciales y de los ayuntamientos constitucionales.

27 mayo 1812   Se publica en Sultepec el primer número de *El Ilustrador Americano*.

19 julio 1812   Primer número del *Seminario Patriótico Americano.*

4 sept. 1812   Morelos, desde Tehuacán, da su parecer a Rayón sobre sus *Elementos Constitucionales* y sobre el orden de precedencia en la Junta: 1.°, Rayón; 2.°, Verduzco y 3.°, Liceaga. Copia, fechada en este día, de los *Elementos Constitucionales.*

30 sept. 1812   Se publica en México la Constitución de Cádiz.

25 nov. 1812   Morelos, Hermenegildo Galeana, Matamoros, Nicolás Bravo y Guadalupe Victoria toman Oaxaca.

11 enero 1813   Noticia del nombramiento de Calleja como virrey, en sustitución de Venegas.

25 feb. 1813   Primer número del *Correo Americano del Sur*, en Oaxaca.

14 marzo 1813   Morelos nombra comandante militar de Ometepec a Vicente Guerrero.

7 abril 1813   Gutiérrez de Lara proclama la independencia de Texas.

12 abril 1813   Morelos ataca y entra en Acapulco. El comandante Pedro Antonio Vélez se refugia en el fuerte de San Diego.

18 mayo 1813   Desde Acapulco, Morelos escribe a Rayón y Liceaga, para que el 8 de septiembre se reúnan los vocales de la Suprema Junta en Chilpancingo, para relevarlos de su cargo.

31 mayo 1813   Se celebra una asamblea en la catedral de Oaxaca para solicitar a Morelos la creación de un Congreso nacional.

8 junio 1813   Calleja notifica el decreto de las Cortes del 22 de febrero que extingue la Inquisición.

28 junio 1813   Desde Acapulco, Morelos lanza la convocatoria para instalar un Congreso nacional en Chilpancingo.

22 agosto 1813   Muere en Acapulco fray Vicente de Santa María.

14 sept. 1813   Se inaugura el Congreso en Chilpancingo y lee el secretario de Morelos los *Sentimientos de la Nación.*

15 sept. 1813   El Congreso nombra a Morelos generalísimo, encargado del poder ejecutivo, y expide un decreto para que se le dé trato de Alteza Serenísima.

18 sept. 1813   Morelos declara disuelta la Suprema Junta. Proclama suya en la que anuncia su nombramiento de generalísimo y encargado del poder ejecutivo, y el de Matamoros, comandante en jefe de los Ejércitos del Sur.

26 sept. 1813   En Cádiz se forman las Cortes ordinarias, que se instalan el 1 de octubre.

5 oct. 1813   Decreto de Morelos, en Chilpancingo, para abolir la esclavitud.

6 nov. 1813   El Congreso de Anáhuac, reunido en Chilpancingo, proclama, en acta solemne, la Independencia de México, firmada por: Quintana Roo, López Rayón, Herrera, Bustamante, Verduzco, Liceaga y Ortiz de Zárate.

24 dic. 1813   Morelos, Matamoros, H. Galeana, Sesma, Guerrero y Sánchez de la Vega son derrotados en las Lomas de Santa María por Iturbide y Ciriaco de Llano.

5 enero 1814   Las fuerzas de Morelos son derrotadas en Puruarán. Matamoros es aprehendido por Rodríguez.

29 enero 1814   El Congreso reanuda sus sesiones en Tlacotepec.

3 feb. 1814   En Valladolid es fusilado Mariano Matamoros.

18 feb. 1814   El Congreso, reunido en Tlacotepec, destituye a Morelos de su cargo de generalísimo.

13 julio 1814   Oficialmente se constituyen las Diputaciones Provinciales de Nueva España.

22 oct. 1814   Se promulga en Apatzingán el *Decreto Constitucional para la libertad de la América Mexicana,* primera Constitución del México Independiente.

17 mayo 1815   La Audiencia de México declara traidores a los insurgentes y manda quemar todos los ejemplares de la Constitución de Apatzingán.

14 julio 1815   Morelos dirige un oficio al presidente de Estados Unidos para que reconozca la independencia de Nueva España y a su ministro plenipotenciario, José Manuel de Herrera.

5 nov. 1815   Morelos es aprehendido y llevado a Atenango del Río.

27 nov. 1815   Degradación de Morelos en la Inquisición.

22 dic. 1815   Morelos es fusilado en San Cristóbal Ecatepec.

1816   Juan Ruiz de Apodeca, nuevo virrey de Nueva España.

1817   Llega a Nueva España, impulsado por ideas liberales y antiabsolutistas, Francisco Javier Mina, quien realiza una destaca campaña en favor de la independencia. Después de varios meses de lucha, muere fusilado el 11 de noviembre de ese año.

1818   Declina la insurgencia, que apenas mantiene Guerrero.

1821   Se consuma la Independencia de México, gracias a la unión de las fuerzas de Iturbide y de Guerrero.

24 feb. 1821   Plan de Iguala.

24 agosto 1821   Tratados de Córdoba. Suponen una solución pacífica, de armonía, de la que O'Donojú es responsable en buena medida.

# APÉNDICE DOCUMENTAL

### EXPLICACIÓN PREVIA

En este apéndice documental presentamos algunos de los más salientes testimonios del movimiento emancipador mexicano, que muestran su origen, desarrollo y culminación. Aun cuando la documentación existente es enorme, esta selección revela con claridad los diferentes aspectos que la Independencia Mexicana tuvo: sociales, económicos, políticos, militares y religiosos. Muchos de ellos traslucen el pensamiento, ideas, planes, proyectos de varios de los dirigentes insurgentes, sus medidas de gobierno y decretos de alto contenido social. Otros se refieren a acciones bélicas, a la organización jurídica y política de la Nación.

Todos ellos representan la base sobre la cual está redactado el texto de esta obra, lo esclarecen, precisan y además permiten al lector penetrar directamente en el pensamiento de sus autores, en sus formas expresivas, lo cual facilita una mejor comprensión del discurso ideológico-político de esa etapa.

Estos documentos los hemos agrupado en siete apartados, a saber:

A) Antecedentes y aspectos generales.
B) La acción de don Miguel Hidalgo. Sus proclamas de sentido social. Las proclamas de igual carácter de Morelos.
C) Los intentos de organización jurídica y política. Labor de Ignacio López Rayón.
D) Don José María Morelos y su obra socio-política. Su esfuerzo constitucionalista.
E) La lucha contra el absolutismo. La presencia de Francisco Javier Mina.
F) La consumación de la Independencia mexicana. Participación de Vicente Guerrero y Agustín de Iturbide.

En el primero incorporamos una de las representaciones del Obispo electo de Michoacán, Manuel Abad y Queipo, quien fue gran amigo de Hidalgo y quien advirtió muy claramente el malestar económico y social existente en Nueva España en los inicios del XIX. Documento de alta trascendencia política es la *Representación Nacional de las colonias*, debida al religioso mercedario de origen peruano radicado en México fray Melchor de Talamantes, quien fuera uno de los ideólogos más destacados en las Juntas de 1808. La carta del marqués de Rayas al virrey Iturrigaray narra el inicio de la rebelión de Hidalgo. Rayas, como otros nobles criollos, fue partidario de la Independencia y vio con agrado la simpatía que el virrey les manifestaba.

La segunda sección la integran documentos de alta trascendencia social y política expedidos por Miguel Hidalgo al iniciarse su movimiento, y otros semejantes dados por José María Morelos. El pensamiento igualitario y fraternal que estos caudillos insurgentes imprimieron a su ideario total precisa el hondo sentido social de la emancipación mexicana.

El tercer grupo lo representan los documentos reveladores del intenso afán organizador que tuvo Ignacio López Rayón, quien, a la muerte de Hidalgo, aglutinó a las fuerzas insurgentes, unificó el mando y dio las bases jurídico-políticas para la organización del país. La aparición de diversos períodos y proclamas y la formación de una organización secreta, la de los Guadalupes, que apoyaba y difundía el ideario insurgente, débese también a la Junta, así como los primeros proyectos constitucionales. También confirmó los deseos de Hidalgo de establecer relaciones con otros países para tratar de obtener reconocimiento de México como país independiente. El *Plan de Paz y Guerra*, elaborado por el doctor en teología José María Cos, tiene un gran significado ideológico.

El cuarto apartado contiene la documentación más significativa surgida de Morelos, que se convirtió en el caudillo de la insurgencia a la muerte del señor Hidalgo. Morelos, quien fuera discípulo de Hidalgo en el colegio de San Nicolás, además de reunir condiciones de gran militar, tuvo una clara y profunda visión política, como se percibe en su enorme serie de proclamas, decretos y cartas. Dentro de esta serie incorporamos la *Declaración de Independencia* que los diputados, reunidos en Chilpancingo en noviembre de 1813, en plena guerra, redactaron y a la cual hay que considerar como más auténtica que la de 1821, dada al consumarse del todo la emancipación. Se incluye también el texto de la constitución de Apatzingán.

El quinto apartado recoge la proclama lanzada por el guerrillero navarro Francisco Javier Mina, quien llevó a América su lucha desesperada contra el absolutismo fernandino. Al apoyar la Independencia mexicana, hizo de ésta una forma de lucha, indirectamente, contra los gobiernos absolutos. La carta de Guerrero, de junio de 1817, al mariscal Ayala, guerrillero que luchaba en el centro del país, revela ya los intentos de adoptar la forma republicana y liberal. Incluimos un fragmento de las *Memorias* de fray Servando Teresa de Mier, referente a la expedición de Mina, y un fragmento de la Segunda carta al Español, del padre Mier.

En el último apartado transcribimos los documentos más salientes referentes al período en el cual Iturbide y Guerrero, habiendo unido sus fuerzas, y al frente del Ejército Trigarante, logran consumar la Independencia. Los tratados celebrados en Córdoba entre Iturbide y don Juan O'Donojú, a quien tocó ser el último virrey de Nueva España, marcan el fin de la lucha emancipadora. El *Acta de Independencia* cierra ese ciclo.

La guerra insurgente, que reforzó el sentimiento nacionalista de los mexicanos, originó a lo largo de los once años que duró una reacción antiespañola. Crueldades y excesos de la guerra enconaron los ánimos e hicieron surgir un sentimiento antiespañol que renovó los agravios que toda conquista hacer surgir. Legado y valores indígenas salieron a flote en forma radical y los intentos fallidos de reconquista exacerbaron los ánimos, así como la torpe conducta de peninsulares descontentos.

Esto originó una radicalización política que llevó al Gobierno mexicano a decretar la expulsión de los españoles radicados en México. Así, en el año de 1827 primero, y luego en el de 1829, se dictaron medidas de expulsión que afectaron a la sociedad mexicana y a su economía. En julio de 1829, Fernando VII envió al general Isidro Barradas con una fuerte armada para reconquistar México, pero aquél fracasó en su intento. Ello motivó una nueva reacción antiespañola. Muerto Ferando VII, la reina viuda María Cristina, en nombre de su hija Isabel II, reconoció «como nación libre, soberana e independiente a la República Mexicana» a través de un tratado que firmaron, en representación de los dos países, don José María Calatrava, Secretario de Estado, y don Miguel Santa María. Este reconocimiento fue hecho por el tratado firmado el 28 de diciembre de 1836.

## SUMARIO

A. *Antecedentes y aspectos generales*

1. Representación nacional de las colonias. Discurso filosófico escrito por fray Melchor de Talamantes utilizado en las Juntas de 1808.
2. Representación del obispo Manuel Abad y Queipo en el que señala el malestar existente en Nueva España, y propone medios para evitar funestas consecuencias. 30 de mayo de 1810.
3. Carta del marqués de Rayas al virrey Iturrigaray en el que informa sobre el inicio de la rebelión encabezada por Hidalgo. 12 de noviembre de 1810.

B.   *La acción de don Miguel Hidalgo. Sus proclamas de sentido social. Las procla-
     mas de igual carácter de Morelos*

   4.   Proclama del cura Hidalgo a la Nación Americana. 1810.
   5.   Decreto de Hidalgo en el que ordena la devolución de las tierras a los
        pueblos indígenas. 5 de diciembre de 1810.
   6.   Decreto de Hidalgo contra la esclavitud, las gabelas y el papel sellado.
        6 de diciembre de 1810.
   7.   Sentencia de degradación del señor Hidalgo. 27 de julio de 1811.
   8.   Bando de José María Morelos aboliendo las castas y la esclavitud. 17
        de noviembre de 1810.
   9.   Decreto de Morelos para evitar la guerra de castas. 13 de octubre de
        1810.

C.   *Los intentos de organización jurídica y política. Labor de Ignacio López Rayón*

  10.   Carta de Ignacio López Rayón y de don José María Liceaga al virrey
        Venegas en la que le señalan las finalidades del movimiento insur-
        gente. 22 de abril de 1811.
  11.   Plan de Paz y Guerra, o sea, Manifiesto de la Nación Americana a
        los europeos, elaborado por el doctor José María Cos. Marzo de
        1812.
  12.   Prospecto al *Ilustrador Nacional.* Periódico insurgente. 11 de abril de
        1812.
  13.   Decreto del virrey Venegas por el que ordena sean quemadas las pro-
        clamas insurgentes. Abril, 1812.
  14.   Intentos de establecimiento de relaciones con otros países. Política
        exterior de los insurgentes. Años 1813 y 1814.
  15.   Intentos de organización constitucional de la Junta. Los elementos
        constitucionales de Ignacio López Rayón. 4 de septiembre de 1812.

D.   *Don José María Morelos y su obra socio-política. Su esfuerzo constitucionalista*

  16.   Preparativos para la reunión del Congreso. Carta de Carlos María de
        Bustamante en la que propone se celebre en Oaxaca. 26 de mayo de
        1813.
  17.   Circular de Morelos en la que señala que la sede del Congreso estará
        en Chilpancingo, con la lista de los asistentes. Mayo, 1813.
  18.   Carta de Morelos a López Rayón, convocándolo a asistir al Congre-
        so que se reunirá en Chilpancingo. 5 de agosto de 1813.
  19.   Razonamiento del general Morelos leído al iniciarse el Congreso. 14
        de septiembre de 1813.

## Documento 1

## FRAY MELCHOR DE TALAMANTES

Representación nacional de las colonias. Discurso filosófico

### *Parte primera*

A un ministro que goza la reputación de un sabio, honrado y patriota *(jure vel injurie, Deus scit)*, se ha atribuido la expresión de que el reino de Nueva España, como colonia, no tiene representación nacional ni puede congregarse en cuerpo para organizarse y regenerar su código legislativo. Varias personas, faltas de principios, o vencidas del peso de la autoridad, han diferido a esa opinión, lo cual nos ha inducido a examinarla con alguna detención e imparcialidad.

1.   La palabra colon *(kolon)* en griego corresponde a la castellana: alimento, y a la latina: *cibus*. Si la voz colonia se derivase de aquélla, por colonia podríamos entender una población que se alimenta de las tierras en que vive y cultiva, a diferencia de las naciones mercantiles e industriosas que se alimentan de lo que les viene de fuera, y de las bárbaras o salvajes que, haciendo una vida errante toman de otras partes lo que necesitan para su subsistencia. Esto parece que quiere indicar la palabra latina: *incola*, la cual no significa tanto habitador, cuanto cultivador del terreno en que habita.

2.   Dejando a un lado etimologías, siempre fastidiosas, por colonia entendemos generalmente una población formada de los individuos o familias desmembradas de otra nación principal o de los descendientes de ellas, establecida en terreno distante de su metrópoli y dirigida por sus leyes. Estas leyes son de dos clases, que pueden distinguirse con los nombres de: coloniales y regionales. Las primeras son las que sostienen el enlace y dependencia de la península con la metrópoli; tal es en la América Española la ley que presente a todos los beneficios eclesiásticos de estos reinos; la de que no se formen nuevos cuerpos seculares o regulares, sin permiso de la real autoridad; las que prohíben, en fin, el comercio directo con los extranjeros, restringiéndolo a la península de España. Las segundas son las que se dirigen a organizar la colonia en sí misma, teniendo consideración al clima, a los alimentos, a los habitantes, tanto indígenas como colonos, y a otras circunstancias locales. Estas leyes son de tal naturaleza, que difícilmente podrían acomodarse a la metrópoli, y a su clase se refiere, por ejemplo, las que tratan en México del orden de las pulquerías y expendio del pulque; de los privilegios, tributos y demás cargas de los indios; de las imposiciones sobre diversos ramos de comercio interior, etcétera.

3.   Las naciones poderosas del orbe se han portado en todos los tiempos de diferentes maneras con sus colonias. Reducido el género humano por el diluvio o una corta familia, se hizo después en el Asia una sociedad considerable, que, oprimiéndose a sí misma por el crecido aumento que iba tomando, hubo de dividirse en muchas ramas que se extendieron por la superficie del globo. Estas pequeñas sociedades, desmembradas de la sociedad principal, no es dudable que, establecida su nueva habitación, conservarían por algunos años las leyes, usos y costumbres que recibieron tradicionalmente de sus padres; pero con el transcurso del tiempo, la fuerza del clima, la clase de terreno, el género de alimentos, la variedad de ocupaciones, las nuevas ocupaciones y necesidades, el diferente temple y alcance de los espíritus, genios y talentos, y también la corrupción de costumbres, les obligaron a adoptar reglas para su gobierno,

resultando una enorme desemejanza con la sociedad matriz, y esa variedad casi infinita que admiramos en los puntos principales de la legislación y en los dogmas del culto y de la creencia religiosa. Por ello es que todas esas primeras colonias que poblaron el universo fueron de suyo independientes, y si no queremos ofender al sagrado texto, debemos confesar que su independencia fue autorizada y prescrita por el mismo Dios, que introduciendo la diversidad de lenguas, las obligó a separarse, y que, haciendo como imposible la mutua comunicación, las constituyó en otras tantas naciones libres e independientes las unas de las otras.

En los siglos posteriores vemos aparecer diferentes colonias en varias partes del mundo conocido: tales fueron los griegos respecto de los egipcios, los cartagineses respecto de los fenicios, y si hemos de creer al primer poeta de los latinos, los romanos respecto de los griegos; colonias todas que desde el momento de su erección se hicieron independientes de su origen, para ser después, como lo sabemos, naciones poderosas, opulentas y respetables.

Puede dudarse si merecieron el título de colonias las que lo fueron de los romanos. El universo se hallaba entonces muy poblado, las naciones todas tenían su administración pública, gozaban de la independencia que les había dado la naturaleza o que habían adquirido con la fuerza de sus brazos, y se mantenían tranquilas en el terreno de que eran poseedoras y legítimos dueños. Si la ambición romana pudo subyugarlas, esto les daría más bien el título de conquistas que de rigurosas colonias.

Pero no deteniéndonos en el uso de la voz, y reputándolas por todas, esas colonias de los romanos gozaron privilegios y exenciones que pudieron consolarlas algún tanto en la pérdida de su libertad, y surgieron cargas que les hacían de otro lado insoportable el yugo del conquistador.

Baste para lo primero, el privilegio de ciudadano que gozaban algunas provincias, por el cual sus individuos eran hábiles para la administración pública, y en efecto, en uso de este privilegio fueron ensalzados a las plazas del senado y aun al mismo imperio algunos españoles. Para lo segundo, no será necesario más que recordar los enormes impuestos y trabajos públicos a que estaban condenadas las provincias, y esa cruel y escandalosa usura que ejercían los gobernadores para satisfacer la desenfrenada codicia y exorbitante lujo de los magnates de Roma, no habiendo estado exento de esa mancha el inmoral Cicerón.

Las naciones cultas de estos últimos siglos han sido seguramente las más bárbaras que se conocen en el gobierno de sus colonias. No puede leerse sin horror lo que se ha publicado de los holandeses, ingleses y franceses en sus posesiones de ambas Indias. La crueldad más feroz, la más atroz perfidia y el libertinaje más desenfrenado han sido los medios de que se han valido para mantener en la dependencia a estos infelices habitantes: como si no hubiese otro arbitrio para sujetar a los hombres que llevar a su colmo el despotismo. Cuando no se les ha hecho gemir bajo la opresión más dura, derramar su sangre con profusión y perder irreparablemente sus bienes, se les ha corrompido funestamente con la molicie y licencia de costumbres. Tales han sido las obras de esas naciones, que se precian de cultas y políticas. Su civilización no les ha servido más que para empeñarse en tender un velo sobre tan enormes injusticias; pero las voces de la naturaleza y de la humanidad, haciéndose escuchar por todos los confines del universo, han revelado esos monstruosos atentados y cubierto de ignaminia a sus autores.

4. España, la más sabia, la más prudente, la más benigna, la más religiosa de todas las naciones del orbe, ha observado con sus colonias una conducta muy diferente. Ella ha sabido conservarlas sin oprimirlas; aprovecharse de sus frutos y riquezas, evitando su destrucción; refrenar a los habitantes por medio de las leyes, permitiéndoles una libertad moderada, y fijar su adhesión, amor y reconocimiento conce diéndoles todas las prerrogativas que gozan los individuos de la metrópoli. El americano es tan ciudadano como el europeo, y se ve a uno y otro a cada paso alternar en los primeros empleos del reino, y elevar ambos su voz en los primeros tribunales y consejos de la nación. Unidos en América y Europa, penetrados de unos mismos principios y sentimientos, la vasta extensión de los mares no ha podido dividirlos, ni embarazar que formen siempre un mismo cuerpo bien organizado. ¡Conformidad admirable!, que nunca ha resplandecido más que en el tiempo presente, en que las provincias de América, sin haberse comunicado mutuamente sus resoluciones, ni haber esperado a tener puntuales noticias del modo de pensar de las de la península, han procedido todas con tal identidad de operaciones, que parecería increíble si no lo experimentásemos.

Tan poderosa ha sido la influencia de la buena legislación de Indias, que ha causado esos efectos portentosos, a pesar de las graves faltas que de tiempo en tiempo ha cometido el gobierno español. Sí: confesémoslo con sinceridad. Si el gobierno no hubiese observado frecuentemente la máxima de colocar sólo europeos en las primeras dignidades de las Indias; si no hubiese mostrado cierta desconfianza de la lealtad y fidelidad de los americanos; si algunos ministros no hubiesen asentado por principio que convenía tenerlos faltos de ilustración; si no se hubiese puesto especial empeño en dar la mayor parte de empleos en tribunales y oficinas a los españoles de la península, arrebatando a los criollos los destinos que deberían gozar dentro de su país; si algunos prelados aclesiásticos no hubiesen manifestado una odiosa antipatía para con los criollos, y olvidados de su carácter episcopal, no hubiesen colocado en los primeros beneficios y prebendas de las iglesias a sus ahijados y domésticos traídos de Europa, por muy faltos de mérito que hayan sido, posponiendo a otros eclesiásticos del reino, distinguidos por sus luces y extraordinario servicio a la iglesia y al Estado; si en las causas entre europeos y americanos se hubiese procedido siempre con la más rigurosa imparcialidad; si los particulares de Europa, nutridos de las ideas que reinan en las personas más distinguidas de la península, no hubiesen mirado a los criollos con un desprecio decidido, y aspirado a tener sobre éstos una superioridad absoluta; si se hubiese consultado más bien al beneficio de las Américas, que a sacar de ellas a toda costa cuanto dinero se pudiese, sin escuchar, como ha sucedido a las veces, los clamores de los particulares, de las familias y de los cuerpos; si, por último, la balanza del comercio hubiese estado inclinada indistintamente hacia la Europa y hacia la América, sin haber procurado mantener a ésta en un comercio puramente pasivo, embarazando su industria y protegiendo el monopolio y agiotaje ejercido por los europeos, con irreparables perjuicios de los habitantes de las Indias; si se hubiesen, digo, evitado todas estas faltas y algunas otras que ha cometido el gobierno, la buena administración de las Américas, junto a la excelente legislación que tienen, hubiera cortado de raíz todos los celos y rivalidades que hemos visto nacer en perjuicio de ese amor cordial e íntimo que debe reinar entre individuos de una misma nación, por cuyas venas circula una misma sangre, y en cuyos espíritus influyen los mismos sentimientos de religión y patriotismo.

5. Mas es llegado el caso de que todas esas quejas, por muy justas que parezcan, hayan terminado por sí mismas. Los americanos y europeos residentes en Indias no componen ya sino un solo cuerpo, cuyas partes no podrán sostenerse mutuamente sino por la unión y armonía: todos ellos deben mirarse igualmente como naturales del país. Si el americano puede notar al europeo de haber nacido fuera de las Américas, el europeo a su vez puede imponer al criollo la nota de que sus padres tuvieron la misma falta, y que ellos no han debido la existencia sino a españoles emigrados de la península. Deben pues cesar desde el momento todas las disputas y competencias suscitadas entre unos y otros: la causa es común, y los daños de la desunión serían comunes y sumamente funestos a unos y otros.

Pero de nada nos serviría aspirar a unos fines tan nobles y necesarios, si dejamos vegetar entre nosotros esas semillas de enemistad que destruyen las sociedades, esto es, esa ambición desordenada de algunos ministros, que los ciega sobre sus propios intereses y los del público; esas pretensiones tan exorbitantes como odiosas al pueblo, al cual intentan dar la ley arbitrariamente y manejar a su antojo; ese empeño de sobreponerse unos a otros, mortificando a los débiles, moderados y prudentes que gimen en el silencio; esas acriminaciones mutuas con que se van encendiendo los odios, el encono y el fuego de la venganza; en fin, esas disposiciones hostiles, tomadas secretamente por muchos con ofensa de los tribunales y jueces, y con enorme injuria de las pacíficas poblaciones de esta América, donde todo individuo debe creerse bastante seguro. Unidos de esta manera, los ánimos estarán capaces de aspirar con suceso a la salud y defensa de la patria, que es el primer paso de la representación nacional para la cual vamos a sostener que están hábiles y debidamente autorizadas las colonias.

6. Desde el punto mismo en que se nos hizo saber que los reinos de España se habían cedido a una potencia extranjera; que las Américas a una voz han resistido a esta nueva y violenta dominación; que han desaparecido para ellas, como de improviso, los tribunales supremos destinados para el arreglo y conservación de las Indias; se han roto del todo para nosotros los vínculos con la metrópoli; las leyes coloniales que nos unían a ella y nos tenían dependientes han cesado enteramente, y no subsisten para dirigirnos sino las leyes puramente regionales. En vano algunos ministros, o vergonzosamente tímidos, o demasiado ambiciosos, o ignorantes de los principios elementales del derecho público, han querido persuadir que esas leyes coloniales pueden suplirse con facilidad, y que debe dejarse al tiempo, a la suerte y a la providencia el suplemento de otras que no pudiesen suplirse por lo pronto. Podría decírseles que la prudencia gubernativa debe prevenirlo todo en los negocios interesantes al Estado, que debe consultar a lo futuro en cuanto es permitido a la previsión y alcance de los hombres, y que nada debe quedar expuesto a los resultados de la casualidad o de la contingencia.

Se les podría añadir justamente que si todas o algunas de las leyes coloniales han podido suplirse en las Indias después de la falta de la metrópoli, por el mismo hecho quedan estos reinos independientes de su matriz, y han podido dirigirse y organizarse sin influjo ni determinación de aquélla: en cuyo caso, las Américas, sin embargo, de ser colonias, tienen actualmente representación nacional.

7. Se les podría preguntar, por último, ¿qué autoridad ha influido en el suplemento de esas leyes? ¿Será acaso la de la legislación sola, o del mismo código de las Indias como aseguran algunos ministros? En este caso, resultan dos consecuencias; primera: que el código de las Indias habilita a las Américas para que tengan representación nacional con independencia de su metrópoli; segunda: que dicho código es vicioso en sí mismo, puesto que falta a su principal objeto que es mantener a las colonias perpetuamente sujetas a su metrópoli. Más lo cierto es que el código de las Indias tan ponderado al presente, como que se quiere que sirva de asilo a una autoridad quimérica, no habla una sola palabra de semejante suplemento; que él no previó ni pudo prever jamás los lances tan difíciles e inesperados en que nos hallamos; y que ni remotamente asoma en él disposición alguna relativa a la organización que deben tomar las Américas, impedida, como ahora lo está, la autoridad del rey legítimo y resistiéndose ellas a reconocer una dominación extranjera.

8. Tampoco se puede asegurar que el suplemento de esas leyes se haya hecho por la autoridad pública. Por descontado, esta proposición es entera-

mente falsa, pues en efecto nada se ha dispuesto sobre las leyes relativas a la conservación y fomento del erario; nada acerca de los impuestos públicos que deben permanecer, que deben quitarse, o que deben exigirse de nuevo; nada acerca de las provisiones de empleos seculares, distinciones y gracias de los beneméritos; nada últimamente para no detenernos, del régimen de las iglesias, presentación y provisión de obispados y demás piezas eclesiásticas.

Pero suponiendo que todas estas leyes y muchas otras que nos faltan, se hayan suplido por la autoridad pública, se podría preguntar inmediatamente ¿qué autoridad ha sido ésta tan poderosa? ¿Será acaso la del virrey? Pero nadie ha reconocido jamás en él semejante potestad; sus facultades sabemos todos que son puramente ejecutivas, que en este único punto puede representar al monarca, y que no pudiendo por sí mismo alterar en lo más leve los reglamentos, constituciones y costumbres de los cuerpos [según se le dijo poco ha por el consejo de Indias, improbando sus procedimientos sobre introducir nuevo método de elecciones en el consulado de México], mucho menos podrá variar las leyes fundamentales del reino, ni dictar otras nuevas.

9. ¿Será acaso la autoridad de las audiencias? No hay duda que los ministros de la de México defienden vivamente que en ellos reside tan elevada potestad, y que representando al rey, pueden derogar unas leyes, reformar otras, expedir nuevas y suplir las que faltasen. Causa risa desde luego ver salir esta opinión del sino de un tribunal erigido únicamente para dar a cada uno su derecho, para hacer observar las leyes, observarlas él mismo escrupulosamente, como que son la que le dirigen y le dan toda su autoridad, y que aun en el ejercicio de ésta, dependen de otros tribunales superiores. Dejemos para otro tiempo impugnar de intento esta opinión aristocrática, sediciosa y perjudicial al Estado; esa opinión, por la cual se dan sus autores una potestad soberana, de que pudieran usar otras audiencias en las provincias de su adminstración con imponderable perjuicio de las Américas y división de sus fieles habitantes.

Consideremos solamente que si la audiencia de México puede dictar esas nuevas leyes generales, o, lo que es lo mismo, suplir las leyes coloniales que están al presente sin uso, con inmenso perjuicio del reino, se inferirá de aquí inmediatamente que si en las Américas ha habido semejante potestad, ha habido y hay sin duda representación nacional. Porque ¿no es a nombre de la nación, es decir, de este reino, a nombre del cual y por cuyo solo beneficio se han expedido esas nuevas determinaciones? ¿Dónde está, pues, la incompatibilidad de las Américas para tener representación nacional, si los mismos que la niegan se aprovechan de ella para dar fuerza a sus resoluciones?

Si los ministros de la audiencia de México dijesen, como han solido decirlo, que ellos no tratan de obrar a nombre del pueblo, sino del rey cuya autoridad representan, se les diría que no existiendo el rey civilmente en la nación, tampoco pueden existir sus representantes; que para obrar de esa manera,

necesitan exhibir los poderes que el rey en este especial asunto, nuevo enteramente para ellos, los hubiese comunicado; que deben probar ante todas cosas
que hay en el rey facultad para ceder a un cuerpo o tribunal de la nación el
poder legislativo que le es privativo. Se les advertirá también que ellos sólo han
representado al rey en una pequeña parte del poder judiciario, sumamente inferior y siempre dependiente del legislativo; se les obligaría, por último, a que
exhibiesen sus títulos donde están señalados los límites de sus facultades, a que
recordasen las leyes del reino relativas a las audiencias que determinan la autoridad de éstas, y aun los artículos del reglamento que se lee en ellas todos
los años; y se verá por todo ello que si han usado de la facultad de suplir las
leyes coloniales, no ha podido ser de otra manera que representando al cuerpo
de la nación. Pero como esta representación, a que ellos deben ocurrir para
cimentar sus providencias, es de suyo supuesta y quimérica, lo que nos está
demostrando claramente la conducta de dichos ministros, es que hay actualmente necesidad de reformar y dar más extensión al código legislativo, y que
en las Américas, sin embargo, de ser colonias, hay representación nacional.

10.  Mas para proceder en este grave asunto con la debida claridad y
exactitud, y para que se vea que no es un espíritu de contradicción, sino un
verdadero amor a la patria, dirigido de las luces competentes, el que influye en
nuestras opiniones, expondremos la idea que debe formarse, y han formado los
publicistas y políticos, de la representación nacional. Se entiende por ella el
derecho que goza una sociedad para que se le mire como separada, libre e independiente de cualquiera otra nación. Este derecho pende de tres principios,
de la naturaleza, de la fuerza y de la política.

La naturaleza ha dividido las naciones por medio de los mares, de los ríos,
de las montañas, de la diversidad de climas, de la variedad de lenguas, etcétera,
y bajo de este aspecto, las Américas tienen representación nacional, como que
están naturalmente separadas de las otras naciones, mucho más de lo que están
entre sí los reyes de la Europa.

Por la fuerza, las naciones se ponen en estado de resistir a los enemigos,
vencerlos, aprisionarnos e imponerles la ley de que abandonen el terreno usurpado, cesen en sus agresiones y reparen los daños cometidos. Consideradas las
Américas por este principio, nadie puede dudar que tengan representación nacional, habiendo resistido de hecho en muchas ocasiones las acometidas de las
potencias extranjeras, de las cuales han triunfado gloriosamente. Con especiali-
dad, es particular esta prerrogativa en la Nueva España, que sobre sus grandes
riquezas y recursos, sobre el número considerable de sus habitantes, tiene la
excelente disposición de su terreno, menos accesible que las demás provincias
de América a los asaltos del enemigo.

La representación nacional que da la política, pende únicamente del derecho cívico, o lo que es lo mismo, de la cualidad de ciudadano que las leyes

conceden a ciertos individuos del Estado. Esta cualidad de ciudadano, según la define Aristóteles, y después de él todos los políticos, consiste en la facultad de concurrir activa y pasivamente a la administración pública. Se concurre activamente nombrando o eligiendo a aquellos que deben gobernar, o aprobando y confirmando a aquellos que se hallan en posesión; se concurre pasivamente siendo elegido, nombrado, aprobado o confirmado por los demás para el mismo destino.

El pueblo ínfimo, en ninguna nación verdaderamente culta goza de este derecho de ciudadano; porque su rusticidad, ignorancia, grosería, indigencia y la dependencia necesaria en que se halla respecto de los hombres ilustrados y poderosos, lo hacen indigno de tan excelente cualidad, que exige una libertad verdadera, incompatible con la ignorancia y la mendicidad. Por esta causa, el gobierno de la república romana fue viciado y defectuoso desde sus principios, y de ella misma manaron los infinitos desórdenes y males que inundaron la nación francesa en el tiempo de su revolución. El principal error político de Rousseau, en su *Contrato social*, consiste en haber llamado indistintamente al pueblo al ejercicio de la soberanía, siendo cierto que aun cuando él tenga derechos a ella, debe considerársele siempre como menor, que por sí mismo no es capaz de sostenerla, necesitando por su ignorancia e impotencia emplear la voz de sus tutores, esto es, de sus verdaderos y legítimos representantes.

Ahora bien: la práctica constante de la España con sus Américas ha sido elevar a los americanos a toda clase de dignidades; esto mismo les conceden las leyes sin distinción alguna respecto de los españoles de Europa; ellos igualmente son llamados a toda clase de elecciones como vocales legítimos; las ciudades capitales de las Indias tienen declarado voto y lugar en cortes, es decir, pueden tener parte en las deliberaciones y resoluciones que tocan al bien general de la nación; las ciudades menores y las villas gozan asimismo del derecho de asistencia y voz en las juntas de estos reinos, según previene la ley segunda del libro octavo de la recopilación. Luego no se puede poner en duda que las Américas, aun en el estado de colonias, están hábiles para tomar la representación nacional que puede dar la política.

A esta representación es consiguiente la facultad de organizarse a sí mismas, de reglar y cimentar la administración pública cuando los lances lo exigen, de reponer las leyes que faltasen, enmendar las defectuosas, anular las perjudiciales y expedir otras nuevas; de consultar finalmente por todos los medios posibles a su propia conservación, felicidad, defensa y seguridad. Pero ¿en qué caso podrá esto suceder legítimamente en las Américas? Para resolver esta duda es necesaria una discusión especial, que será el asunto de la segunda parte de este discurso.

*Parte segunda*

Cómo la representación nacional, la libertad e independencia de cualquiera otra nación son cosas casi idénticas; siempre que las colonias puedan legítimamente hacerse independientes separándose de sus metrópolis, serán también capaces de tomar la representación nacional. Veamos, pues, si hay algunos casos en que esa separación pueda verificarse sin injusticia.

## CASOS EN QUE LAS COLONIAS PUEDEN LEGÍTIMAMENTE SEPARARSE DE SUS METRÓPOLIS

### I
#### *Cuando las colonias se bastan a sí mismas*

La necesidad y libertad, incompatibles entre sí, sirven mutuamente de medida; cuando crece la primera se disminuye la segunda, y el aumento de la una es disminución de la otra. En la bienaventuranza, donde la libertad es consumada, absoluta y sin límites, la necesidad es ninguna, porque se poseen allí todos los bienes. En la tierra, la libertad más perfecta es la del verdadero justo, porque éste nada desea, ni de nada necesita. Pero un hombre falto de fuerzas para defenderse, de luces para dirigirse y de bienes para sostenerse, semejante a un niño, carecerá precisamente de libertad, porque su misma importancia lo obliga a depender del auxilio ajeno, aquel que siendo ilustrado, robusto y poderoso, no debe sujetarse al arbitrio y dirección de los demás hombres, si no es solamente a la dirección de la sociedad, que de suyo es más sabia y poderosa que cada uno de sus individuos.

Esta regla, fundada en la naturaleza, y que es la medida de la libertad individual, lo es también de la libertad nacional, y por ella deben dirigirse las colonias para constituirse independientes. Si una colonia tiene dentro de sí misma todos los recursos y facultades para el sustento, conservación y felicidad de sus habitantes; si su ilustración es tal, que pueda encargarse de su propio gobierno, organizar a la sociedad entera, y dictar las leyes más convenientes para la seguridad pública; si sus fuerzas o sus arbitrios son bastantes para resistir a los enemigos que la acometan; semejante sociedad, capaz por sí misma de no depender de otra, está autorizada por la naturaleza para separarse de su metrópoli. Es como un hombre en el estado varonil, a quien la misma naturaleza y las leyes han separado de la autoridad paterna.

No entraré en decidir si el reino de Nueva España se halla en este caso; indáguenlo otros que tengan más tiempo para ello y gusten de estos pormenores, entretanto que yo, reflexionando únicamente como filósofo, expongo las reglas generales.

## II

*Cuando las colonias son iguales, o más poderosas que sus metrópolis*

La dependencia no puede subsistir entre personas iguales; mucho menos puede verificarse en el superior respecto del inferior. Si llegase, pues, el caso de que una colonia se pusiese a nivel de su metrópoli, o la excediese en algunos puntos, por este solo hecho quedaría libre y separada de ella.

Esta igualdad política no es una igualdad metafísica o matemática, la cual es inverificable entre dos naciones, cualesquiera que se supongan; es, sí una igualdad de aproximación que consiste más bien en los recursos y facultades que en los hechos y las acciones. Es como la igualdad que habría entre dos hombres poderosos, de los cuales el uno tuviese mucho numerario sin otro recurso, y el otro tuviese crédito y recursos que pudiesen darle igual cantidad, sin poseer en efectivo dinero alguno.

Entre las naciones, lo mismo que en los individuos, las facultades de una pueden corresponder a los actos posesorios de la otra. Por ejemplo, la Nueva España carece de vinos, que recibe en abundancia de su metrópoli; pero tiene en compensación otros efectos, como la grana, de que carece aquélla; tiene además en dinero o metales, el equivalente para adquirirlo, y excelentes terrenos para cosecharlo. El mismo reino de Nueva España no iguala en número de habitantes a la península; pero goza, de otro lado, de las mejores proporciones para aumentar excesivamente su población. Esta correspondencia entre las facultades de una nación y las riquezas o poder efectivo de la otra es lo que se llama igualdad política.

## III

*Cuando las colonias difícilmente pueden ser gobernadas por sus metrópolis*

La superioridad no es tanto una preeminencia o prerrogativa, cuanto un gravamen o una obligación: es un deber impuesto a la parte más ilustrada y poderosa del género humano, para dirigir, sostener y proteger a la otra parte débil e ignorante. Así, la dependencia en que se halla el inferior es a beneficio del mismo: carece desde luego de una gran parte de su libertad; pero reporta de otro lado la ventaja de gozar tranquilamente de los bienes que le son permitidos y estar a cubierto de los males que puedan amenazarle.

Pero si el superior no es capaz de llenar debidamente esta obligación, y hubiese de quedar de consiguiente el inferior expuesto a todos los daños que debe traerle la falta de protección y de gobierno, podrá entonces, o dirigirse por sí mismo, si fuere capaz de ello, o ponerse bajo la dependencia de otro.

En igual caso pueden hallarse las colonias respecto de sus metrópolis; esto es, que el gobierno sea difícil e inasequible en éstas para con aquéllas, como si faltase en España enteramente la marina, si una peste general u otro accidente imprevisto hubiese arrebatado a los hombres sabios e ilustrados, si las provincias en la península en un estado de sublevación general tuviesen al gobierno enteramente ocupado e impedido para gobernar las Américas, etcétera. En estos casos las colonias podrían legítimamente declararse libres e independientes, porque el bien de la sociedad y su conservación es una ley superior a todas las demás.

### IV

*Cuando el simple gobierno de la metrópoli es incompatible con el bien general de las colonias*

Si la sola falta de gobierno es motivo bastante para autorizar la independencia, si el superior pierde el derecho de mandar cuando sus órdenes difícilmente pueden expedirse o ejecutarse, con mucha mayor razón perderá el mismo derecho cuando sus órdenes o direcciones son perjudiciales o se oponen al bien del inferior. Como la dependencia, según se ha dicho, es instituida en beneficio y conservación del que obedece, éste se ve autorizado para ponerse en libertad siempre que le resulta todo lo contrario y no le queda otro arbitrio justo para salvarse.

Igual y aun mucho mayor es el derecho de las sociedades o colonias en semejantes casos, respecto a que no se trata del bien de un solo particular, sino del de infinitos particulares y familias y aun del bien de las generaciones futuras.

Para hacer más sensible la verdad de este principio bastará el siguiente ejemplo. Si una metrópoli hubiese declarado la guerra y la siguiese obstinadamente con otra nación sumamente poderosa, a la cual fuese difícil resistir, y de ello resultasen graves males, las colonias, envueltas en las desgracias de su metrópoli, deberían padecer considerablemente y exponer su libertad y seguridad. El gobierno de la metrópoli en este caso les sería perjudicial, y la unión con ella sería la verdadera causa de todos sus males. En esta hipótesis las colonias estarían autorizadas para separarse, como lo está el inferior para romper la dependencia de un superior cuya ruina está próxima y ha de llevarse de encuentro la de todos los que se le acercan.

V

*Cuando las metrópolis son opresoras de sus colonias*

La superioridad supone amor, benevolencia, protección con el inferior; supone también imparcialidad y justicia. Estas cualidades faltan enteramente en el estado de opresión. El opresor es entonces un enemigo que, consultando sólo a su propia utilidad, se desentiende de los males que causa al desgraciado dependiente y aun procura multiplicarlos y agravarlos para convertirlos en sus propias ventajas. ¡Qué confianza se podrá tener entonces en el que manda! Y sin esta confianza, ¿cómo podrá subsistir la obediencia? Debe, pues, cesar entonces la obligación de obedecer. Si el inferior ocurriese sólo al derecho natural que le favorece en esa situación, podría, consultando a su conservación, a que todo viviente propende por instinto, acabar con su opresor; así, el menor mal que legítimamente puede causarle es apartarse de él, evitar su inmediación y desconocer su autoridad.

Este es puntualmente uno de los casos en que ordinariamente se hallan las colonias respecto de sus metrópolis. A las de los romanos bastó esta sola causa para desprenderse de la corpulenta masa de ese grande imperio. La conducta de Holanda con la España es justificable por lo mismo, atendidas las crueldades y despotismo de Felipe II. La República de los Estados Unidos de América no apoyó en otro título su independencia de la Gran Bretaña. Cualquiera que sepa el cruel tratamiento que daban los franceses a sus negros en la isla de Santo Domingo no se atreverá a acusarlos de rebeldes, ni a improbar la independencia que han logrado. Toda Europa, y aun la misma España, ha clamado contra el gobierno tiránico de los ingleses en sus posesiones de la India, y nadie creo que se encargaría de censurarlas porque sacudiesen ese yugo opresor. Luego es constante que las naciones todas, sostenidas de la razón y del derecho natural, están conformes en reconocer la verdad del principio que hemos asentado; esto es: que las colonias pueden legítimamente declararse independientes cuando es opresor el gobierno de sus metrópolis.

VI

*Cuando la metrópoli ha adoptado otra constitución política*

La existencia de las naciones es muy diferente de la existencia física. Una nación puede constar de los mismos individuos y familias que antes la componían, y sin embargo, tener una representación nacional muy diferente, que la haga reconocer por los demás pueblos como absolutamente diversa. Esta variedad nace de la diversa forma de gobierno o de la mudanza en la constitución política, como si se pasase en España del Estado monárquico al despótico, del republicano puro a cualquiera de sus diferentes formas.

En estas mutaciones deja de existir políticamente la metrópoli, faltándole aquella primera representación que le daba lugar y la distinguía entre las demás naciones del orbe; de la misma manera que si de una porción de cera se labrasen sucesivamente dos figuras diferentes, cesaría la primera desde el momento que se comunicase la segunda.

Verificado este caso, las colonias quedarían por el mismo hecho independientes y libres; porque faltaría aquel gobierno al cual habían prestado la obediencia, es decir, porque ya no existía su verdadera metrópoli. Sostener lo contrario sería pretender con la mayor extravagancia que las colonias dependen de la arbitraria disposición de los individuos que componen el primer cuerpo de la nación, lo cual es absolutamente falso, porque entonces sería preciso suponer que cada individuo de la metrópoli tiene una decidida superioridad sobre los habitantes de la colonia, lo cual es un grave error político, especialmente en la legislación española.

## VII

*Cuando las primeras provincias que forman el cuerpo principal de la metrópoli se hacen entre sí independientes*

La metrópli, en este caso, varía de constitución política, subdivide en formas diferentes: el cuerpo principal de la nación avezado por su respectivo gobierno, deja de existir usando los mismos fundamentos que en el caso anterior.

Pero hay, fuera de esos, otros fundamentos más graves. Sea el primero que las colonias no tienen menos derecho para declararse libres e independientes y consultar a su propia felicidad organizando su gobierno interior, que el que tienen las demás provincias principales de la nación; y si a éstas fue permitido desmembrarse del cuerpo principal y separarse mutuamente, con igual razón podrá verificarse lo mismo en las colonias. Así, en la disolución del imperio romano cada una de sus provincias se constituyó en reino diferente, y de un solo imperio que dominaba en toda la Europa se formaron muchos poderosos y respetables.

No sería fuera del caso inquirir aquí si las provincias de España se hallan en circunstancias que acaso las obliguen a erigirse en cuerpos independientes. ¡Ojalá no suceda jamás esta división, que debilitaría extremadamente las fuerzas de la monarquía, haciendo de un reino vasto y opulento muchos reinos débiles, sin dignidad y sin vigor! Pero los días calamitosos en que nos hallamos nos deben hacer temer mucho y prevenir con anticipación este lance.

La nación se ve rigurosamente en la anarquía; ella ha constado hasta aquí de provincias que gozan de diferentes leyes, fueros y privilegios; en la mayor parte de estas provincias domina un carácter de tenacidad que no les permite apartarse un punto de sus constumbres primitivas; domina cierto genio de libertad y entereza que les haría insoportable el yugo de las demás privincias. Hay, además de eso, una decidida rivalidad entre algunas, como entre el portugués y el castellano, en el vizcaíno con el andaluz y montañés, entre el valenciano y el navarro, etcétera.

Si con estas disposiciones, faltando en España, como es casi de hecho, la familia de Borbón, se tratase de elegir nuevo rey y elevar al trono una familia nacional, sería consiguiente la división de las provincias, aspirando cada una a la elevación de las suyas; la ambición de los magnates, resentida por la preferencia de aquel que miraban antes como igual, y ansiosa también de dominar, aprovecharía esta ocasión para tomar el mando de sus respectivas provincias, las cuales, erigidas en reino, aceptarían con gusto la nueva dominación. Cada una de ellas imploraría también en este caso auxilio de la Francia, que aun sin ser llamada, fomentaría por su parte una división que iba a debilitar en gran manera a la poderosa nación española, su vecina y rival.

Y ¿cuál sería entonces la suerte de las Américas? ¿A cuál de las provincias de España deberían reconocer por metrópli? A ninguna ciertamente. Porque no podrían someterse a una sin perjuicio de los derechos de la otra, porque si se sometiese, por ejemplo, a las Castillas, a las cuales parecen estar vinculadas las Américas por las leyes de Indias, se expondrían a tomar la ley de un reino débil y falto al presente de población de un reino interior y distante de las costas, que, careciendo de puertos y marina, no se hallaría en estado de gobernarnos, resultando, de consiguiente, los inconvenientes alegados en el segundo y tercer caso, esto es: de sujetarse a un igual o inferior, y depender de un gobierno no difícil; porque obedeciendo las Américas más bien a una provincia de la metrópoli que a cualquiera de las otras, se les acusaría justamente de una parcialidad odiosa; últimamente, porque habitando hoy en las Américas considerable número de europeos de diferentes provincias y reinos de España, si ellas reconociesen con preferencia la superioridad de una de aquellas provincias, atraerían a su seno la compentencia, la rivalidad y la discordia que les causarían daños irreparables. Por eso ha sido justísima y muy sabia la resolución de la junta general de México, de 9 de agosto del presente año, en que se juramentaron todos sus individuos para no reconocer la autoridad de ninguna de las juntas supremas que se han formado en la metrópoli; y esta resolución debería llevarse a cabo aun cuando algunas de dichas juntas estuviere debidamente autorizada, si no llegase el caso de ser reconocida por todas las demás.

## VIII

*Cuando la metrópoli se sometiese voluntariamente
a una dominación extranjera*

En este caso, cesa la representación nacional de la metrópoli, formando cuerpo con una nación extraña; del estado de libertad y soberanía que antes gozaba, pasa a un estado de subordinación y dependencia; su constitución política ha variado enteramente; y si se ha creído en necesidad de sufrir las leyes de otra potencia, no queda ella misma capaz de dictarlas. Inhábil, pues, por todos estos capítulos para gobernar sus colonias, y habiendo renunciado tácitamente al derecho de mandarlas, quedan éstas legítimamente expeditas para gobernarse a sí mismas, y constituirse independientes.

Si constase que la abdicación de los dominios españoles hecha por Carlos IV y sus hijos en el emperador francés, hubiese sido voluntaria y con plena deliberación; si aun cuando faltasen esas cualidades, constase que la metrópoli había admitido la nueva dominación, autorizados entonces los dominios de Indias para repeler las pretensiones del gobierno francés y resistirlo, lo estarían igualmente para desprenderse de su metrópoli y proclamar su independencia. La situación en que nos hallamos, es a poco más o menos la que se ha expuesto, y así se ha procedido con suma justicia por el gobierno de Nueva España en no obedecer orden alguna que nos venga de la península en este tiempo turbulento.

## IX

*Cuando la metrópoli fuese subyugada por otra nación*

Cesa igualmente en este caso la representación nacional de la metrópoli; la fuerza ha decidido de su destino; se halla en estado de sufrir la ley que le dicte el conquistador, y no habiendo sido capaz de defenderse a sí misma y sostener su independencia, mucho menos puede estarlo para ejercer sobre sus colonias el derecho de protección y la autoridad gubernativa. Destituida, pues, de estas cualidades, no debe ya reconocérsela como metrópoli; y las colonias quedan por el mismo hecho legítimamente habilitadas para la independencia.

Pero ¿qué deberá resolverse en caso de no haber sido sujetas por la fuerza del conquistador todas las provincias principales de la nación? ¿Se podrá decir entonces que ha sido subyugada la metrópoli y que pueden sus colonias constituirse independientes? La resolución de esta duda pende de la idea que debe darse a la palabra metrópoli. Aunque en el uso común y en el lenguaje colonial entendemos generalmente por metrópoli el reino principal de la nación, y aunque es cierto de consiguiente que, conquistado este reino por otra potencia, las colonias entran inmediatamente en la independencia, por metrópoli se entiende rigurosamente la ciudad capital, corte del reino, residencia del gobierno soberano y de las primeras autoridades constituidas. Si esta metópoli ha sido conquistada, y las cabezas del reino han cedido a la fuerza pudiendo las demás provincias y ciudades inmediatas hacerse independientes de aquélla, están igualmente autorizadas para ello las colonias.

El único deber que resta a unas y otras en semejante lance es tratar de salvar la ciudad capital, arrojando de ella a los enemigos que la subyugan; pero aun para ese procedimiento es preciso que sean independientes, pues nadie puede prestar auxilio a otro que se haya oprimido, sin constituirse superior a él en esta precisa obra. Tal ha sido la conducta de las provincias de España después que la corte de Madrid es dominada de los franceses, y tal debe ser también la conducta de todas sus colonias.

## X

*Cuando la metrópoli ha mudado de religión*

La religión verdadera es el mayor bien que puede poseer un individuo: es el único, el bien importantísimo y esencial, el fin necesario para el que Dios ha establecido en el mundo las diversas sociedades del género humano. Ella no aprueba consideraciones, respetos, alianzas, ni cualquiera otro vínculo que pueda corromper la creencia o embarazar el ejercicio del culto; ella no permite paces, sino que declara la guerra y hace esgrimir las espadas para no consentir opiniones que la perturben ni prácticas que la ultrajen; ella prescribe que si fuese necesario para conservarla que el hombre abandone a sus padres, hermanos, parientes y amigos, y que aun se arranque los ojos y se corte los brazos y las piernas, en caso que sirvan de obstáculo a la salvación; ella obliga, por último, a que a esas mismas autoridades sublimes, a las cuales encarga que se les dé todo lo que se les debe, y a las cuales debe estar sujeto todo viviente, se les mire con desprecio, se desobedezcan sus órdenes en punto de religión, y se escuchen sin temor sus amenazas, que si pueden alcanzar al cuerpo, no pueden tocar ni ligeramente al alma.

Siendo éste el deber de cada individuo para defender su religión; deber imprescriptible e inenajenable, del que no puede dispensarlo ninguna autoridad por elevada que se suponga, y si me es permitido decirlo, ni la del mismo Dios; ¿cuál será en este punto la obligación de las colonias, tratándose de conservar la religión, no ya en un solo individuo, sino en una inmensidad de individuos y familias, y aun en todas las generaciones futuras? Si llegase, pues, el caso [lo que Dios no lo quiera] de que la metrópoli variase de religión o la alterase en puntos esenciales, deberían las colonias romper inmediatamente con ella, toda comunicación debería cesar, y las colonias estarían autorizadas para organizar su gobierno, conservar sus leyes patrias y declararse independientes.

No faltaría alguno que dijese que bien puede conservarse la religión verdadera obedeciendo a un gobierno que siga religión diversa; que en efecto, sucede de esta manera en varias naciones de Europa con sus colonias; y que si no fue permitido a los primeros cristianos negar la obediencia civil a los emperadores romanos, sin embargo, de ser paganos y perseguidores del cristianismo, tampoco será lícito separarse de un gobierno que mire con indiferencia las opiniones religiosas, y que lejos de ofender por ellas a sus súbditos, los proteja y ampare; a la manera que el gobierno de los Estados Unidos protege un número considerable de sectas, sin que nadie sea perturbado en el libre ejercicio de la que profesa.

Para disolver esta objeción, debemos calificar cada uno de los hechos que se han referido, comenzando por el más antiguo y retirado. Cuando dio principio la propagación del evangelio, el mundo estaba en la posesión antiquísima de una idolatría casi general; los soberanos y príncipes que gobernaban ejercían pacíficamente su autoridad, y no se les había impuesto por la sociedad y los reinos la ley de que admitiesen una religión extranjera, repeliendo, si fuese necesario, la del país; los reinos estaban organizados por sus respectivas leyes, y formaban cuerpos respetables que a ningún individuo era permitido disolver.

En estas circunstancias se difunden por el orbe los nuevos cristianos, los verdaderos apóstoles de Jesucristo. Aunque autorizados por el Divino Legislador con la potestad espiritual que les concede, no gozan, con todo, de la menor autoridad civil. Nuevos poseedores de la misma religión que profesan, y sin algún derecho patrio o cívico, como que eran recién introducidos o admitidos, si acaso lo fueron, en esas grandes sociedades, ¿qué facultad pudieron tener para sustraerse a la legislación civil y alterar toda una sociedad, negando la debida obediencia a los príncipes que la dirigían?

Un procedimiento como éste les hubiera concitado el odio general, los hubiera acreditado de turbulentos y sediciosos, y nada seguramente hubiera perjudicado más a la propagación del evangelio que una conducta tan arrojada, violenta e ilegal. Por eso el Salvador, esa sabiduría infinita que preveía las más remotas consecuencias, no les permite otras armas que las pacíficas, pero poderosas y triunfantes, de la palabra, del ejemplo y de los prodigios. Les obliga, además de esto, no sólo a que expongan sus vidas y derramen su sangre entre las mayores ignorancias, sino que aun pongan en peligro su misma virtud, presentándose impávidos en medio de los escándalos, y arrostrando resueltamente con todos los halados de la seducción: como queriendo advertirles que siendo su único deber consultar a la quietud y felicidad del universo, ellos solos eran los que debían exponerse y sacrificarse, no quedándoles otro arbitrio para vencer y triunfar.

Mas ahora que la religión tiene en las sociedades, facultades, privilegios y derechos verdaderamente civiles, que está sostenida y apoyada por las leyes del reino, que goza desde una remota antigüedad de una posesión tranquila, que se halla tan enlazada con la constitución política, que no puede tocarse a la una sin alterar considerablemente la otra, las colonias están autorizadas para tomar todos los recursos que pueden evitar los peligros y decadencia de su religión. Este derecho es en ellas tanto más legítimo, cuanto no reconocieron en sus principios la autoridad de la metrópoli, sino en la inteligencia y seguridad de que profesaban ambas una misma religión.

Pero variada ésta en la metrópoli, ¿qué riesgo no corre de ser notablemente corrompida en las colonias? No me detendré en exponer uno a uno los graves daños que puede causar la poderosa influencia de un gobierno irreligioso sobre las colonias que poseen la religión verdadera; ni tampoco los males que se originan de esa misma indiferencia, protección o tolerancia de diversas sectas, obligando a todas indistintamente. Esta empresa haría interminable mi discurso.

Recordaré solamente los atrasos que causó a la propagación del evangelio la influencia del antiguo gobierno romano. ¿Se podrán numerar los apóstatas que formó, las conversiones que embarazó, los cristianos que exterminó, y las prevenciones que difundió contra la nueva religión? Bastará para conocer algo de ello, leer a la ligera a los primeros apologistas del cristianismo.

¿Qué ha sido además de eso la Inglaterra después de la independencia religiosa de Enrique VIII? Nación antes verdaderamente católica en toda su extensión, ha sido después un monstruoso compuesto de sectas que se destruyen mutuamente. Igual ha sido la suerte de la Holanda y de otros reinos de la Europa, porque el pueblo y aun las personas ilustradas se acomodan fácilmente a las opiniones que por su novedad y aparente belleza halagan la imaginación y protegen las pasiones dilatando la esfera de la libertad.

Por lo que toca al gobierno de los Estados Unidos con respecto a sus diferentes sectas, es bien sabido que dicho gobierno se acomodó a su propia situación, y que mirando en su seno divididos los ánimos y las provincias por diferentes opiniones religiosas, nada más ha hecho que ampararlas en la posesión que gozaban. Este mismo es nuestro deber: amparar la verdadera y única religión que ha abrazado y sostiene firmemente el país; por lo cual, si la metrópoli variase de religión, estamos obligados a separarnos de ella cortando toda comunicación con un gobierno corrompido y corruptor de su naturaleza.

## XI

*Cuando amenaza en la metrópoli mutación en el sistema religioso*

No nos lisonjeemos demasiado por el carácter firme, tenaz y consistente en nuestros españoles. En punto de religión, todos los hombres son igualmente frágiles e inconstantes, sea porque las pasiones, esforzándose a dominar en cada uno de ellos, hacen en todos progresos más o menos considerables, sea porque la razón humana es muy fácil de perderse en un abismo de errores, sea por último porque Dios, que es dueño absoluto de sus dones, si los concede a quien quiere, también los retira de donde le parece. Así, las primeras naciones que recibieron con ansia la luz del evangelio y que fundaron el cristianismo con la sangre de innumerables mártires, se ven hoy día sumergidas en el error y la ignorancia. La Inglaterra, de que ya hemos hablado, es una de las naciones cuyo carácter es más duro, firme y tenaz, y sin embargo, de un catolicismo puro y verdadero cual poseía, ha pasado a una decidida indiferencia en punto de religión, y a adoptar indistintamente todas las sectas, a la manera que la antigua Roma, discípula del error, como dice un padre, tributa sus cultos sin excepción a todas las deidades paganas de otros países.

Nuestra España sabemos que estuvo en un tiempo casi enteramente corrompida por la herejía de Arrio, que gobernada por Witiza se prestó dócilmente a la depravación de este monarca, obedeciendo al clero unas leyes que alteraban la disciplina eclesiástica en puntos muy importantes; que subyugada por los moros, tuvo la desgracia de ver a muchos españoles quemar incienso en sus mezquitas; que inundada de judíos, desertaron del catolicismo innumerables cristianos para alistarse entre los circuncisos; que las opiniones libertinas de estos últimos tiempos han penetrado en ella más o menos, según ha sido la vigilancia, severidad o descuidos del gobierno. Fáciles, pues los españoles en mudar de religión o alterarla, como todos los demás pueblos, es muy de temer que así lo hagan cuando se les presenten ocasiones oportunas.

No permita Dios que venga jamás sobre nuestra amada y católica España tan lamentable desgracia. Pero ¿qué es lo que debemos recelar de los sucesos del tiempo presente? No ignoramos que aunque la Francia ha restituido al catolicismo a alguna parte de su primera libertad, ha abrigado generalmente en su seno a todas las sectas; que ésta es una ley nacional autorizada de nuevo por el código Napoleón; que este mismo sistema se trata de adoptar en España, según consta auténticamente de las proclamas que nos han venido de aquellas provincias; y que admitido en España el tolerantismo, seguirá sin dilación un monstruoso trastorno en las ideas y prácticas religiosas.

Reflexionemos también con harto dolor que para propagarse la irreligión no son necesarias leyes que la autoricen, bastando el escándalo y el mal ejemplo dado por los jefes, o no reprimido por el gobierno; que éste es poco más o menos el estado de la capital del reino, donde las tropas francesas que se le han introducido, y aun el mismo que las manda, corromperán, si acaso no han corrompido ya, a los madrileños con sus costumbres libertinas; que la corrupción, comenzando por la gente desenvuelta, abrazada por el pueblo ignorante, y recomendada por las personas opulentas y regaladas, no dejará de penetrar hasta los gabinetes de los sabios y a los sagrados retiros del sacerdocio; que a consecuencia de esta corrupción, será prostituido el santuario, despreciada y ultrajada la voz de los pastores, y proclamada una libertad desenfrenada, que parecerá justa a todos aquellos a quienes se pinta con un horroroso aspecto la arbitrariedad y despotismo del gobierno anterior.

Este perverso ejemplo de la capital cundirá fácilmente por las provincias, a pesar del calor que ahora muestran en su defensa, y entonces ¿cuál será la suerte de las Américas, donde los genios son más blandos y dóciles, más inclinados a la molicie, y de una fantasía más exaltada y propensa a la novedad? Con las leyes que recibiéramos nos vendrán las costumbres que nos perviertan, y la religión será tan ultrajada en estos países como lo fuese en aquéllos.

Agitados, pues, de tan justos temores apliquemos en tiempo el más sólido remedio con nuestras precauciones; cortemos oportunamente toda correspondencia para salvar y conservar ilesa nuestra sagrada religión, gravemente amenazada, y sigamos a la letra la comunísima regla del derecho que dice: *Melius est intacta jura servare, quam post vulneratam causam remedium quaerere.*

## XII

*Cuando la separación de la metrópoli es exigida por el clamor general de los habitantes de la colonia*

La voz del pueblo es respetada aun entre los gobiernos despóticos. Todo el mundo sabe que en la China, y lo mismo en otros imperios de Asia, los mandarines son depuestos y castigados luego que el pueblo se disgusta de ellos. En los movimientos populares, los jefes se han visto siempre obligados a recibir la ley que les ha dictado la voz pública, lo cual no proviene solamente de que es irresistible el ímpetu de una muchedumbre acalorada, sino de que se supone justamente que una conmoción tan universal y una uniformidad de votos tan decidida deben nacer de motivos graves, sólidos e importantes.

El pueblo, en efecto, califica el mérito de los sujetos y da el verdadero valor a las cosas; aunque carezca de los principios comunes de las ciencias y de los conocimientos de una profunda política, posee las reglas elementales de la moralidad y justicia y mide por ellas los procedimientos y operaciones de los que lo gobiernan. Sus impulsos son desde luego agitados y violentos, pero nacen por lo común del natural instinto que tiene todo viviente por su conservación y del innato deseo de su propia felicidad; y como éste es el objeto único de todas las legislaciones, el clamor general del pueblo debe mirarse como una ley del Estado.

Este mismo clamor se hace más respetable, si no sólo es del pueblo rústico y grosero, que a las veces se deja llevar ciegamente de sus deseos, sino que nace también de los hombres ilustrados, de las personas sensatas y de probidad, y de los ciudadanos beneméritos. Se debe creer entonces que esa conformidad universal de opiniones entre gentes de diversos principios, sentimientos y educación, esa asociación tan íntima de todas las almas sobre la elección de un solo objeto, es un especie de inspiración natural, o como un dictamen dado a un tiempo por la naturaleza, la sabiduría y la justicia.

Puede pues, llegar el caso en que la voz de todos los colonos clame por la independencia de la metrópoli, y entonces, sin escudriñar más razones, ni necesidad de ventilar los motivos, la independencia está decidida por sí misma, y decretada por la voz nacional, no necesitándose de otra diligencia que la que se practica entre las naciones cultas, ésta es: darse a conocer por nación independiente entre las demás naciones.

## Conclusión

Se ha demostrado hasta aquí con evidencia que las colonias pueden tener representación nacional, y organizarse a sí mismas; se han indicado también y probado con razones concluyentes, todos los casos en que ellas pueden legítimamente usar de este derecho. Restaba hacer la debida aplicación a las Américas, y contrayéndonos a este reino, se podría preguntar: ¿El reino de Nueva España se basta a sí mismo? En las actuales circunstancias, o aun sin ellas, ¿es acaso igual o superior a la península de España? ¿Puede ella en el día, gobernar fácilmente este reino? El gobierno de la metrópoli española ¿es por ventura incompatible con el bien general del reino de Nueva España? ¿Ha sido acaso este reino en otros tiempos, o es al presente, oprimido del gobierno de la península? ¿Nos consta que la metrópoli haya adoptado otra constitución política, o por una espontánea elección, o forzada de las circunstancias? Las provincias principales de la metrópoli ¿se han hecho, o debemos temer que se hagan dentro de breve independientes entre sí? ¿Se ha sometido voluntariamente la metrópoli, o se ha visto precisada a sufrir el yugo de una dominación extranjera? ¿Ha mudado acaso de religión la metrópoli, o es temible que la altere considerablemente en adelante? Los habitantes de Nueva España ¿claman por último generalmente por la independencia?

La resolución de cada una de estas dudas exige ideas muy vastas y profundas sobre las menores circunstancias, recursos y proporciones de este reino, sobre el genio, disposición, ilustración y carácter de sus habitantes, sobre la política de España con sus Américas, sobre el verdadero actual estado de la península, que no puede calificarse prontamente por las noticias que se nos comunican, sobre el concepto, en fin, que hayan formado el estado de la España las demás potencias europeas. Reunidos todos esos principios y conocimientos, se podría dar una decisión exacta y terminante, que satisfaciese los espíritus por la justicia que la dirigiese y las razones en que se apoyase. Baste decir por ahora, que si ninguno de los referidos casos se ha verificado, la declaración de nuestra Independencia sería un procedimiento injusto, arrojado, violento e impolítico: mas por el contrario, si alguno o algunos de ellos existen al presente, nuestra conducta está justificada por todos los fundamentos expuestos.

Sin embargo, debemos tener a la vista dos reglas que pueden mirarse como las máximas fundamentales de la política americana en el conflicto presente. Primera: que abandonar a la patria madre en el tiempo de sus calamidades y en la situación más angustiada que ha podido encontrarse sería una crueldad que nos haría comparables a los monstruos más desnaturalizados, a los corazones más indolentes, ingratos y feroces. ¡Qué horror no causaría un hijo que negase sus auxilios a un padre moribundo, y aprovechase para sacudir la autoridad paterna esos momentos de agonía en que la piedad, la ternura, el amor, el honor, el reconocimiento y la justicia demandan la más puntual y caritativa asistencia! Seamos, pues, como el piadoso hijo Eneas que se arroja resueltamente entre las llamadas para salvar sobre sus mismos hombros a su padre Anchises que iba a perecer, y demos al orbe todo un ejemplo de fidelidad inaudita y de una moderación que acaso no tendrá ejemplo. Pero guardémonos mucho de que por una ternura excesiva no sacrifiquemos el bien general; que tratando de socorrer a la metrópoli no seamos traidores a la patria que nos ha visto nacer y nos abriga en su seno; y que por ocurrir a la sociedad matriz, no olvidemos esta sociedad que tiene derecho a nuestras primeras y más eficaces atenciones.

Segunda: que si por razones de una fina política y consumada prudencia no tomásemos la resolución de declararnos independientes, debemos a lo menos manejarnos desde ahora de manera que la Europa toda tema nuestra resolución. Tiemble ese continente, abrigo de los errores, perfidias y calamidades, de esos monstruos sanguinarios, devastadores del género humano, al saber que se le va a obstruir el canal por donde se le comunicaban abundantemente nuestras riquezas. Sepa también el pérfido y vil usurpador, que ha querido subyugar a la noble y generosa España que las Américas, felices por sí mismas, con sus inagotables riquezas de todo género y teniendo por muros las aguas inmensas del océano, no podrán ser sorprendidas de sus falsos halagos, mentirosas promesas y ofertas impotentes, no serán intimidadas de su feroz arrogancia, ni darán jamás el imprudente paso de quedar expuestas, por reconocer precipitadamente otra autoridad al ignominioso abatimiento de postrarse a sus despreciables plantas.

## Documento 2

## ABAD Y QUEIPO

REPRESENTACIÓN DE DON MANUEL ABAD Y QUEIPO A LA PRIMERA REGENCIA, EN QUE SE DESCRIBE COMPENDIOSAMENTE EL ESTADO DE FERMENTACIÓN QUE ANUNCIABA UN PRÓXIMO ROMPIMIENTO, Y SE PROPONÍAN LOS MEDIOS CON QUE TAL VEZ SE HUBIERA PODIDO EVITAR *

Señor:

1. Nuestras posesiones de América y especialmente esta Nueva España, están muy dispuestas a una insurrección general, si la sabiduría de vuestra majestad no la previene.

2. El fuego eléctrico de la Revolución Francesa, hiriendo simultáneamente todas las demás naciones, destruyendo las unas, agitando y conmoviendo las otras, puso en movimiento y reunió en estos países los primeros elementos de la división y del deseo ardiente de la Independencia. La fuerza revolucionaria de aquella numerosa nación, organizada por un sistema militar el más perfecto, y concentrada últimamente en las manos de un tirano emprendedor y astuto, le proporcionó los grandes sucesos que sabemos; a los que concurrió tal vez en la mayor parte la ceguera de todos los demás gobiernos. Ceguera inconcebible, pues que ninguno de ellos ha abierto todavía los ojos, por escarmientos propios ni ajenos, y que sólo puede ser el producto de un despotismo inveterado, y de una corrupción general.

3. La magnitud y brillantez de estos sucesos, que tanto deslumbran a los hombres, granjearon al tirano en todas las partes del globo una turba inmensa de idólatras admiradores que lo contemplaban, el héroe más famoso de la historia, el regenerador del mundo, omnipotente e irresistible en sus empresas, como él se preconiza con imprudencia inaudita. Por este concepto, nuestros americanos juzgando extinguido el carácter del pueblo español, creyeron perdida para siempre la metrópoli, en el momento que la vieron ocupada; y creyeron también imposible la reconquista y defensa que emprendieron con tanto heroísmo aquellos hermanos. Desde entonces comenzaron, como era natural, a ocuparse con más intención de la Independencia y medios de realizarla, en el caso hipotético y preciso de que no se recobrase la metrópoli. Creo que los hombres sensatos del país nunca han pensado de otro modo.

4. Sin embargo, en México se presentó el asunto más dudoso, porque la conducta ambigua del virrey Yturrigaray hizo creer a los más ansiosos de la

---

* *Fuente:* Hernández y Dávalos, *op. cit.*

Independencia, que era de su opinión y la intentaba proteger. Algunos propusieron una junta nacional, y hubo en pro y en contra muchas contestaciones de palabra y por escrito. Voló la especie por todas partes, dando nuevos grados de calor a la fermentación existente. Y la juventud europea del comercio de la capital creyó que la Nueva España, hija la más predilecta, trataba de sustraerse y abandonar la madre patria en su mayor conflicto, con la fuerza pública o protección del virrey; y de aquí resultó su prisión.

5. Este suceso extraordinario, que inculpaba de algún modo a todos los españoles americanos, pues que confundía la opinión del mayor número con la opinión de algunos pocos, exaltó en gran manera la rivalidad y división entre gachupines y criollos. El virrey interino Garibay y el arzobispo virrey, teniendo los dos las mejores intenciones, lejos de reunir los ánimos y calmar estas pasiones, las han exacerbado más con sus medidas divergentes.

6. Tal es la disposición general de nuestras posesiones de América, y la particular de esta Nueva España. En todas partes se desea con ardor la Independencia, y se ha consentido en ella. En todas partes se ha jurado sin embargo a nuestro idolatrado soberano el señor don Fernando VII y a su dinastía, con aplauso y gusto por lo menos de los hombres sensatos, porque lo consideran como el centro de unidad en la ejecución de su proyecto en caso que sucumba la metrópoli, y como causa de un gobierno más justo y liberal en caso que prevalezca. La penetración sublime de vuestra majestad conocerá fácilmente por lo expuesto, la diferencia de deseos que debe reinar en los corazones de estos habitantes, sobre la contingencia de los dos referidos casos.

7. Por una consecuencia natural de todo lo referido, resulta que nuestra tranquilidad es muy precaria, y depende casi en el todo de los sucesos de la metrópoli y de la confianza del gobierno, que se halla siempre en razón directa con su sabiduría, con su justificación y con su energía. Y así vimos que las primeras inquietudes de México, y aun de toda la América, nacieron de la opinión dominante sobre el deplorable estado de la monarquía, por el mal gobierno del reinado del señor don Carlos IV. La revolución de Quito tuvo su origen de la degradación de concepto en que fue cayendo la suprema junta central, por los reveses de la guerra y por su conducta ajena de la expectación nacional. El mismo principio tuvieron los movimientos sediciosos que hubo en esta ciudad en diciembre del año pasado. Y finalmente, la explosión que acaba de suceder en Caracas, es un efecto conocido de la invasión de las Andalucías y del descrédito total del referido gobierno.

8. ¡Cosa rara! Se recibió esta noticia con incertidumbre por un barco de Málaga, que salió de Gibraltar el 22 de febrero, y todos creyeron (aun los que tienen la mayor confianza) que era perdida toda la península. Recibimos después a los cinco días inmediatos esta misma noticia confirmada de oficio, pero acompañada de la creación del supremo consejo de regencia. Y he aquí cam-

biados todos los sentimientos, regenerada la esperanza, y reestablecido en gran parte el espíritu público. Esto ha sucedido, no por la calidad y naturaleza del nuevo gobierno, pues ninguno ha sido recibido con tanto aplauso y confianza universal como el de la suprema junta central. Ninguno ha podido hacer cosas más grandes, porque ninguno ha habido, ni acaso podrá haber, que haya tenido igual arbitrio de disponer a su grado de todos los recursos, y de todas las facultades físicas y morales de toda la nación. Así pues, este cambio repentino en circunstancias tan críticas y apuradas, no ha tenido otras causas que la buena opinión de los miembros que componen el nuevo gobierno, y la sabiduría y liberalidad que resplandecen en sus primeras providencias.

Por otra parte, si en estos países se perturba el orden público, debe seguirse necesariamente una espantosa anarquía. Su población se compone de españoles europeos y españoles americanos. Componen los dos décimos escasos de toda la población. Son los que mandan y los que tienen casi la propiedad de estos dominios. Pero los americanos quisieran mandar solos y ser propietarios exclusivos; de donde resulta la envidia, rivalidad y división que quedan indicadas y son efectos naturales de la constitución que nos rige, y que no se conocen en el norte de América por una razón contraria. Los ocho décimos restantes se componen de indios y castas. Esta gran masa de habitantes no tiene apenas propiedad, ni en gran parte domicilio, se hallan realmente en un estado abyecto y miserable, sin costumbres ni moral. Se aborrecen entre sí, y envidian y aborrecen a los españoles por su riqueza y dominio. Pero convienen con los españoles americanos en aquella prevención general contra los españoles europeos, por la razón sola de ser de otro país, y pertenecer inmediata y directamente a la nación dominante. ¿Qué debe resultar en una revolución de esta heterogeneidad de clases, de esta oposición y contrariedad de intereses y pasiones? La destrucción recíproca de unos y otros, la ruina y devastación del país, como sucedió en Santo Domingo en iguales circunstancias, porque las mismas causas producen siempre los mismos efectos.

9. En estas circunstancias, y en consideración de que el vínculo más fuerte de la obediencia de los pueblos consiste en la beneficencia del gobierno: creo, señor, muy propias de la real clemencia de vuestra majestad y muy dignas de su profunda sabiduría, las providencias siguientes, que son el resultado de mis meditaciones y patriotismo y de la experiencia de treinta y un años en Guatemala y Nueva España.

10-I. Dicta la sana política y el interés general de la monarquía, que vuestra majestad quite para siempre y desde luego, el tributo personal en las dos Américas e islas adyacentes. Es una contribución que reúne todos los vicios de las malas contribuciones. Cuesta mucho a los contribuyentes, y produce poco al erario. En la Nueva España, sólo produce un millón, y no se puede apreciar en menos de tres millones lo que cuesta a los contribuyentes positiva y negativamente. Sin contar las vejaciones personales de secuestros y prisiones, y la pensión insoportable de no poder transitar a otras jurisdicciones sin llevar consigo la carta de pago del tributo, o sujetarse a pagarlo de nuevo en cada una como vago. Pero la calidad más depresiva y degradante de esta contribución, consiste en la nota de infamia que irroga a muchas familias españolas, y perpetúa en las castas por el rigor de los recuentos o nuevas matrículas, que no sólo comprenden a los verdaderos tributarios, sino a muchos que no lo son y no lo pueden acreditar por su pobreza e ignorancia. Pues no recayendo esta contribución, sino sobre indios y castas, que en la Nueva España comprenden, como es dicho, y casi por mitad, los ocho décimos de la población; resulta que todo tributario que no es indio, es reputado de notorio y público mulato, esto es, descendiente de esclavo africano, de tal suerte que el tributo en las castas es la marca de la esclavitud, que las excluye de todos lo empleos civiles y aun de entrar en una cofradía. Por estas razones, y por ser tan fácil reintegrar al erario por todas otras contribuciones de menos perjuicio y más producto; no he cesado desde el año de 91 de suplicar al gobierno por la abolición de este tributo. Pero ninguna medida liberal ha sido escuchada hasta ahora; y parece que estaban reservadas todas para el gobierno luminoso y sabio de vuestra majestad.

11-II. Conviene también que vuestra majestad quite desde luego y para siempre la pensión de las pulperías o tiendas mestizas de bebidas y comistrajos, como se llaman en este reino. Es una contribución de las más impolíticas, que produce poco y perjudica mucho. Perjudica directamente la agricultura en cuanto disminuye el consumo de sus productos, e indirectamente las rentas generales del Estado que afectan aquellos productos. Y perjudica más directamente a una infinidad de familias pobres que vivían con estos merecimientos cortos, y los han abandonado por no soportar la pensión, excesiva para las tiendas de capitales muy cortos, que eran las más, gravosa para las medianas, y muy ligera o casi cero para las tiendas de capitales gruesos; de que ha resultado en todas las poblaciones un monopolio o verdadero estanco de estos artículos, con grave perjuicio de los consumidores.

12-III. Conviene mucho más de lo que yo puedo ponderar, que vuestra majestad declare *incontinenti*, que el préstamo de cuarenta millones que la suprema junta central pidió a las dos Américas, es voluntario y no forzado, y prevenga a las juntas del comercio encargadas de su ejecución, lo ejecuten en cuanto se pueda bajo las seguridades ofrecidas, sin hacer uso de expedientes muy extraordinarios y violentos. Esta es, señor, una demanda exorbitante en la constitución de nuestras Américas, que siendo las matrices del oro y de la plata, si se excluyen las vajillas de algunos particulares y los adornos de los templos, son indubitablemente las provincias más escasas de estos dos metales de todo el mundo conocido: o aquellas en que existe menor cantidad de dinero acumulado, como se indica en la copia que acompaño bajo el número 1, y es el informe que me pidieron separadamente tres de los seis vocales que componen la junta del comercio de México, encargada de ejecutar el referido préstamo. La profunda sabiduría de vuestra majestad conoce mejor que yo que los grandes sacrificios sólo se debieron exigir a las clases pudientes de la península, como tan interesadas en la conservación de sus vidas, de sus rangos y propiedades, y en la gloria de salvar la patria, que resalta con tanto más brillo y excita mayor interés en los que existen sobre el teatro de la guerra, que en aquellos que habitan o que han nacido en las remotas posesiones de las Américas.

15. En este concepto, y notando la negligencia de la suprema junta central en la adopción de recursos proporcionados, no pudiendo contener los ímpetus de mi celo, le dirigí en agosto y septiembre del año pasado los dos escritos que acompaño bajo el número 2, en que tal vez hallará vuestra majestad algunas ideas que merezcan su real aprobación. Igualmente conoce vuestra majestad que el recurso de préstamos sólo es útil en dos únicas circunstancias, a saber, cuando los gobiernos están sólidamente establecidos y bien acreditados de consecuencia y buena fe, o cuando los prestamistas corren igual riesgo que el gobierno, y no ven otro medio de salvar su vida y fortuna que auxiliándolo con su dinero. Y finalmente, conoce vuestra majestad que la renta pública de un Estado debe ser cierta y necesaria por contribución forzosa, y no incierta ni dependiente de las liberalidades del patriotismo, muy abundante en los labios y escaso en los corazones de las personas ricas, y menos debe depender de los cálculos y especulaciones de la codicia mercantil. He aquí el escollo en que se estrelló la nave de gobierno de la suprema junta central.

14-IV. Convendrá que vuestra majestad determine la fuerza militar que debe establecer en este reino, fuera de las guarniciones de plazas y presidios, para mantener el orden público y acudir adonde convenga. Parece que no debe bajar este cuerpo de ejército de veinte o treinta mil hombres, bien armados y disciplinados. Se harán algunos gastos más; pero luego propondré los medios de consultar a estos gastos y al reintegro del erario por el importe de tributos y de la pensión de pulperías. Se trata, señor, de la conservación de estos preciosos dominios, que sin embargo de estos gastos podrán auxiliar a la madre patria con diez o doce millones de pesos al año. Si se pierden: si tienen la desgracia de entrar en una revolución, la metrópoli pierde desde luego estos poderosos auxilios, y perderá tal vez para siempre unas provincias, que bien gobernadas pueden ser la felicidad general de toda la monarquía.

15-V. No sólo es conveniente, sino urgentísimo que vuestra majestad envíe con toda la prontitud posible, un virrey militar de luces generales, de probabilidad acreditada, y de actividad y energía, digno de la elección de vuestra majestad y de la confianza pública. Debe traer un número competente de militares subalternos, dotados respectivamente de todas las calidades para que le ayuden a dar forma, disciplina y una organización regular a la tropa de este reino. Sería muy conveniente que trajera también algunos cañones de campaña, balas de cañón y metralla, de que se carece absolutamente en el reino, y algunos fundidores de Sevilla, para fundir aquí los que parezcan necesarios a juicio de vuestra majestad en proporción de la fuerza militar que se establezca.

16. Habiendo corrido la voz en esta Nueva España de que vuestra majestad había establecido un consejo en México de cuatro individuos ya nombrados, todos de fama y probidad conocidas, para dirigir las operaciones difíciles del virrey y contrabalancear su poder ilimitado en aquellos casos, en que las leyes lo constituyen otro yo del soberano, me parece sin que se extienda quiero prevenir la resolución soberana de vuestra majestad, debo asegurarle un hecho, a saber, que esta especie se recibió en el reino con entusiasmo y aplauso general.

17-vi. Permítame vuestra majestad eleve a su alta consideración y soberano juicio una verdad nueva, que juzgo de la mayor importancia, y es que las Américas ya no se pueden conservar por las máximas de Felipe II. Que cese para siempre el sistema de estanco de monopolio y de inhibición general que ha gobernado hasta aquí, y ha ido degradando la nación en proporción de su extensión y progresos, dejándola sin agricultura, sin artes, sin industria, sin comercio, sin marina, sin arte militar, sin luces, sin gloria, sin honor, fuera de algunos soberanos. Es necesario, pues, un nuevo sistema más justo y más liberal; pero también más vigoroso y enérgico. Dígnese vuestra majestad de sentar siquiera las bases de un sistema sabio, generoso, liberal y benéfico. La suprema junta central, siguiendo el espíritu de nuestras leyes, declaró las Américas parte integrante de la monarquía española. Vuestra majestad confirmó esta misma declaración. Dígnese, pues, ahora vuestra majestad, obrando en consecuencia, declarar que las Américas y todos sus habitantes libres e ingenuos, deben gozar de todos los derechos generales que conceden nuestras leyes a las provincias de la metrópoli y a sus habitantes.

18. Y pues que el sistema de libre comercio ha sido tan benéfico a toda la monarquía y a cada una de sus provincias, de tal suerte, que en esta Nueva España se ha aumentado la población de veinte años acá en casi la quinta parte, por efecto conocido de este sistema: se aumentó el producto de la tierra en más de un tercio (con el aumento de la población se mejoró también la condición de los habitantes. Y así un número igual consume hoy más que lo que consumía anteriormente). Y se aumentó la renta de la corona en más de la mitad. Siendo este un resultado positivo: y siendo conforme a los principios inmutables de la justicia, que todos los miembros de una sociedad gocen por las leyes una protección igual en lo respectivo a su conservación y subsistencia; dígnese vuestra majestad dar a este sistema toda la extensión que exigen los verdaderos intereses de la monarquía. Que todos los puertos de la península e

islas adyacentes grandes y pequeños, se declaren habilitados y sean libres para navegar y comerciar en todas las regiones del mundo. Que todos los puertos grandes y pequeños existentes, y que se formaren en lo sucesivo en las dilatadas costas de las dos Américas e islas adyacentes, gocen igual derecho para navegar y comerciar entre sí, para navegar y comerciar con la metrópoli e islas adyacentes; y para navegar y comerciar con las demás partes del mundo, bajo de aquellas modificaciones que haga necesaria la política y conducta de las demás naciones.

19. Todas las demás naciones marítimas de Europa han concedido siempre esta libertad a todos los puertos de sus respectivas metrópolis. La Francia desde el penúltimo siglo de su monarquía lo concedió también a sus colonias, sin embargo de no haberlas incorporado a la metrópoli. La Inglaterra lo concedió desde el principio a todas las suyas que no sacrificó al monopolio de algunas compañías. En estas naciones han prosperado como hemos visto la agricultura, las artes, el comercio, la navegación y las ciencias bajo un sistema liberal, al paso que nosotros lo fuimos perdiendo todo por el sistema contrario.

20. Ni la Cataluña tiene que temer por su industria y por sus frutos, ni las Andalucías por sus aceites y vinos. Ellas hallarán en las Américas un mercado tanto más ventajoso, cuanto más ellas prosperan en número y calidad de habitantes. Las Américas entre los Trópicos y la Septentrional en toda su extensión, no puede crear vinos y aceites, sino en tierra de regadío, tan escasas que no alcanzan para el trigo necesario al consumo preferente. Nunca podrán prevalecer en ellas otras fábricas que las ordinarias de algodón y lana, para el consumo de los pobres. Toda la industria sobrante que puede adquirir la metrópoli por algunos siglos, y todos sus frutos de extracción marítima, no darán abasto a sólo el consumo de la Nueva España, si se mejora la condición de sus habitantes, como se mejorará necesariamente por el establecimiento de las referidas providencias.

21. Si se quejaren los monopolistas de México, Veracruz, Cádiz, Barcelona; permítales vuestra majestad que se trasladen a los puertos nuevamente habilitados, o que establezcan en ellos sus almacenes y factorías: son despreciables, son inicuos sus clamores.

22-VII. Y para proveer al reintegro del erario por la supresión de tributos y pensión de pulperías, y sostener los gastos extraordinarios del armamento propuesto, podrá vuestra majestad establecer interinamente mientras se establece el sistema general de contribuciones, las tres que siguen:

23. En primer lugar, el aumento de cuatro reales de esta moneda en cada libra de tabaco sobre las diez a que corre, y en proporción puros y cigarros. En segundo, el aumento del dos por ciento sobre el seis que cobraba por el real derecho de alcabala. Estas dos contribuciones producirían al año más de cuatro millones de pesos: están acompañadas de todas las circunstancias que

las hacen más tolerables, como se demuestra por el documento producido bajo el número 1. Serán recibidas sin murmuración ni inquietud; y se podrán extender a todas las demás provincias de América, modificando la respectiva al tabaco en el modo que corresponde a los planes respectivos de administración de este ramo en cada una de ellas. Y en tercero, se permitirá generalmente en el reino el mezclar un aguardiente del maguey, que está prohibido, a excepción de algunos pueblos de Guadalajara y provincias internas, y sin embargo, se hace un consumo inmenso de contrabando. Tiene poco costo, y así podrán suplir la pensión de seis pesos barril, que es la señalada al aguardiente de caña, y a ésta que es muy costosa y no soporta esta pensión, se rebajarán dos pesos por barril, y quedará en cuatro pesos. Y en esta forma producirán los dos aguardientes más de seiscientos mil pesos al año sobre lo que hoy producen: y habrá suficiente con estas tres imposiciones para cubrir los objetos referidos.

Dígnese vuestra majestad le suplico humildemente, de dispensarme los errores en que tal vez habré incurrido, recibiendo en cambio mi celo y buen deseo.

Dios guarde a vuestra majestad muchos años en la mayor exaltación y gloria.

Valladolid de Michoacán, mayo 30 de 1810.

Manuel Abad y Queipo, obispo electo de Michoacán.

## Documento 3
### MARQUÉS DE RAYAS A ITURRIGARAY

CARTA DEL MARQUÉS DE RAYAS AL SEÑOR ITURRIGARAY SOBRE LA SITUACIÓN QUE GUARDA LA NUEVA ESPAÑA *

Señor don José Iturrigaray.

México y noviembre 12 de 1810.

Mi más estimado amigo, dueño y señor.

*Comienza la carta por cosas particulares.*

La insurrección de este reino, cuya noticia llegará a ésa por muchos conductos, dio principio en el despreciable pueblo de Dolores, lo que no es extra-

* *Fuente:* Hernández y Dávalos, *op. cit.*, I, pp. 722-724.

ño cuando allí estaba el germen de ella en su cura párroco don Miguel Hidalgo y Costilla, hombre de gran literatura y vastísimos conocimientos en todas las líneas, especialmente en la política estadística, habiendo merecido siempre la calificación de ser de las primeras, sino ya la primera cabeza del obispado de Valladolid, donde lograba por lo mismo las mayores estimaciones y distinciones de todos los obispos, y verdadera y estrecha amistad con el actual señor Abad y Queipo. Tomando éste pues, por compañeros a los capitanes del Regimiento de la Reina, don Ignacio Allende y don Juan Aldama empezó sus correrías ocupando sin resistencia, y así con buena acogida del pueblo, a San Miguel el Grande, Celaya, Acámbaro, Maravatío, Silao, León, Irapuato y Guanajuato. En esa ciudad, única que de antemano se dispuso a resistir la ocupación de los insurgentes, lo verificó el día 28 de septiembre en que el ejército de ellos entró allí, constando su fuerza de 25 a 30.000 hombres. El intendente Riaño, que con torpeza constituyó fuerte o castillo la nueva casa de la Alhóndiga (edificio grandioso de que hará usted memoria, que está al costado de los Belemitas, y le faltaba poco para concluirse cuando usted lo vio) se encerró en él, con la mayor parte de los europeos vecinos de la ciudad, todos armados, y el batallón de infantería. Desde allí, con el fuego de la fusilería, el de algunos pedreros, y granadas, hicieron resistencia por espacio de cuatro horas, que tardaron en vencer los insurgentes las puertas del castillo, cuyo ingreso decidió la batalla, afusilando y pasando a cuchillo la mayor parte de la guarnición. Murieron en el acto el intendente y otros ciento seis europeos, entre ellos don Francisco Iriarte, mi administrador que fue de la Mina de Rayas, quedando el resto de ellos heridos y prisioneros. A esto siguió el saqueo de las casas, tiendas y haciendas de beneficio de plata, pertenecientes a europeos, respetando únicamente las posiciones de los criollos. En parte del saqueo entraron los caudales de real hacienda con la pérdida también de algunas alhajas de iglesia y particulares: los archivos de cabildo y cajas reales; orígínase esta pérdida en la indiscreción del intendente de recoger todo esto en su denominado castillo, al cual yo he llamado ratonera. El pagó con la vida; pero hizo sacrificar la de muchos, e igualmente sus intereses y los de toda la ciudad que, dependiendo de las minas, éstas quedan enteramente paradas, y lo mismo las haciendas de beneficio de plata; de donde es fácil sacar la consecuencia de las resultas contra todo el reino, cuya opulencia consiste casi sólo de este ramo.

Yo quisiera tener tiempo y también la libertad civil necesaria, que aquí nos falta, para formar a usted un sistema crítico, tal cual lo concibo, acerca de esta insurrección, del desgraciado término, que calculo ha de tener. Parecía muy remoto que un reino tan unánime en sus sentimientos de lealtad, fidelidad y amor al rey llegara a verse envuelto en las desgracias de la rebelión. Quizá nada hubiera habido si los gobiernos que sustituyeron al que a usted se le usurpó, hubiesen atinado con los medios conducentes a nuestra tranquilidad que jamás creo yo, se habría alterado, si a todos se les hubiese dado una confianza recíproca, un amor mutuo, un olvido de agravios, una opinión común, y una igualdad de derechos. Mas habiéndose faltado a estos principios, era forzoso caer en los escollos que habrían evitado. El origen, pues (por decir a usted algo) de esta abominable insurrección, lo fijo yo en el atentado cometido con usted. Arrebatada entonces su autoridad, quedó ésta en poder, al arbitrio, al antojo, y no se diga al despotismo de los mismos usurpadores; que como todos ellos eran europeos, ya se deja entender (que con semejante separación, declarando su *bando*, o en otro sentido, su división de los americanos, a quienes desde luego calificaron y vocearon cómplices de usted sin reserva de ninguno) lo que era una manifiesta torpeza, y notoria injusticia. A la verdad, habíamos muchos o por lo menos todos los nobles de México (yo el primero) que si con pruebas irrefragables, si con datos ciertos (de aquellos que forman la convicción del hombre sensato, prudente, y precavido) de infidelidad de usted, se nos hubiera convidado a la facción del 16 de septiembre de 1808, hubiéramos, sin la menor duda, sido los primeros ejecutores de ella; consiguiéndose así la representación legítima del pueblo, a quien con una falsedad ilusoria quiso atribuírsele, y cuya cualidad no pudo estar en trescientos hombres exóticos, emigrados los más, casi todos sin licencia; criminales muchos, y sin una sola de cuantas circunstancias son necesarias para llamarse un hombre patricio y menos, individuo de la respetable corporación que se denomina *pueblo*.

En esta maldita división, tan añeja en su origen cuanto lo es la conquista de Nueva España (división que daba motivo a unos celos continuos, a unas quejas elevadas en diferentes tiempos al soberano), esta división digo, se declaró y propagó al infinito con las prisiones hechas contemporáneamente a la de usted en sólo los criollos. A éstos se les tiraba, de éstos se decía cuanto hay de malo; de ellos se sospechaba y a ellos se les iba aprehendiendo, por quítame allá estas pajas, y por meras fruslerías, ridiculeces y niñerías. El objeto, en una palabra, era fascinar al gobierno de España, haciéndole creer que entre los criollos estaba el germen de deslealtad, que sembrado por usted en nuestros corazones, iba produciendo, sazonado su fruto. ¡Calumnia atroz!, pero necesaria de sostener, por los que no hallaban otro apoyo a sus inicuos procederes, sino la infidencia; que argüían hacia la nación y al soberano, a quien generalmente se ha guardado no sólo la lealtad debida, sino un positivo, tierno y compasivo amor, que lo respiran hasta las piedras de la Nueva España. ¿Y usted cree que lo tengan así a Fernando VII los europeos habitantes de América? Estoy por decir a usted que un delito de lesa majestad, se habría disimulado; pero no el que se dijera que Garibay era un viejo inepto para el gobierno; que no debía estimársele por virrey sin nombramiento expreso del soberano, que no era otra cosa que un testaferro de los pocos oidores que se habían alzado con el mando. Estas y semejantes conversaciones, de las cosas que se nos metían por los ojos, eran los verdaderos delitos que se castigaban, y sobre los que se andaba en una continua pesquisa sin dejar vivir ni respirar a nadie, atacando con preferencia a las personas de distinción y a los eclesiásticos entre los cuales son muchísimos los que hemos visto y aún permanecen en cárceles, destierros y reclusiones, con sumo escándalo de la gente del país, que como usted sabe, es tan religiosa y veneradora del sacerdocio.

Tan repetidos agravios que con esta conducta se hacían a los derechos comunes, extendieron como era de esperar, el disgusto y aversión secreta a este gobierno. Creció infinitamente al ver que, el de ella, dejó impune el atentado contra usted, y que lejos de reprenderlo, todas las providencias que venían eran para fomentar el orgullo e insolencia del dominante Partido. Vieron despojar con violencia del virreinato al benemérito, virtuoso, íntegro y pacífico arzobispo. Vieron jubilar al regente Catani, que como hombre de sano juicio, no quiso ser faccionario, ni entrar en molotes. Vieron a Villa Urrutia llamado, a don Joaquín Obregón depuesto de la Lotería, sin publicación de causas, con otras mil cosas que convencían del vil concepto que allá se tenía de los americanos. Supieron por último, aun antes de la llegada del señor Venegas, las gracias que éste traía en ascensos, títulos de Castilla, y toda clase de honores para Garibay, Aguirre, Yermo, etcétera, todos ellos de los que forman el partido americano; que aunque sean sujetos muy buenos, y sus procedimientos muy justos, basta esto para que se les vea con odio general y se desconfíe de ellos.

Es cosa notable, que la insurrección (en la cual creo estar comprendida toda la tierra adentro) al levantar su estandarte, no dijera ni sostuviera más que estos tres gritos:

¡Viva nuestra Señora de Guadalupe! ¡Viva Fernando VII! ¡Muera el mal gobierno! De parte de los cabecillas puede haber en esto alguna simulación, pero entre la popularidad creo que no será así, sino que todos se mantienen fieles al rey; de donde yo infiero, que si este levantamiento se supiere manejar con la política que exigen sus delicadas circunstancias, todo se acabará pronto; así como soy de opinión contraria, siempre que se quiera aquietar a guerra viva.

El valor de los insurgentes, su brío y entusiasmo es tal, que llegaron a intentar la ocupación de esta capital, donde por esta causa estuvimos muy afligidos en los últimos días del mes pasado y principios del corriente, en que su ejército, que según se calculó pasaba de 70.000 hombres, se aproximó tanto, que estuvo a menos de cinco leguas de aquí, después de haber apoderádose de Toluca, Lerma y otros lugares cercanos. Un trozo de nuestro ejército se batió con ellos en el Monte de las Cruces, que está a la vista de México al Poniente; y el éxito, por más que se haya ponderado, fue muy contrario a nuestras armas, razón por la que creímos que aumentaran su orgullo, y emprendieran el ataque de esta ciudad; donde quién sabe lo que habría sucedido respecto a su poca fuerza y al débil campamento que atropelladamente se formó en las calzadas de los paseos de Bucareli y Azanza. El público nada confiaba de tan pocas armas, y como por otro lado se temía que el populacho (y el que no lo es) contribuyera con algún movimiento intestino, se aumentaba los recelos y aflicción.

Don Joaquín Obregón se halla en Jalapa esperando la coyuntura de un barco donde irse a ese puerto al llamado de la regencia. Es manifiesta la injusticia que a este sujeto se hace privándolo de su empleo, y obligándolo a un viaje peligroso sin saber la causa, que no debe ser tan grave, cuando se le lleva como reo. En su destino ha cumplido exactamente, quizá mejor que otros dependites de real hacienda condecorados, y premiados. El delito único que yo reconozco en este infortunado amigo es haber sido adicto a usted y uno de los acérrimos pregoneros de su inocencia. Lleva encargo de visitar a usted, a la señora y niños a nombre de mi mujer, hermana y mío, y contarle el pormenor de mis acontecimientos, que sólo a viva voz pueden referirse.

Mi mujer, hermana y yo, repetimos nuestros verdaderos afectos a la señora virreina, Pilarita, y niños protestándose de usted su más apasionado fino amigo y seguro servidor que su mano besa.

El marqués de Rayas.

Documento 4

HIDALGO

PROCLAMA DEL CURA HIDALGO A LA NACIÓN AMERICANA (1810) *

¿Es posible, americanos, que habéis de tomar las armas contra vuestros hermanos, que están empeñados con riesgo de su vida en libertaros de la tiranía de los europeos, y en que dejéis de ser esclavos suyos? ¿No conocéis que esta guerra es solamente contra ellos y que por tanto sería una guerra sin enemigos, que estaría concluida en un día si vosotros no la ayudaseis a pelear? No os dejéis alucinar, americanos, ni deis lugar a que se burlen más tiempo de

*Fuente:* I. A. Montiel y Duarte, *Derecho Público Mexicano.* Compilación que contiene: Importantes documentos relativos a la Independencia, la Constitución de Apatzingán, el Plan de Iguala, Tratados de Córdoba, el Acta de Independencia, cuestiones de derecho público resueltas por la Soberana Junta Gubernativa, cuestiones constitucionales tratadas por el Primer Congreso Constituyente, el Acta Constitutiva de los Estados Unidos Mexicanos, la Constitución de 1824, las Leyes Constitucionales de 1836, las Bases Orgánicas, el Acta de Reformas, la Constitución de 1857 y la discusión de todas estas constituciones, 6 vols., México, Imprenta del Gobierno en Palacio, 1871, pp. 1-3.

vosotros y abusen de vuestra bella índole y docilidad de corazón, haciéndoos creer que somos enemigos de Dios y queremos trastornar su santa religión, procurando con imposturas y calumnias hacernos parecer odiosos a vuestros ojos. No: Los americanos jamás se apartarán un punto de las máximas cristianas, heredadas de sus honrados mayores. Nosotros no conocemos otra religión que la católica, apostólica, romana, y por conservarla pura e ilesa en todas sus partes, no permitiremos que se mezclen en este continente extranjeros que la desfiguren. Estamos prontos a sacrificar gustosos nuestras vidas en su defensa, protestando delante del mundo entero, que no hubiéramos desenvainado la espada contra estos hombres, cuya soberbia y despotismo hemos sufrido con la mayor paciencia por espacio de casi trescientos años, en que hemos visto quebrantados los derechos de la hospitalidad, y rotos los vínculos más honestos que debieron unirnos, después de haber sido el juguete de su cruel ambición y víctimas desgraciadas de su codicia, insultados y provocados por una serie no interrumpida de desprecios y ultrajes, y degradados a la especie miserable de insectos, reptiles; si no nos constase que la nación iba a perecer irremediablemente, y nosotros a ser viles esclavos de nuestros mortales enemigos, perdiendo para siempre nuestra religión, nuestra ley, nuestra libertad, nuestras costumbres, y cuanto tenemos más sagrado y más precioso que custodiar.

Consultad a las provincias invadidas, a todas las ciudades, villas y lugares, y veréis que el objeto de nuestros constantes desvelos es el mantener nuestra religión, nuestra ley, la patria y pureza de costumbres, y que no hemos hecho otra cosa que apoderarnos de las personas de los europeos, y darles un trato que ellos no nos darían ni nos han dado a nosotros.

Para la felicidad del reino, es necesario quitar el mando y el poder de las manos de los europeos; esto es todo el objeto de nuestra empresa, para la que estamos autorizados por la voz común de la nación y por los sentimientos que se abrigan en los corazones de todos los criollos, aunque no puedan explicarlo en aquellos lugares en donde están todavía bajo la dura servidumbre de un gobierno arbitrario y tirano, deseosos de que se acerquen nuestras tropas a desatarles las cadenas que los oprimen. Esta legítima libertad no puede entrar en paralelo con la irrespetuosa que se apropiaron los europeos cuando cometieron el atentado de apoderarse de la persona del excelentísimo señor Iturrigaray, y trastornar el gobierno a su antojo sin conocimiento nuestro, mirándonos como hombres estúpidos y como manada de animales cuadrúpedos sin derecho alguno para saber nuestra situación política.

En vista, pues, del sagrado fuego que nos inflama y de la justicia de nuestra causa, alentaos, hijos de la patria, que ha llegado el día de la gloria y la felicidad pública de esta América. ¡Levantaos, almas nobles de los americanos! del profundo abatimiento en que habéis estado sepultados, y desplegad todos los resortes de vuestra energía y de vuestro valor, haciendo ver a todas las naciones las admirables cualidades que os adornan y la cultura de que sois susceptibles. Si tenéis sentimientos de humanidad, si os horroriza el ver derramar la sangre de vuestros hermanos, y no queréis que se renueven a cada paso las espantosas escenas de Guanajuato, del Paso de Cruces, de San Gerónimo Aculco, de la Barca, Zacoalco y otras: si apetecéis que estos movimientos no degeneren en una revolución que procuramos evitar todos los americanos, exponiéndonos en esta confusión a que venga un extranjero a dominarnos; en fin, si queréis ser felices, desertaos de las tropas de los europeos y venid a uniros con nosotros, dejad que se defiendan solos los ultramarinos y veréis esto acabado en un día sin perjuicio de ellos ni vuestro, y sin que perezca un solo individuo; pues nuestro ánimo es sólo despojarlos del mando, sin ultrajar sus personas ni haciendas.

Abrid los ojos; considerad que los europeos pretenden ponernos a pelear criollos contra criollos, retirándose ellos a observar desde lejos; y en caso de serles favorables, apropiarse toda la gloria del vencimiento, haciendo después mofa y desprecio de todo el criollismo y de los mismos que los hubiesen defendido. Advertir, que aun cuando llegasen a triunfar ayudados de vosotros, el premio que debéis esperar de vuestra inconsideración, sería el que doblasen vuestras cadenas, y el veros sumergidos en una esclavitud mucho más cruel que la anterior. Para nosotros es de mucho más aprecio la seguridad y conservación de nuestros hermanos; nada más deseamos que el no vernos precisados a tomar las armas contra ellos; una sola gota de sangre americana pesa más en nuestra estimación que la prosperidad de algún combate, que procuraremos evitar cuanto sea posible y nos lo permita la felicidad a que aspiramos, como ya hemos dicho. Pero con sumo dolor de nuestro corazón protestamos que pelearemos contra todos los que se opongan a nuestras justas pretensiones, sean quienes fuesen; y para evitar desórdenes y efusión de sangre, observaremos inviolablemente las leyes de guerra y de gentes para todos en lo de adelante.

## Documento 5

## HIDALGO

DECRETO DE HIDALGO EN EL QUE ORDENA LA DEVOLUCIÓN DE LAS TIERRAS
A LOS PUEBLOS INDÍGENAS (5 DE DICIEMBRE DE 1810)

Don Miguel Hidalgo y Costilla, generalísimo de América, etcétera.

Por el presente mando a los jueces y justicias del distrito de esta capital, que inmediatamente procedan a la recaudación de las rentas vencidas hasta el día, por los arrendatarios de las tierras pertenecientes a las comunidades de los naturales, para que, enterándolas en la caja nacional, se entreguen a los referidos naturales las tierras para su cultivo; sin que para lo sucesivo, puedan arrendarse, pues es mi voluntad que su goce sea únicamente de los naturales en sus respectivos pueblos.

Dado en mi Cuartel General de Guadalajara, a 5 de diciembre de 1840.

Miguel Hidalgo, generalísimo de América.<br>Por mandato de Su Alteza.

Licenciado Ignacio Rayón, secretario.

Documento 6

HIDALGO

Decreto de Hidalgo contra la esclavitud, las gabelas y el papel sellado
(6 de diciembre de 1810)

Don Miguel Hidalgo y Costilla, generalísimo de América, etcétera.

Desde el feliz momento en que la valerosa nación americana tomó las armas para sacudir el pesado yugo que por espacio de tres siglos la tenía oprimida, uno de sus principales objetos fue exterminar tantas gabelas con que no podía adelantar su fortuna; mas como en las críticas circunstancias del día no se pueden dictar las providencias adecuadas a aquel fin, por la necesidad de reales que tiene el reino para los costos de la guerra, se atiende por ahora a poner el remedio en lo más urgente por las declaraciones siguientes:

1.ª  Que todos los dueños de esclavos deberán darles la libertad, dentro del término de diez días, so pena de muerte, la que se les aplicará por transgresión de este artículo.

2.ª  Que cese para lo sucesivo, la contribución de tributos, respecto de las castas que lo pagaban y toda exacción que a los indios se les exija.

3.ª  Que en todos los negocios judiciales, documentos, escrituras y actuaciones, se haga uso de papel común quedando abolido el del sellado.

4.ª  Que todo aquel que tenga instrucción en el beneficio de la pólvora, pueda labrarla, sin más obligación que la de preferir al gobierno en las ventas para el uso de sus ejércitos, quedando igualmente libres todos los simples de que se compone.

Y para que llegue esta noticia a todos y tenga su debido cumplimiento, mando se publique por bando en esta capital y demás villas y lugares conquistados, remitiéndose el competente número de ejemplares a los tribunales, jueces y demás personas a quienes corresponda su cumplimiento y observancia.

Dado en la ciudad de Guadalajara, a 6 de diciembre de 1810.

Miguel Hidalgo, generalísimo de América.
Por mandato de Su Alteza.
Licenciado Ignacio Rayón, secretario.

## Documento 7

## DEGRADACIÓN DE HIDALGO

SENTENCIA DE DEGRADACIÓN DEL SEÑOR HIDALGO (27 DE JULIO DE 1811)

En la villa de Chihuahua a los 27 días del mes de julio de 1811. Estando juntos y congregados a las ocho y media de la mañana en la casa morada de don Francisco Fernández Valentín, canónigo doctoral de la santa iglesia de Durango; el referido señor con los asociados doctor, don Mateo Sánchez Alvarez, el Reverendo padre fray José Tamayo y don Juan Francisco García; después de haberse leído por mí, el notario presente, la superior comisión del ilustrísimo señor doctor don Francisco Gabriel de Olivares de 18 del corriente, y habiendo aceptado todos, ofreciendo desempeñarla cada uno en la parte que le toca bien y cumplidamente, según su leal saber y entender, a lo que se obligaron en su debida forma, y conforme a derecho, se pasó a leer acto continuo el proceso criminal formado por la jurisdicción real y obispado de Michoacán; y concluida su lectura por mí, el notario, se conferenció largamente sobre su eclesiástica unidas, al brigadier, don Miguel Hidalgo y Costilla, cura de la congregación de Dolores, en el contenido, haciendo cada uno las reflexiones que estimó oportunas, y considerando todos que la causa estaba suficientemente examinada, el juez comisionado de unánime acuerdo y consentimiento de sus asociados pronunció la sentencia siguiente:

En el nombre de Dios omnipotente, padre, hijo y espíritu santo, yo, don Francisco Fernández Valentín, canónigo doctoral de la santa iglesia catedral de Durango, y comisionado por mi prelado el ilustrísimo señor don Francisco Gabriel de Olivares, del Consejo de Su Majestad católica, etcétera. Habiendo conocido, juntamente con el señor comandante general de las provincias internas, Nuestra Excelencia, brigadier de los reales ejércitos, don Nemesio Salcedo, la causa criminal formada de oficio al brigadier don Miguel Hidalgo y Costilla, cura de la congregación de los Dolores en el obispado de Michoacán, cabeza principal de la insurrección que comenzó en el sobredicho pueblo el día 16 de septiembre del año próximo pasado, causando un trastorno general en todo este reino, a que se siguieron innumerables muertes, robos, rapiñas, sacrilegios, persecuciones, la cesación y entorpecimiento de la agricultura, comercio, minería, industria y todas las artes y oficios, con otros infinitos males contra Dios, contra el rey, contra la patria, y contra los particulares; y hallando al mencionado don Miguel Hidalgo evidentemente convicto y confeso de haber sido el autor de tal insurrección, y consiguientemente causa de todos los daños y perjuicios sin número que ha traído consigo, y por desgracia siguen y continuarán, en sus efectos, dilatados años; resultando además, reo convicto y confeso de varios delitos atrocísimos personales, como son entre otros, las muertes alevosas que en hombres inocentes mandó ejecutar en la ciudad de Valladolid y Guadalajara, cuyo número pasa de cuatrocientos, inclusas en ellas las de varios eclesiásticos estando a su confesión, y a muchísimos más según declaran otros testigos; dado orden a uno de sus comisionados para la rebelión, de dar muerte en los propios términos a todos los europeos que de cualquier modo se opusiesen a sus ideas revolucionarias, como acredita el documento original que el reo tiene reconocido y confesado; haber usurpado las regalías, derechos y tesoros de Su Majestad y despreciado las excomuniones de su obispo y del santo Tribunal de la Inquisición, por medio de papeles impresos injuriosos, cuyos crímenes son grandes, damnables, perjudiciales, y tan enormes y en alto grado atroces, que de ellos resulta no solamente ofendida gravísimamente la Majestad Divina, sino trastornado todo el orden social, conmovidas muchas ciudades y pueblos con escándalo y detrimento universal de la Iglesia y de la nación, haciéndose por lo mismo indigno de todo beneficio y oficio eclesiásticos.

Por tanto, y teniendo presente que la citada orden expresa haber visto S. S. I. esta causa y en atención a lo que se me ordena con la autoridad de Dios omnipotente, padre, hijo y espíritu santo, y en virtud de la facultad que por absoluta imposibilidad de ejecutar esta degradación por sí mismo me ha conferido el Ilustrísimo Señor Diocesano, privo para siempre por esta sentencia definitiva al mencionado don Miguel Hidalgo y Costilla, de todos lo beneficios y oficios eclesiásticos que obtiene deponiéndolo, como lo depongo por la presente, de todos ellos... y declaro asimismo, que en virtud de esta sentencia, debe procederse a la degradación actual y real, con entero arreglo a lo que disponen los sagrados cánones, y conforme a la práctica y solemnidades que para iguales casos prescribe el pontífice romano.

Así lo pronunció, mandó y firmó el juez comisionado en unión de sus asociados ante mí, de que doy fe.

Francisco Fernández Valentín, José Mateo Sánchez Álvarez, fray José Tarraga, guardián Juan Francisco García. Ante mí, fray José María Rojas.

### DEGRADACIÓN Y ENTREGA DEL REO A LA AUTORIDAD MILITAR

El 29 del propio mes y año, estando el señor juez en el Hospital Real de esta villa, con sus asociados y varias personas eclesiásticas y seculares que acudieron a presenciar el acto, compareció en hábitos clericales el reo cura Miguel Hidalgo y Costilla en el paraje destinado para pronunciar y hacerle la precedente sentencia; y después de habérsele quitado las prisiones, y quedado libre, los eclesiásticos destinados para el efecto lo revistieron de todos los ornamentos de su orden presbiterial de color encarnado, y el señor juez pasó a ocupar la silla que en lugar conveniente le estaba preparada, revestido de amito, alba, cíngulo, estola y capa pluvial, e inclinado al pueblo, y acompañándolo el juez secular teniente coronel don Manuel Salcedo, gobernador de Tejas, puesto de rodillas el reo ante el referido comisionado, éste manifestó al pueblo la causa de su degradación, y enseguida pronunció contra él la sentencia anterior, y concluida su lectura procedió a desnudarlo de todos los ornamentos de su orden, empezando por el último, y descendiendo gradualmente hasta el primero en la forma que prescribe el pontifical romano... y después de haber intercedido por el reo con la mayor instancia y encarecimiento ante el juez real para que se le mitigase la pena, no imponiéndole la de muerte ni la de mutilación de miembros, los ministros de la curia seglar recibieron bajo su custodia al citado reo, ya degradado, llevándolo consigo, y firmaron esta diligencia el señor delegado con sus compañeros de que doy fe.

Fernández Valentín, José María Sánchez Álvarez, fray José Tarraga, guardián Juan Francisco García. Ante mí, fray José María Rojas.

## Documento 8

## MORELOS

BANDO ABOLIENDO LAS CASTAS Y LA ESCLAVITUD ENTRE LOS MEXICANOS. EL BACHILLER DON JOSÉ MARÍA MORELOS, CURA Y JUEZ ECLESIÁSTICO DE CARACUARO, TENIENTE DEL EXCELENTÍSIMO SEÑOR DON MIGUEL HIDALGO, CAPITÁN GENERAL DE LA AMÉRICA (17 DE NOVIEMBRE DE 1810)

Por el presente y a nombre de Su Excelencia hago público y notorio a todos los moradores de esta América el establecimiento del nuevo gobierno por el cual, a excepción de los europeos todos los demás avisamos, no se nombran en calidades de indios, mulatos, ni castas, sino todos generalmente americanos. Nadie pagará tributo, ni habrá esclavos en lo sucesivo, y todos los que los tengan, sus amos serán castigados. No hay cajas de comunidad, y los indios percibirán las rentas de sus tierras como suyas propias en lo que son las tierras.

*Fuente:* Morelos, *Documentos...,* I-123.

Todo americano que deba cualquiera cantidad a los europeos no está obligado a pagársela; pero si al contrario debe el europeo, pagará con todo rigor lo que deba al americano.

Todo reo se pondrá en libertad con apercibimiento que el que delinquiere en el mismo delito, o en otro cualquiera que desdiga a la honradez de un hombre será castigado.

La pólvora no es contrabando, y podrá labrarla el que quiera. El estanco del tabaco y alcabalas seguirá por ahora para sostener tropas y otras muchas gracias que considera Su Excelencia y concede para descanso de los americanos. Que las plazas y empleos están entre nosotros, y no los pueden obtener los ultramarinos aunque estén indultados.

Cuartel general del Aguacatillo, 17 de noviembre de 1810.

José María Morelos.

## Documento 9

## MORELOS

Decreto de Morelos que contiene varias medidas, particularmente sobre la guerra de castas (13 de octubre de 1811) *

Don José María Morelos, teniente general de ejército y general en jefe de los del Sur, etcétera.

Por cuanto un grandísimo equívoco que se ha padecido en esta costa, iba a precipitar a todos sus habitantes a la más horrorosa anarquía, o más bien en la más lamentable desolación, provenido este daño de excederse los oficiales de los límites de sus facultades, queriendo proceder el inferior contra el superior, cuya revolución ha entorpecido en gran manera los progresos de nuestras armas: y para cortar de raíz semejantes perturbaciones y desórdenes, ha venido en declarar por decreto de este día los puntos siguientes:

Que nuestro sistema sólo se encamina a que el gobierno político y militar que reside en los europeos recaiga en los criollos, quienes guardarán mejor los derechos del señor don Fernando VII; y en consecuencia, de que no haya distinción de calidades, sino que todos generalmente nos nombremos americanos, para que mirándonos como hermanos, vivamos en la santa paz que Nuestro Redentor Jesucristo nos dejó cuando hizo su triunfante subida a los cielos, de

* Fuente: *Documentos de la guerra...*, pp. 29-31.

que se sigue que todos deben conocerlo, que no hay motivo para que las que se llaman castas quieran destruirse unos con otros, los blancos contra los negros, o éstos contra los naturales, pues sería el yerro mayor que podrían cometer los hombres, cuyo hecho no ha tenido ejemplar en todos los siglos y naciones, y mucho menos debíamos permitirlo en la presente época, porque sería la causa de nuestra total perdición espiritual y temporal.

Que siendo los blancos los primeros representantes del reino y los que primero tomaron las armas en defensa de los naturales de los pueblos y demás castas, uniformándose con ellos, deben ser los blancos, por este mérito, el objeto de nuestra gratitud y no del odio que se quiere formar contra ellos.

Que los oficiales de las tropas, jueces y comisionados no deben excederse de los términos de las facultades que se conceden a sus empleos, ni menos proceda el inferior contra el superior si no fuese con especial comisión mía o de la suprema junta, por escrito y no de palabra, la que manifestará a la persona contra quien fuere a proceder.

Que ningún oficial como juez, ni comisario, ni gente sin autoridad, dé auxilio para proceder el inferior contra el superior, mientras no se le manifieste orden especial mía o de su majestad la suprema junta, y se le haga saber por persona fidedigna.

Que ningún individuo, sea quien fuere, tome la voz de la nación para estos procedimientos y otros alborotos, pues habiendo superioridad legítima y autorizada, deben ocurrir a ésta en los casos arduos y de traición, y ninguno procederá con autoridad propia.

Que no siendo como no es nuestro sistema proceder contra los ricos por razón de tales, ni menos contra los ricos criollos, ninguno se atreverá a echar mano de sus bienes por muy rico que sea; por ser contra todo derecho semejante acción, principalmente contra la ley divina, que nos prohibe hurtar y tomar lo ajeno contra la voluntad de su dueño, y aun el pensamiento de codiciar las cosas ajenas.

Que aun siendo culpados algunos ricos europeos o criollos, no se eche mano de sus bienes sino con orden expresa del superior de la expedición, y con orden y reglas que deben efectuarse por secuestro o embargo, para que todo tenga el uso debido.

Que los que se atrevieren a cometer atentados contra lo dispuesto de este decreto, serán castigados con todo el rigor de las leyes, y la misma pena tendrán los que idearon sediciones y alborotos en otros acontecimientos que aquí no se expresan por indefinidos en los espíritus de malignidad, pero que son opuestos a la ley de Dios, tranquilidad de los habitantes del reino y progreso de nuestras armas.

Y para que llegue a noticia de todos y nadie alegue ignorancia, mando se publique por bando en esta ciudad y su partido, y en los demás de los comprensión de mi mando, y se fije en los parajes acostumbrados.

Es hecho en la ciudad de Nuestra Señora de Guadalupe de Tecpan, a 13 de octubre de 1811.

Documento 10

IGNACIO RAYÓN Y JOSÉ MARÍA LICEAGA

CARTA DEL LICENCIADO IGNACIO RAYÓN Y JOSÉ MARÍA LICEAGA
AL VIRREY VENEGAS (22 DE ABRIL DE 1811)

El 16 del próximo pasado marzo, momentos antes de partir los señores Hidalgo y Allende para tierra adentro, celebraron junta general con objeto de determinar jefes y comandantes de la división y parte del ejército operante, destinado en tierra afuera, en lo que fuimos electos los que suscribimos por unanimidad de votos.

Entre las resoluciones que hemos tomado como conducentes al feliz éxito de la justa causa que defendemos, y en obsequio de la justicia, natural equidad y común utilidad de la patria, ha sido la primera en manifestar sencillamente el objeto de nuestra solicitud, causas que la promovieron y utilidades porque todo habitante de América debe exhalar hasta el último aliento, antes de desistir de tan gloriosa empresa.

Por práctica experiencia conocemos que no sólo los pueblos y personas indiferentes, sino muchos que militan en nuestras banderas americanas, careciendo de esos esenciales conocimientos, se hallan embargados para explicar el sistema adoptado y razones porque debe sostenerse. En cuya virtud deberá vuestra señoría estar en la inteligencia que la empresa queda circunscrita bajo estas sencillas proposiciones.

Que siendo notorio y habiéndose publicado por disposición del gobierno la prisión que traidoramente se ejecutó en las personas de nuestros reyes y su dinastía, no tuvo embarazo la península de España, a pesar de los consejos, gobiernos, intendencias y demás legítimas autoridades establecidas, de instalar una *junta central gubernativa*, ni tampoco lo tuvieron las provincias de ella para celebrar las particulares que a cada paso nos refieren los papeles públicos, a cuyo ejemplo y con noticia cierta de que la España toda y por todas partes, se

*Fuente:* Hernández y Dávalos, *op. cit.,* III-279-81.

ha ido vilmente entregando al dominio de Bonaparte, con proscripción de los derechos de la corona y prostitución de la santa religión; la piadosa América intenta erigir un congreso o junta nacional bajo cuyos auspicios, conservando nuestra legislación eclesiástica y cristiana disciplina, permanezcan ilesos los derechos del muy amado señor don Fernando VII, se suspenda el saqueo y desolación, que bajo el pretexto de *consolidación, donativos, préstamos patrióticos* y otros emblemas se estaban verificando en todo el reino, y lo liberte, por último, de la entrega que, según alguna fundada opinión, estaba ya tratada, y a verificar por algunos europeos miserablemente fascinados de la astuta sagacidad *bonapartina.*

La notoria utilidad de este congreso nos excusa exponerla; su trascendencia a todo habitante de esta América, especialmente al europeo, a nadie se oculta; el que se resista a su ejecución no depende de otra cosa ciertamente, sino de la antigua posesión en que el europeo se hallaba de obtener toda clase de empleos, de la que es muy sensible desprenderse con los mayores sacrificios. El fermento es universal; la nación está comprometida; los estragos han sido muchos, y se preparan muchos más; los gobiernos en tales circunstancias deben indispensablemente tomar el partido más obvio y acomodado a la tranquilidad del reino; nuestras proposiciones nos parecen las más justas, sensatas y convenientes. Tenemos noticias de haber llegado al Saltillo papeles del gobierno, pero ignoramos su contenido, porque fue un misterio que se reveló a pocos. Sospechamos que franquearán alguna puerta a la pacificación del continente, y hemos suspendido todo procedimiento sobre las personas de los europeos, habiendo dejado en el Saltillo los que existían, incluso al señor conde de Castro Terreno, y remitiendo a vuestra señoría los que se encontraron en esta ciudad para que en su compañía estén a cubierto de los insultos de la tropa, entretanto se acuerda lo conveniente.

Quisiéramos a la verdad, sin que se entienda que lo hacemos por pusilanimidad, que vuestra señoría tuviera la bondad de exponer con franqueza lo que hay en el particular, en la inteligencia de que nos hallamos a la cabeza del primer cuerpo de las tropas americanas y victoriosas, y de que garantizamos la conducta de las demás sobre la observancia de nuestras resoluciones en la consolidación de un gobierno permanente, justo y equitativo.

Dios, etcétera.

Cuartel general en Zacatecas, abril 22 de 1811.

Licenciado Ignacio Rayón. José María Liceaga.

Documento 11

## MANIFIESTO DE LA NACIÓN AMERICANA A LOS EUROPEOS

Manifiesto de la nación americana a los europeos habitantes
de este continente (marzo de 1812)

*Plan de Paz y Guerra*

Hermanos, amigos y conciudadanos:

La Santa religión que profesamos, la recta razón, la humanidad, el parentesco, la amistad, y cuantos vínculos respetables nos unen estrechamente de todos los modos que pueden unirse los habitantes de un mismo suelo, que veneran a un mismo soberano, y viven bajo la protección de unas propias leyes, exigen imperiosamente que prestéis atento oído a nuestras justas quejas y pretensiones. La guerra, este azote cruel, devastador de los reinos más florecientes, y manantial perpetuo de desdichas, no puede producirnos utilidad alguna, sea el que fuere el partido vencedor, a quien pasada la turbación no quedará otra cosa más que una maligna complacencia de su victoria; pero tendrá que llorar por muchos años pérdidas y males irreparables, comprendiéndose acaso entre ellos, como es muy de temerse, el de que una mano extranjera de las muchas que anhelan poseer esta porción preciosa de la monarquía española, provocada por nosotros mismos, y aprovechándose de nuestra desunión, nos imponga la ley cuando ya no sea tiempo de evitarlo, mientras que frenéticos con un ciego furor nos acuchillamos unos a otros, sin querer oírnos ni examinar nuestros recíprocos derechos, ni saber cuáles sean nuestras miras; obstinados vosotros por vuestra parte en calumniarnos en vuestras providencias judiciales y papeles públicos, fundados en una afectada equivocación y absoluto desentendimiento del fondo de nuestras intenciones.

Por vuestra felicidad, pues, más bien que por la nuestra, deseáramos terminar unas desgracias y desavenencias que están escandalizando al orbe entero, y acaso preparándonos en alguna potencia extranjera desastres que tengamos que sentir ya tarde, cuando no podamos evitarlos. Y así, a nombre de nuestra común fraternidad y demás sagrados vínculos que nos unen, os pedimos que examinéis atentamente, con imparcialidad sabia y cristiana, los siguientes planes de paz y de guerra, fundados en principios evidentes de derecho público y natural, los cuales os proponemos a beneficio de la humanidad, para que eligiendo el que os agrade, ceda siempre en utilidad de la nación: sean nuestros jueces el carácter nacional, y las estrecheces de circunstancias las más críticas, bajo las cuales está gimiendo la América.

*Plan de paz, principios naturales y legales en que se funda*

1.º La soberanía reside en la masa de la nación.

2.º España y América son partes integrantes de la monarquía sujetas al rey; pero iguales entre sí, y sin dependencia o subordinación de la una respecto de la otra.

3.º Más derecho tiene la América fiel para convocar cortes, y llamar representantes de los pocos patriotas de España que está contagiada de infidencias, que para llamar de las Américas diputados, por medio de los cuales nunca podemos estar dignamente representados.

4.º Ausente el soberano, ningún derecho tienen los habitantes de la península para apropiarse la suprema potestad, y representar la real persona en estos dominios.

5.º Todas las autoridades dimanadas de este origen, son nulas.

6.º El conspirar contra ellas la nación americana, no es más que usar de su derecho.

7.º Lejos de ser esto un delito de lesa-majestad (en caso de ser algunos, sería de lesos-gachupines), es un servicio digno del reconocimiento del rey, y una efusión de su patriotismo, que su majestad aprobaría si estuviera presente.

8.º Después de lo ocurrido en la península y en este continente desde el trastorno del trono, la nación americana es acreedora a una garantía para su seguridad, y no puede ser otra que poner una ejecución el derecho que tiene de guardar estos dominios a su soberano, por sí misma, sin intervención de gente europea.

*De tan incontrastables principios se deducen estas justas pretensiones*

1.ª Que los europeos resignen el mando y la fuerza armada a un congreso nacional e independiente de España, representativo de Fernando VII que afiance sus derechos en estos dominios.

2.ª Que los europeos queden en clase de ciudadanos, viviendo bajo la protección de las leyes, sin ser perjudicados en sus personas, familias ni hacienda.

3.ª Que los europeos actualmente empleados, queden con los honores, fueros y privilegios, y con alguna parte de las rentas de sus respectivos destinos, pero sin el ejercicio de ellos.

4.ª Que declarada y sancionada la Independencia, se echen en olvido de una y otra parte todos los agravios y acontecimientos pasados, tomándose a este fin las providencias más activas, y todos los habitantes de este suelo, así criollos como europeos, constituyan indistintamente una nación de ciudadanos americanos, vasallos de Fernando VII, empeñados en promover la felicidad pública.

5.ª Que en tal caso, la América podrá contribuir a los pocos españoles empeñados en sostener la guerra de España, con las asignaciones que el congreso nacional les imponga en testimonio de su fraternidad con la península.

6.ª Que los europeos que quieran espontáneamente salir del reino, obtengan pasaporte para donde más les acomode; pero en este caso los empleados no perciban antes la parte de renta que se les asignare.

### Plan de guerra, principios indubitables en que se funda

1.º La guerra entre europeos y americanos, no debe ser más cruel que entre naciones extranjeras.

2.º Los partidos beligerantes reconocen a Fernando VII. Los americanos han dado de esto pruebas evidentes, jurándolo y proclamándolo en todas partes, llevando su retrato por divisa, invocando su nombre en sus títulos y providencias, y entusiasmo de todos, y sobre este pie ha caminado siempre el partido de la insurrección.

3.º Los derechos de gentes y de guerra inviolables entre naciones infieles y bárbaras, deben serlo entre nosotros, profesores de una misma creencia, y sujetos a un mismo soberano y a unas mismas leyes.

4.º Es opuesto a la moral cristiana proceder por odio, rencor o venganza personal.

5.º Supuesto que la espada ha de decidir, y no las armas de la racionalidad y prudencia, por convenios y ajustes concertados sobre las bases de la equidad natural, la lid debe continuarse del modo que sea menos opuesto a la humanidad demasiada para dejar de ser objeto de nuestra tierna compasión.

De aquí se deducen naturalmente estas justas pretensiones.

1.ª Que los prisioneros no sean tratados como reos de lesa-majestad.

2.ª Que a ninguno se sentencie a muerte, ni se destine por esta causa; sino que se mantengan todos en rehenes para su canje.

3.ª Que no sean incomodados con grillos ni encierros, sino que siendo ésta una providencia de mera precaución, se pongan sueltos en un paraje donde no perjudiquen las miras del partido donde se hallen arrestados.

4.ª Que cada uno sea tratado según su clase y dignidad.

5.ª Que no permitiendo el derecho de guerra la efusión de sangre, sino en el actual ejercicio del combate, concluido éste, no se mate a nadie, ni se hostilice a los que huyen o rinden las armas, sino que sean hechos prisioneros por el vencedor.

6.ª Que siendo contra el mismo derecho, y contra el natural, entrar a sangre y fuego en las poblaciones, o asignar por diezmo o quinto personas del pueblo para el degüello, en que se confunden inocentes y culpados, nadie se atreva, bajo de serveras penas, a cometer este atentado horroroso, que tanto deshonra a una nación cristiana, y de buena legislación.

7.ª Que no sean perjudicados los habitantes de los pueblos indefensos, por donde transiten indistintamente los ejércitos de ambos partidos.

8.ª Que estando ya a la hora de ésta, desengañado todo el mundo acerca de los verdaderos motivos de la guerra, y no teniendo lugar el ardid de enlazar esta causa con la de religión, como se pretendió al principio, se abstenga el estado eclesiástico de prostituir su ministerio con declamaciones, sugestiones, y de otros cualesquiera modos, conteniéndose dentro de los límites de su inspección.

Y los tribunales eclesiásticos no entrometerán sus armas vedadas en asuntos puramente de Estado, que no le pertenece; pues de lo contrario, abaten seguramente su dignidad, como está demostrando la experiencia, y exponen sus decretos y censuras a la mofa, irrisión y desprecio del pueblo, que en masa está ansiosamente deseando el triunfo de su patria.

Entendidos de que en este caso no seremos responsables de las resultas por parte de los pueblos entusiasmados por su nación, aunque por la nuestra, protestamos desde ahora para siempre nuestro respeto y profunda veneración a su carácter y jurisdicción, en cosas propias de su ministerio.

9.ª Que siendo éste un negocio de la mayor importancia, que concierne a todos y a cada uno de los habitantes de este suelo, indistintamente se publique este manifiesto y sus proposiciones, por medio de los periódicos de la capital del reino, para que el pueblo compuesto de americanos y europeos, instruido de los que más le interesa, indique su voluntad, la que debe ser la norma de nuestras operaciones.

10.ª Que en caso de no admitirse ninguno de los planes propuestos, se observarán rigurosamente las represalias.

Ved aquí, hermanos y amigos nuestros, las proposiciones religiosas y políticas, fundadas en principios de equidad natural que os hacemos, consternados de los males que afligen a toda la nación. En una mano os presentamos el ramo de la oliva, y en la otra la espada; pero no perdiendo de vista los enlaces que nos unen, teniendo presente: que por nuestras venas circula sangre europea, y que la que actualmente está derramándose con enorme detrimento de la monarquía, y con el objeto de mantener íntegra, durante la ausencia del soberano, toda es española.

¿Qué impedimento justo tenéis para examinar nuestras proposiciones? ¿Cómo podéis cohonestar la terca obstinación de no querer oírnos? ¿Somos acaso de menos condición que el populacho de un solo lugar de España? ¿Y vosotros sois de mejor jerarquía que la de los reyes? ¡Carlos III descendió de su trono para oír a un plebeyo que llevaba la voz del pueblo en Madrid! A Carlos IV le costó nada menos que la abdicación de la corona el tumulto de Aranjuez. ¿Sólo a los americanos cuando quieran hablar a sus hermanos, en todo iguales a ellos, en tiempo en que no hay rey, se les ha de contestar a balazos? No hay pretexto con que podáis cohonestar este rasgo del mayor despotismo.

Si al presente que os hablamos por última vez, después de haberlo procurado infinitas, rehusáis admitir alguno de nuestros avisos, nos quedará la satisfacción de haberlos propuesto, en cumplimineto de los más sagrados deberes, que no saben mirar con indiferencia los hombres de bien. De este modo, quedaremos vindicados a la faz del orbe, y la posteridad no tendrá que echarnos en cara procedimientos irregulares. Pero en tal caso, acordaos que hay un Supremo severísimo juez, a quien tarde o temprano habéis de dar cuenta de vuestras operaciones, y de sus resultas y relatos espantosos, de que os hacemos responsables desde ahora para cuando el arpón de crueles remordimientos clavado en medio de una conciencia despejada de preocupaciones, no deja lugar más que a vanos e inútiles arrepentimientos.

Acordaos que la suerte de América no está decidida; que la de las armas no siempre os favorece, y que las represalias en todo tiempo son terribles. Hermanos, amigos y conciudadanos, abracémonos y seamos felices en vez de hacernos mutuamente desdichados.

Real de Sultepec, y marzo, 16 de 1812.

Doctor José María Cos.

## Documento 12
## PROSPECTO AL ILUSTRADOR NACIONAL

PROSPECTO AL ILUSTRADOR NACIONAL
(Real de Sultepec, 11 de abril de 1812)

Americanos: La primera vista de estos caracteres os llena de complacencia, asegurándoos en el justo concepto que habéis formado de los incesantes des-

* *Fuente:* G. García, *op. cit.*, III. Acerca del periodismo de la época ver J. M. Miquel y Verges, *La Independencia mexicana y la prensa insurgente*, México, El Colegio de México, 1941, 343 pp.; acerca de Quintana Roo, ver N. Rangel, *Biografía de don Andrés Quintana Roo*, en E. González Ugarte y A. Pagaza, *Bibliografía sumaria del territorio de Quintana*

velos, y activos conatos con que la nación se aplica infatigablemente a promover de todos modos, su pública felicidad. Una imprenta fabricada por nuestras propias manos entre la agitación y estruendo de la guerra y en un estado
de movilidad, sin artífices, sin instrumentos, y sin otras luces que las que nos
han dado la reflexión y la necesidad, es un comprobante incontestable del in-
genio americano siempre fecundísimo en recursos e incansable en sus extraordinarios esfuerzos por sacudir el yugo degradante y opresor. Mas para conseguir este importante medio de ilustraros, ¡cuántas dificultades se han tenido
que vencer! ¡Cuántos obstáculos que superar! ¡Creedlo: nuestro heroico entusiasmo que nos hace arrostrar las empresas más arduas, que nos transforma de
militares en artistas de todas las clases, que nos ha enseñado a fabricar pistolas
y fusiles tan buenos como los de Londres, que en el momento en que una
desgracia nos hace perder treinta piezas de artillería, nos las repone con ventaja; ésta nos ha proporcionado a costa de trabajos inmensos y de fatigas sinnú-
mero la gran satisfacción de instruirnos por medio de este periódico de un negocio que absoluta y legítimamente es vuestro por todos sus aspectos y enlaces.
La Divina Providencia que nos protege de un modo visible, nos ha concedido
ver cumplidos en parte nuestros deseos.

La prensa se contrae por ahora a poner en claro las relaciones interiores
de la nación. Con este objeto saldrá, desde hoy, el sábado de cada semana,
nuestro *Ilustrador Nacional,* nombre que por varias consideraciones se ha tenido
a bien sustituir al de nuestro *Despertador Americano.* Por él sabréis a fondo las
pretensiones de la nación en la actual guerra, sus motivos y circunstancias y la
justicia de nuestra causa: él os instruirá del estado actual de nuestro gobierno
político, militar y económico: tratará de las fuerzas de nuestros ejércitos, los
jefes de ellos, y sus operaciones sobre el enemigo: en contraposición a la conducta del intruso gobierno, se darán los detalles con verdad y exactitud, se co-
municarán los partes que se nos dirijan, y por último, sabréis los esfuerzos raros de la nación por conseguir su libertad.

Su precio será el de un real, y a los sujetos que se suscriban se darán por
tres reales los 4 números de cada mes; para cuyo fin podrán ocurrir a la casa
de don Manuel Peyón, contigua a la de la imprenta: allí mismo se expenderán
los ejemplares el día indicado.

Por disposición del superior gobierno toda persona de cualquier clase que
sea tiene plena facultad para escribir cuanto le agrade, sin restricción: las que
gustan favorecernos con sus producciones, llevarán sus papeles a la casa de la

*Roo,* México, Dapp, 1937, 142 pp. (Bibliografías Mexicanas, n. 3), pp. 121-126; M. Miranda y Marrón, *Vida y escritos del héroe insurgente licenciado don Andrés Quintana Roo,*
México, Imp. y fototip. de la Secretaría de Fomento, 1910, 155 pp. ils.

imprenta en cuya ventana hallarán una abertura semejante a la de las estafetas, por donde los arrojarán al depósito. Los habitantes de países oprimidos los entregarán a nuestras avanzadas más inmediatas, teniendo la precaución de roturlarlos, al excelentísimo señor vocal en turno del supremo congreso americano, para que no se extravíen encontrándose con las providencias de gobierno y de la junta de seguridad nacional dirigidas a impedir la introducción de papeles salidos de países enemigos.

Ciudadanos de América: los crepúsculos del día suspirado de vuestra completa felicidad se aumentan por instantes, los grillos se desprenden de vuestros pies, y vuestras manos no están ya encadenadas: levantad al cielo y tributad humildes gracias al Dios de toda bondad que se ha dignado echar una ojeada de misericordia hacia el profundo abismo de nuestro abatimiento: él ha contado nuestras lágrimas, ha recibido nuestros suspiros, ha pesado nuestras aflicciones, y nuestras penas han ocupado un lugar distinguido en los eternos fines de sus misericordias. Mexicanos, guadalajareños, zacatecanos, todos los que estáis confinados en las capitales con menos libertad que si os hallaseis cautivos en Argel, expuestos a cada instante a ser víctimas de la crueldad en espantosas reclusiones, en los presidios y cadalsos, por una palabra equívoca o por una *guiñada de ojo*, desahogad con vuestros hermanos por medio de este periódico, vuestro oprimido corazón. El mundo entero va a saber el exceso de tiranía brutal bajo la cual gemimos degradados. ¡Situación cruel!, que nos ha dado derecho a aplicarnos con toda exactitud al epígrafe que lleva a la frente este periódico.

## Documento 13

### VENEGAS

Decreto del Virrey Venegas por el que ordena sean quemadas las proclamas de los insurgentes (abril de 1812)

Don Francisco Javier Venegas de Saavedra, Rodríguez de Arenzana, Güemes, Mora, Pacheco, Daza y Maldonado, caballero de la Orden de Calatrava, teniente general de los reales ejércitos, virrey, gobernador y capitán general de esta Nueva España, presidente de su Real Audiencia, superintendente general, subdelegado de Real Hacienda, minas, azogues y ramo del tabaco, juez conser-

*Fuente*: G. García, *Documentos históricos mexicanos. Obra conmemorativa del primer centenario de la Independencia de México* 7 v., Museo Nacional de Antropología, Historia y Etnología, 1910, III-10.

vador de éste, presidente de su real junta, y subdelegado general de correos en el mismo reino. Habiendo tenido los rebeldes cura don José María Cos y prebendado don Francisco Velasco el atrevimiento de dirigir a esta superioridad y a algunos cuerpos respetables, varios papeles sediciosos: he resuelto que inmediatamente se quemen éstos en la plaza mayor de esta capital por mano de verdugo, como va a ejecutarse, no por la importancia de dichos libelos que son en sí tan despreciables como sus infames autores, sino por tres razones principales, que son, la primera, el enorme agravio que los citados rebeldes Cos y Velasco hacen en ellos a los naturales de este reino, con aprobación y orden expresa de los cabecillas Rayón, Liceaga, y Verduzco, suponiendo que todos son insurgentes y están penetrados de los mismos criminales sentimientos que el pérfido cura de Dolores, cuando me consta y es bien notoria su constante acendrada fidelidad y los sacrificios que han hecho y continúan en defensa del rey y de la patria: la segunda la injuria enorme que hacen a las tropas de su majestad, compuestas casi todas de naturales del país, en atribuirles calumniosamente igual adhesión a los perversos y los delitos y atrocidades que cometen los insurgentes, y aun los horrores que no han sucedido y que ellos solos pudieran ser capaces de cometer, al paso que tanto los jefes y oficiales, como las tropas que mandan, se han conducido con la mayor moderación, la subordinación más sumisa, el patriotismo más acendrado y el heroico valor de que dan testimonio sus rápidas y continuadas victorias; y la tercera, la de que dirigiéndose estos papeles y las proposiciones que en ellos se contienen, a que los naturales del país y los europeos se unan para poner este reino independiente de los de España y de los demás de la monarquía, desconocer la autoridad suprema que en todos está ejerciendo el soberano congreso de las cortes generales y extraordinarias, y negarles la obediencia que con tanta solemnidad les está jurada, no encuentro otro medio mejor que dar a conocer el horror y la abominación con que miran estas escandalosas proposiciones los fidelísimos y religiosísimos habitantes de este reino, que el de entregar al fuego los sobredichos papeles en la forma expresada, satisfecho de que todos concurrirían a hacerlo con los mismos autores si los pudiesen haber a las manos. Y para que esta resolución llegue a noticia del público, mando se promulgue por bando en esta capital, remitiéndose los correspondientes ejemplares a los tribunales, prelados, jefes y magistrados de ella, e insertándose en la *Gaceta del Gobierno*.

Dado en el Real Palacio de México, de abril de 1812.

Francisco Xavier Venegas.

Por mandado de su excelencia.

Documento 14

RAYÓN

Comunicación de Rayón al presidente del Congreso de los Estados Unidos y al emperador de Haití (1813-1814)

Al excelentísimo señor presidente del Supremo Congreso de los Estados Unidos de América en la corte de Washington.

Excelentísimo señor:

Las credenciales dirigidas al Soberano Congreso, que favorecen al coronel don Francisco Antonio Peredo instruyen a vuestra excelencia en lo público del oficio: y en lo privado me lisonjeo con los colegas de este mi congreso imperial de referirme a vuestra excelencia con las expresiones más íntimas de sincera hermandad, poniendo a su disposición, mi persona y todos mis arbitrios. La naturaleza ha unido el continente de nuestra dicha América y parece consiguiente que esta misma unión sea trascendental a los hombres libres que habitamos en él. Sobre este principio nada tengo que añadir a las credenciales concebidas, si no es el inagotable deseo de que me domine vuestra excelencia. Excelentísimo señor. Su más adicto hermano que le aprecia y desea todo bien.

Ignacio Rayón. Excelentísimo señor presidente del Supremo Congreso de los Estados Unidos.

A su majestad ilustrísima Cristóbal 1.°, emperador de Haití, en su corte imperial de Puerto Príncipe.

Señor:

La augusta investidura que tan dignamente condecora a vuestra majestad ilustrísima abre la brecha más lisonjera para que este congreso imperial conmigo su presidente se dirija a la augusta persona de vuestra majestad ilustrísma con las relaciones más estrechas de unión y amistad fraternal como leales americanos.

Por este sagrado vínculo con que la naturaleza nos liga, espero que el poder soberano de vuestra majestad ilustrísima coadyuve a las justas miras de la independencia y libertad, que ya gracias a Dios se disfruta casi del todo en este continente, aunque luchando todavía en la lid sangrienta con que empezamos.

Las credenciales que autorizan al enviado para la entrega de éstas con los documentos que le acompañan correrán el velo a nuestro estado actual e instruirán a vuestra majestad ilustrísima de los pormenores que verbalmente deberá producir dicho enviado.

Entretanto me lisonjeo de ser señor de vuestra majestad ilustrísima su más adicto y fiel hermano.

Ignacio Rayón.

*El presidente de Haití a don José Bernardo Gutiérrez que no puede*
*proporcionarle los socorros que solicita. Agosto, 15 de 1814*

Republique d'Haiti.–Au Port au Prince le 15 aout 1814. an X. I de l'Independance.–Alexandre Petion, Président d'Haiti, A Monsieur le Général Don Joseph Bérnard Gutierrez Général en chef de la Province de Béjar en Amerique.

J'ai recu, Monsieur le Géneral, la letre que m'a apporté de votre part Don Pedro Girard votre agent, la quélle est daté de la nouvelle Orléans le 22 Juin dernier et á par but de me demander des secours pour récouperer la Province de Béjar au nom du Gouvernement de Méxique. La République que j'ai l'honneur de presider, se considerant en paix avec toutes les nations et ayant en consequence adopté un systeme de parfaite neutralité, ne péus faire aucun armement ni expeditions quelconques, si cen ést pour la sécurite intérieure de son territoire; votre réclamations ne peut donc etre ecoutée par moi. Je férai fournir á Don Girard, comme vous me priee, les alimens quil aura besoin pour son retours J'ai L'Honneur de vous saluer.–Petion.

## Documento 15

## RAYÓN

### Elementos constitucionales circulados por el señor Rayón
### (4 de septiembre de 1812)

Copia de los elementos de nuestra Constitución.

Núm. 1. La Independencia de la América es demasiado justa, aun cuando España no hubiera sustituido al gobierno de los Borbones el de unas juntas a todas luces nulas, cuyos resultados han sido conducir a la Península al borde de su destrucción. Todo el universo, comprendidos los enemigos de nuestra felicidad, han conocido esta verdad; mas han procurado presentarla aborrecible a los incautos, haciéndola creer que los autores de nuestra gloriosa Independencia han tenido otras miras, que, o las miserables de un total desenfreno o las odiosas de un absoluto despotismo.

Los primeros movimientos han prestado apariencia de su opinión; las expresiones de los pueblos oprimidos y tiranizados en los crepúsculos de su libertad se han pretendido identificar con los de sus jefes, necesitados muchas veces a condescender mal de su grado, y nuestros sucesos se hallan anunciados en los papeles públicos casi al mismo tiempo en que el tribunal más respetable de la nación nos atemoriza; sólo el profundo conocimiento de nuestra justicia fue capaz de superiorizarnos a estos obstáculos.

La conducta de nuestras tropas que presentan un riguroso contraste con la de esos pérfidos enemigos de nuestra libertad, ha sido bastante a confundir las calumnias con que esos gaceteros, y publicistas aduladores han empeñádose en denigrarnos; la corte misma de nuestra nación ha sido testigo del brutal desenfreno, y manejo escandaloso de esos proclamados defensores de nuestra religión; ellos sellan sus triunfos con la impiedad, la sangre de nuestros hermanos indefensos, la destrucción de poblaciones numerosas, y la profanación de templos sacrosantos; he aquí los resultados de sus triunfos. Aun todo esto es suficiente para que esos orgullosos europeos confiesen la justicia de nuestras solicitudes, y no pierden momento de hacer creer a la nación que se halla amenazada de una espantosa anarquía.

Nosotros, pues, tenemos la increíble satisfacción, y el alto honor de haber merecido a los pueblos libres de nuestra patria componer el Supremo Tribunal de la Nación, y representar la majestad que sólo reside en ellos, aunque ocupados principalmente en abatir con el cañón y la espada las falanges de nuestros enemigos no queremos perder un momento de ofrecer a todo el universo los elementos de una constitución que ha de fijar nuestra felicidad; no es una legislación la que presentamos, ésta sólo es obra de la meditación profunda de la quietud y de la paz, para manifestar a los sabios cuáles han sido los sentimientos y deseos de nuestros pueblos, y constitución que podrá modificarse por las circunstancias; pero de ningún modo convertirse en otros.

### Puntos de nuestra Constitución

1.º   La religión católica será la única sin tolerancia de otra.

2.º   Sus ministros por ahora serán y continuarán dotados como hasta aquí.

3.º   El dogma será sostenido por la vigilancia del tribunal de la fe, cuyo reglamento conforme el santo espíritu de la disciplina, pondría distantes a sus individuos de la influencia de las autoridades constituidas, y de los excesos del despotismo.

4.º   La América es libre, e independiente de toda otra nación.

5.º   La soberanía dimana inmediatamente del pueblo, reside en la persona del señor don Fernando VII y su ejercicio en el Supremo Congreso Nacional Americano.

6.º   Ningún otro derecho a esta soberanía puede ser atendido, por incontestable que parezca cuando sea perjudicial a la independencia y felicidad de la nación.

7.º El Supremo Congreso constará de cinco vocales nombrados por las representaciones de las provincias; mas por ahora se completará el número de vocales por los tres que existen en virtud de comunicación irrevocable de la potestad que tienen, y cumplimiento del pacto convencional celebrado por la nación en 21 de agosto de 1811.

8.º Las funciones de cada vocal durarán cinco años: el más antiguo hará de presidente, y el más moderno de secretario en actos reservados, o que comprendan toda la nación.

9.º No deberán ser electos todos en un año, sino sucesivamente uno cada año, cesando de sus funciones en el primero, el más antiguo.

10.º Antes de lograrse la posesión de la capital del reino, no podrán los actuales ser sustituidos por otros.

11.º En los vocales que lo sean en el momento glorioso de la posesión de México, comenzará a contarse desde este tiempo el de sus funciones.

12.º Las personas de los vocales serán inviolables en el tiempo de su ejercicio, sólo podrán proceder contra ellos en el caso de alta traición y con conocimiento reservado de los otros vocales que lo sean, y hayan sido.

13.º Las circunstancias, rentas y demás condiciones de los vocales que lo sean y hayan sido, queda reservado para cuando se formalice la constitución particular de la junta, quedando así, como punto irrevocable la rigurosa alternativa de las providencias.

14.º Habrá un consejo de Estado para las cosas de declaración de guerra y ajuste de paz, a los que deberán concurrir los oficiales de brigadier arriba, no pudiendo la suprema junta determinar sin estos requisitos.

15.º También deberá la suprema junta acordar sus determinaciones con el consejo en el caso de establecer gastos extraordinarios, obligar los bienes nacionales, o cuando se trate de aumentos inherentes pertenezcan a la causa común de la nación, debiéndose antes tener muy en consideración lo expuesto por los representantes.

16.º Los despachos de gracia y justicia, guerra y hacienda, y sus respectivos tribunales se sistemarán con conocimiento de las circunstancias.

17.º Habrá un protector nacional nombrado por los representantes.

18.º El establecimiento y derogación de las leyes, y cualquier negocio que interese a la nación, deberá proponerse en las secciones públicas por el protector nacional ante el Supremo Congreso en presencia de los representantes que prestaron su ascenso, o descenso, reservándose la decisión a la suprema junta en pluralidad de votos.

19.º Todos los vecinos de fuera que favorezcan la libertad e Independencia de la nación, serán recibidos bajo la protección de las leyes.

20.º Todo extranjero que quiera disfrutar los privilegios de ciudadano americano, deberá impetrar carta de naturaleza de la suprema junta que se concederá con acuerdo del ayuntamiento respectivo y disensión del protector nacional: mas sólo los patricios obtendrán los empleos, sin que en esta parte pueda valer privilegio alguno o carta de naturaleza.

21.º Aunque los tres poderes legislativo, ejecutivo y judicial, sean propios de la soberanía, el legislativo lo es inerrante que jamás podrá comunicarlo.

22.º Ningún empleo, cuyo honorario se erogue de los fondos públicos, o que eleve al interesado de la clase en que vivía, o le dé mayor lustre que a sus iguales, podrá llamarse de gracia, sino de rigurosa justicia.

23.º Los representantes serán nombrados cada tres años por los ayuntamientos respectivos, y éstos deberán componerse de las personas más honradas, y de proporción, no sólo de las capitales, sino de los pueblos del distrito.

24.º Queda enteramente proscrita la esclavitud.

25.º Al que hubiere nacido después de la feliz Independencia de nuestra nación, no obstarán sino los defectos personales, sin que pueda oponérsele la clase de su linaje; lo mismo deberá observarse con los que representen haber obtenido en los ejércitos americanos graduación de capitán arriba, o acrediten algún singular servicio a la patria.

26.º Nuestros puertos serán francos a las naciones extranjeras con aquellas limitaciones que aseguren la pureza del dogma.

27.º Toda persona que haya sido perjura a la nación sin perjuicio de la pena que se le aplique, se declara infame y sus bienes pertenecientes a la nación.

28.º Se declaran vacantes los destinos de los europeos, sea de la clase que fuesen e igualmente los de aquellos que de un medio público, e incontestable haya influido en sostener la causa de nuestros enemigos.

29.º Habrá una absoluta libertad de imprenta en puntos puramente científicos y políticos, con tal que estos últimos observen las miras de ilustrar y no zaherir las legislaciones establecidas.

30.º Quedan enteramente abolidos los exámenes de artesanos, y sólo los calificará el desempeño de ellos.

31.º Cada uno se respetará en su casa como en un asilo sagrado, y se administrará con las ampliaciones, restricciones que ofrezcan las circunstancias, la célebre ley *Corpus Habeas* de la Inglaterra.

32.º Queda proscrita como bárbara la tortura, sin que pueda lo contrario aun admitirse a discusión.

33.º Los días dieciséis de septiembre en que se proclama nuestra feliz Independencia, el veintinueve de septiembre y treinta y uno de julio, cumpleaños de nuestros generalísimos Hidalgo y Allende, y el doce de diciembre consagrado a nuestra amabilísima protectora Nuestra Señora de Guadalupe serán solemnizados como los más augustos de nuestra nación.

34.º Se establecerán cuatro órdenes militares, que serán la de Nuestra Señora de Guadalupe, la de Hidalgo, la Águila y Allende, pudiendo también obtenerlas los magistrados, y demás ciudadanos beneméritos que se consideren acreedores a este honor.

35.º Habrá en la nación cuatro cruces grandes respectivas a las órdenes dichas.

36.º Habrá en la nación cuatro capitanes generales.

37.º En los casos de guerra propondrán los oficales de brigadier arriba, y los consejeros de guerra al Supremo Congreso Nacional, quién de los cuatro generales debe hacer de generalísimo para los casos ejecutivos y de combinación, investiduras que no confiera graduación ni aumento de renta que cerrará concluida la guerra, y que podrá removerse del mismo modo que se constituyó.

38.º Serán capitanes generales los tres actuales de la junta, aun cuando cesen sus funciones, pues esta graducación no debe creerse inherente a la de vocal quedando a las circunstancias el nombramiento del cuarto americano, he aquí los principios fundamentos sobre que ha de llevarse la **grande** obra de nuestra felicidad; está apoyada en la libertad, y en la Independencia, y nuestros sacrificos aunque grandes son nada en comparación con la halagüeña perspectiva que se os ofrece para el último período de nuestra vida trascendental a nuestros descendientes.

El pueblo americano olvidado de unos, compadecido por otros, y despreciado por la mayor parte aparecerá ya con el esplendor y dignidad de que se ha hecho acreedor por la bizarría con que ha roto las cadenas del despotismo; la cobardía y la ociosidad será la única que infame al ciudadano, y el templo del honor abrirá indistintamente las puertas del mérito, y la virtud una santa emulación llevará a nuestros hermanos, y nosotros tendremos la dulce satisfacción de deciros: Os hemos ayudado y dirigido, hemos hecho subsistir la abundancia a la escasez, la libertad a la esclavitud, y la felicidad a la miseria; bendecid pues al Dios de los destinos que se ha dignado mirar por compasión su pueblo.

Licenciado Rayón.

## Documento 16

## BUSTAMANTE A MORELOS

El licenciado Carlos María Bustamante, a nombre de los funcionarios y Ayuntamiento de Oaxaca, manifiesta al señor Morelos la conveniencia de que esa capital sea la residencia del Congreso
(26 de mayo de 1813)

Excelentísimo señor:

El licenciado don Carlos María de Bustamante elector del pueblo de México, el M. I. ayuntamiento de la ciudad de Oaxaca, el gobernador militar de esta plaza, las corporaciones principales, y vecinos honrados de ella, convencidos de la justicia de la revolución que agita a esta América, y deseosos de poner término a los incalculables males de la guerra, tienen el honor de dirigir a vuestra excelencia sus votos, de darle gracias por sus importantes servicios, de suplicarle los continúe hasta que la nación recobre de todo punto su libertad, y sea reconocida su Independencia por la Europa.

Al mismo tiempo que expresamos estos sentimientos de nuestra gratitud a vuestra excelencia no podemos dejar de indicarle los modos que nos parecen propios para conseguir tan importante fin. La Europa está convencida de la justicia de nuestra revolución: los parlamentos de Londres, y el gobierno de Washington desean ansiosos perfeccionar esta grande obra en que se interesa la humanidad oprimida al mismo tiempo que el comercio y felicidad de ambos Estados; pero ellos no han mostrado aún su generosidad hacia nosotros porque falta un cuerpo, que siendo el órgano de nuestra voluntad, lo sea también para entenderse con aquellas potencias. Bien lo han acreditado en las negociaciones que han entablado con Caracas y Buenos Aires por haberse instalado en una y otra parte de los mejores congresos que podrían desear los padres de la política y escritores públicos, que nos han trazado las instituciones, que ahora forman la dicha de aquellos pueblos cultos.

La América, señor, no puede ser libre mientras no esté sostenida por aquellas provincias; y éstas no pueden reconocerla mientras no se presente a su cabeza un cuerpo augusto depositario de su soberanía. Era de esperar que a la primera voz de libertad dada en el pueblo de Dolores por el magnánimo Hidalgo, se hubiesen presentado apresuradamente a salvar la patria aquellos que conocen sus derechos, y que por su nacimiento y riquezas tenían doble obligación de servirla. Mas ¡oh dolor!, estos hombres, por conservar su rango de fanfarronada, por asegurar sus riquezas, y continuar cada uno en su esfera de tirano, nos han abandonado en las garras de nuestros enemigos, o formado cuerpo con ellos para oprimirnos. La obra de nuestra libertad lo es de la medianía, en cuya clase solamente se encuentra valor y sentimientos para insultar a la muerte misma, y salvar la patria. Por esto el tirano Venegas veía con horror a semejante clase de hombre, y anhelaba por su total extinción.

Convencido vuestra excelencia más que nadie de estas verdades, no podrá dejar de conocer que ahora más que nunca necesitamos apelar a nosotros mismos, y oponer una barrera inexpugnable a nuestros enemigos tanto más, cuanto que el tirano con quien las habemos es astuto, y está empeñado en desconceptuarnos, haciéndonos odiosos unos a otros, para desconcertar todas nuestras ideas. Pasó la época de una guerra sangrienta y de espada: vamos a entrar en otra de astucia y de política indeciblemente más peligrosa que la primera. Presentemos pues, a nuestros tiranos un congreso de sabios, con el que captemos la benevolencia de las potencias extranjeras, y la confianza de los pueblos de este continente. Ellos se apresurarán a lanzar de su seno a los enemigos, y acudirán al congreso como a un asilo seguro de salvación.

Éste es nuestro voto, ésta nuestra solicitud, que no creemos sea vuestra excelencia capaz de desatender en mengua de su gloriosa reputación militar. El cimiento sobre que está fundada la administración pública no es suficiente para llenar los grandes obreros de hacer la guerra, administrar justicia a los pueblos, economizar el tesoro de la nación, y tratar con las potencias extranjeras. Es necesario un crecido número de individuos que aunque suplentes representen los derechos de sus provincias, pero sujetos a un juicio inexorable de residencia, que reprima la ambición y rapacidad, y les haga temer el terrible fallo de una nación justa.

A todo ha lugar la ocupación de esta provincia por las victoriosas armas de vuestra excelencia. En ella se encuentran todas las comodidades posibles. Hay seguridad para que el congreso no sea sorprendido: se asegurará el comercio; y cuando la suerte de la guerra siempre varia conceda al enemigo la posesión del resto de la América, Oaxaca será el asilo de libertad errante; y de sus montañas saldrá otro mejor Pelayo, que sometiéndolo todo a su espada purgue el antiguo Anáhuac de las alimañas y bestias feroces de que ha estado plagado por espacio de tres siglos. Finalmente nuestras localidades marítimas nos proporcionarán un comercio directo con la Europa a cambio de efectos indígenas, con los que conseguiremos lo necesario para conservar la vida, y lo que es más, armas y tropas auxiliares para acabar de sojuzgar a nuestros enemigos.

Los cuerpos representantes no pueden desentenderse del mérito grande que han contraído los señores de la junta nacional antigua, principalmente el excelentísimo señor presidente de ella, licenciado don Ignacio López Rayón, quien después de la funesta jornada del Puente de Calderón, del Maguey, y otras, supo tremolar el pendón de nuestra libertad entre los peñascos y bosques de la memorable villa de Zitácuaro, hasta llegar a verse solo, a pie, y precisado a mendigar el sustento en unas humildes rancherías, después de haber visto morir de sed y fatiga a no pocos de sus soldados. Colóquense pues en el templo de la memoria los nombres ilustres de hombres tan constantes; y vengan a recibir los homenajes de un pueblo agradecido, pues para todo da lugar el magnánimo corazón de vuestra excelencia.

Dios guarde a vuestra excelencia muchos años.

Sala capitular de Antequera de Oaxaca, mayo, 26 de 1813.

Excelentísimo señor licenciado
don Carlos María de Bustamante.

## Documento 17

## CHILPANCINGO

CIRCULAR EN LA QUE SE SEÑALA A CHILPANCINGO PARA LA REUNIÓN DEL CONGRESO DE SEPTIEMBRE Y ELECCIÓN DEL GENERALÍSIMO (mayo de 1813)

La ilustración de los habitantes del reino, y la dolorosa experiencia de que las armas de la nación padecen con frecuencia del retroceso que casi las deja lánguidas, y en inacción, siendo nuestros anhelos que cubran las provincias con la rapidez de un nublado y brillen de tal suerte en contorno de nuestros enemigos, que cuando no los destrocen, a lo menos los acobarden e intimiden; ha obligado a todo buen patriota a meditar con la más detenida reflexión sobre el origen de tan desgraciados sucesos y tan poco conforme al grueso número de nuestras tropas, y a los deseos de la nación, y después de agotar los más sutiles discursos, no han hallado otra causa que la reunión de todos los poderes en los pocos individuos que han compuesto hasta aquí la junta soberana.

Agobiada ésta con la inmensidad de atenciones a que debe dedicarse, se hallaba enervada para poder desempeñar todos y cada uno de los grandes objetos a que debían consagrarse sus tareas. Persuadido el reino todo de esta verdad, ha exigido de mí con instancia repetida la instalación de un nuevo congreso en el que no obstante ser muy amplio por componerse de mayor número de vocales, no estén unidas las altas atribuciones de la soberanía. Por tanto, debiendo acceder a sus ruegos, he convocado a todas las provincias de las que tenemos ocupados algunos pueblos designado el de Chilpancingo y todo el mes de septiembre próximo para la celebración de un acto no menos útil que memorable y solemne.

Una de las prerrogativas más propias de la soberanía es el poder ejecutivo o mando de las armas en toda su extensión. El sujeto en quien éste recayere debe ser de toda la confianza o la mayor parte de la nación, y miembros principales de los que generosamente se han alistado en las banderas de la libertad, y para que su elección se haga patente a los señores diputados del nuevo congreso, y por su medio a la nación entera votarán por escrito de coroneles para arriba cuantos estén en servicio de las armas de los cuatro generales conocidos hasta ahora, el que fuere más idóneo y capaz de dar completo lleno al pesado y delicado cargo que va a ponerse en sus manos, remitiendo sus sufragios a esta capitanía general para presentarlos, unidos con los de los electores que por cada parroquia han de concurrir a los señores diputados, de cuya pluralidad de votos resultará legítimamente electo el generalísimo de las armas, y asentado el poder ejecutivo, atributo de la soberanía, partido de los demás en ejercicio. Y enlazado con ellos en el objeto y fin primario.

Y para que llegue a noticia de todos circulará éste por todos los cuerpos de los ejércitos americanos.

INTEGRANTES DEL CONGRESO NACIONAL CON TRATAMIENTO DE MAJESTAD, Y A CADA INDIVIDUO DE EXCELENCIA

EN PROPIEDAD

Por Valladolid, el señor don José Sixto Verduzco.
Por Guadalajara, el señor licenciado don Ignacio Rayón.
Por Guanajuato, el señor don José María Liceaga.

Los tres quedan con honores de capitán general retirado, sin sueldo ni otro fuero.

Por Tecpan, el señor licenciado don Manuel Herrera.
Por Oaxaca, licenciado don Manuel Crespo.

SUPLENTES

Por México, licenciado don Carlos María Bustamante.
Por Puebla, licenciado don Andrés Quintana Roo.

*Fuente: ibidem,* v.-159-160.

Por Veracruz, señor don José María Cos.

Tlaxcala, queda para resultas.

SECRETARIOS

1.º   Licenciado **don** Camilo Zárate.

2.º   Señor don Carlos Enríquez del Castillo.

Generalísimo por los sufragios de la mayor parte de la nación y la oficialidad de plana mayor de las armas de los ejércitos con tratamiento de siervo de la nación.

El señor don José María Morelos.

Primer secretario, licenciado don Juan Nepomuceno Rosains.

Segundo, licenciado don José Sotero Castañeda.

Ciudad de Chilpancingo, septiembre 18 de 1813.

Teniente general con mando en las provincias de Tecpan, Oaxaca, Veracruz, Puebla, Tlaxcala y México, el señor licenciado don Mariano Matamoros.

Teniente general con mando en provincias de Valladolid, Guanajuato, San Luis de Potosí, Zacatecas y Guadalajara, el señor don Manuel Muñiz.

Capitanes generales retirados con sólo honores de tales, los señores don Ignacio Rayón, doctor don Sixto Verduzco y don José María Liceaga.

PODER JUDICIARIO

Licenciado don Juan Nepomuceno Rosains, en secretaría.

Licenciado don Rafael Argüelles, en el ejército asesor.

Licenciado don José Sotero Castañeda, en secretaría.

Licenciado don Francisco Sánchez, vecino de Valladolid, en Acámbaro.

Licenciado don Mariano Castillejo, en Oaxaca.

Licenciado don Manuel Solórzano.

Licenciado don Ignacio Ayala en el Bajío.

Licenciado don Manuel Robledo, en Valladolid.

Licenciado don Nicolás Bustamante, en Oaxaca.

Licenciado don José Antonio Soto Saldaña, en México.

Licenciado don Juan Francisco Azcárate, en México.

Licenciado don Mariano Quiñónez, en Puebla.

Licenciado don Joaquín Paulin, en Maravatio.

Licenciado don Felipe Soto Mayor.
Licenciado don Benito Guerra.

### Votos de locales por Tecpan

El señor don José Manuel Herrera, 11.
El señor doctor Cos, 7.
El señor auditor, 5
Señor Bustamante, 4
Don Andrés Quintana Roo, 4
Don Rafael Díaz, 2.
El doctor don Francisco Velasco, 2.
Don Mariano Salgado, 1.
Señor Patiño, cura de Coyuca, 1.

### Por México

Señor doctor Herrera, 4.
Señor doctor Cos, 3.
Don Mariano Salgado, 2.
Don Ignacio Ayala, 2.
Don Manuel Crespo, 1.

## Documento 18

## CARTA DE MORELOS

### El señor Morelos insta sobre la reunión del Congreso citado para Chilpancingo (5 agosto de 1813)

Excelentísimo señor: Por los dos últimos de vuestra excelencia de 20 y 23 del próximo pasado julio, veo, que reasumiendo en sí todos los poderes, con

---

Fuente: *ibidem*, v.-99-100. Acerca de Morelos pueden consultarse: R. Aguirre, *Campaña de Morelos sobre Acapulco* (1810-1813), México, Talleres Gráficos de la Nación, 1833, 214 pp.; Archivo General de la Nación, Autógrafos de Morelos México, Imp. de la Secretaría de Gobernación, 1918, 44 pp., en carpeta; E. Arreguin (pub), *A Morelos, Impor-*

el pretexto de salvar a la patria, quiere que ésta perezca; pues mirándola peligrar, trata de atar las manos a todo ciudadano para que no ponga el remedio conveniente, ni aun provisional, como hasta aquí lo llevamos con la junta instalalda en Zitácuaro, ni vuestra excelencia lo pone a tiempo, por guardar puntos de preferencia particular de su persona.

En esta atención, y en la de que no trato de asuntos peculiares míos, sino generales de la nación autorizado por ella, a ella sería yo responsable si suspendiera un instante su salvación por agradar a vuestra excelencia quien puede recobrar de la nación misma, los derechos que se figura usurpados.

De estas verdades resulta temerario el juicio que vuestra excelencia ha formado injustamente, imputándome la abrogación de su autoridad, valido de la prepotencia de bayonetas, *quod absit;* porque éstas las hace desaparecer un revés de fortuna, y por mismo jamás se me ha llenado la cabeza de viento.

La junta se ha de verificar en Chilpancingo, Dios mediante, en el siguiente mes y en el modo posible, pues se ha convocado para ella cuatro meses antes. Por este hecho, ni vuestra excelencia queda desairado, ni la patria parece, que es el blanco de todo, ni la expresada junta carecerá de legitimidad, ni menos será la mofa de nuestros antagonistas, como vuestra excelencia asienta en el citado de 20, y sí lo sería, no menos que grande absurdo, aguardar otro año, cuando ya no tengamos un pueblo libre del enemigo en que celebrarla.

Vuestra Excelencia dice que es bueno celebrar la junta, pero sin señalar tiempo ni lugar: dice asimismo que le afligen los enemigos, y yo añado con todos los que tienen ojos y oídos, que seguirán persiguiéndole, y que en la única provincia de Michoacán que es la que pisa, no tiene vuestra excelencia un lugar seguro donde se instale el congreso y pueda sostenerse; ni hay por mucho tiempo esperanza de la seguridad necesaria para el efecto.

tantes revelaciones históricas, autógrafos desconocidos de positivo interés. Inauguración del gran monumento en memoria del héroe inmortal, Morelia, Talleres de la Escuela Militar, 1913, 102-32 pp.; R. Avilés, *José María Morelos, el siervo de la nación*, Grabs. de Francisco Morea México, Salm, 1957, 75 pp. ils. (Colección Centenario Constitucional, n. 2); F. Adcodato Chávez, *Morelos*, México, Edit. Jus, S. A. 1957, 222 pp.; *Figuras y Episodios de la Historia de México*, revista mensual, año IV, n. 39; V. Esperón, *Morelos Estudio biográfico*, 21 ed. México D. F., Edit. Orión, 1959, 303 pp. ils; G. García (comp.), «Autógrafos inéditos de Morelos y causa que se instruyó», México, Librería de la Vda. de Ch. Bouret, 1907, 281 pp., *Documentos inéditos o muy raros para la historia de México*, tomo XII; R. Hermesdof, *Morelos, hombre fundamental de México*, dibujos de Juan José de Espejel, México, Edit. Grijalvo, S. A., 1958, 329 (1) pp. ils. (Biografías Gandesa); A. Teja Zabre, *Vida de Morelos*, México, Dirección General de Publicaciones, 1959, 313 pp., Universidad Nacional Autónoma de México, Publicaciones del Instituto de Historia, primera serie, núm. 48; F. Urquizo, *Morelos, genio militar de la Independencia*, México, Eds. Xóchit, 1945, 181 (11) pp. ils., Vidas Mexicanas, núm. 24.

Ya hemos visto que el enemigo se ha valido de la ocasión para nuestra ruina. Luego que vuestra excelencia resolvió atacar y destruir a nuestros compañeros los señores Liceaga y Verduzco, se decidió a las derrotas de Salvatierra, Tlalpujahua y la de Villagrán, porque consideró el enemigo que vuestra excelencia no podía ser auxiliado por unos compañeros a quienes perseguía, y en cuyo empeño divagó la fuerza de Tlalpujahua. ¿Y será justo y puesto en razón que se deje la patria peligrar en medio de estas convulsiones y no se tome providencia, sólo porque a vuestra excelencia no se le usurpen esos decantados derechos? Ni a mí ni a ninguno le cabe en el juicio semejante cosa.

Supongamos por un instante que a vuestra excelencia le ha sido todo lícito, concediéndole hasta el derecho a la corona: pero si en las actuales circunstancias, vuestra excelencia aún no quiere, o más bien no puede libertar a la patria, ¿le hemos de juzgar tan tirano o tan inujusto, que por sólo su capricho no ha de llevar a bien el que otro la liberte? De ningún modo, porque eso sería ignominia para vuestra excelencia, y en creerlo se le haría poco favor.

No perdamos arbitrio para libertar a nuestra común madre, que los derechos de vuestra excelencia quedan a salvo: de otra suerte será hacer vuestra excelencia mismo ilegítimo el poder que reside en su persona, pues no puede ser legítimo el que reducido a fines personales, impide los medios de que la patria se haga independiente.

Yo soy enemigo de fungir, y estaré contento con cualquier destino en que sea útil a la religión y al suelo de mis hermanos. No pretendo la presidencia: mis funciones cesarán establecida la junta, y me tendré por muy honrado con el epíteto de humilde siervo de la nación. Omito repetir a vuestra excelencia lo que le dije desde Tchuacán, pero sí le repito, que en obvio de disturbios haré lo que Abraham con su sobrino, que es marchar al viento opuesto, sin que por esto se desenlace la unión del sistema. No me dejaré ultrajar de nadie, pero no seré injusto invasor de mis conciudadanos.

Dios guarde a vuestra excelencia muchos años.

Acapulco, agosto, 5 de 1813.

José María Morelos.

Excelentísimo señor capitán general, licenciado don Ignacio Rayón.

Documento 19

MORELOS

RAZONAMIENTO DE GENERAL MORELOS, EN LA APERTURA DEL CONGRESO
DE CHILPANCINGO (14 DE SEPTIEMBRE DE 1813)

Señor: Nuestros enemigos se han empeñado en manifestarnos, hasta el grado de evidencia, ciertas verdades importantes que nosotros no ignoramos, pero que procuró ocultarnos cuidadosamente el despotismo del gobierno, bajo cuyo yugo hemos vivido oprimidos: tales son... Que la soberanía reside esencialmente en los pueblos... Que transmitida a los monarcas, por ausencia, muerte o cautividad de éstos, refluye hacia aquéllos... Que son libres para reformar sus instituciones políticas, siempre que les convenga... Que ningún pueblo tiene derecho para sojuzgar a otro, si no procede una agresión injusta. ¿Y podría la Europa, principalmente la España, echar en cara a la América, como una rebeldía, este sacudimiento generoso que he hecho para lanzar de su seno a los que, al mismo tiempo que decantan y proclaman la justicia de estos principios liberales, intentan sojuzgarla, tornándola a una esclavitud más ominosa que la pasada de tres siglos? ¿Podrán nuestros enemigos ponerse en contradicción consigo mismos, y calificar de injustos los principios con que canonizan de santa, justa y necesaria su actual revolución contra el emperador de los franceses? ¡Ay!, por desgracia obran de ese modo escandaloso, y a una serie de atropellamientos, injusticias y atrocidades, añaden esta inconsecuencia para poner colmo a su inmoralidad y audacia.

Gracias a Dios que el torrente de indignación que ha corrido por el corazón de los americanos les ha arrebatado impetuosamente, y todos han volado a defender sus derechos, librándose en las manos de una providencia bienhechora, que da y quita, erige y destruye los imperios, según sus designios. Este pueblo oprimido, semejante con mucho al de Israel, trabajado por Faraón, cansado de sufrir, elevó sus manos al cielo, hizo oír sus clamores ante el solio del Eterno, y compadecido éste de sus desgracias, abrió su boca y decretó, en presencia de los serafines, que el Anáhuac fuese libre. Aquel espíritu que animó la enorme masa que vagaba en el antiguo caos, que le dio vida con un soplo e hizo nacer este mundo maravilloso, semejante ahora a un golpe de electricidad, sacudió espantosamente nuestros corazones, quitó el vendaje a nuestros

*Fuente: Informes y manifiestos de los poderes ejecutivo y legislativo de 1821 a 1904.* Publicación hecha por J. A. Castillón de orden del señor Ministro de Gobernación, don Ramón Corral, 2 vols., México, Imprenta del Gobierno Federal, 1905, I-598-606, y Hernández y Dávalos, *op. cit.*, VI-212-14.

ojos, y convirtió la apatía vergonzosa en que yacíamos, en un furor belicoso y terrible.

En el pueblo de Dolores se hizo oír esta voz, muy semejante a la del trueno, y propagándose con la rapidez del crepúsculo de la aurora y del estallido del cañón, he aquí transformada, en un momento, la presente generación, en briosa, impertérrita y comparable con una leona que atruena las selvas, y buscando sus cachorrillos, se lanza contra sus enemigos, los despedaza, los confunde y persigue. No de otro modo, señor, la América irritada y armada con los fragmentos de sus cadenas opresoras, forma escuadrones, organiza ejércitos, instala tribunales, y lleva por todo el continente, sobre sus enemigos, la confusión, el espanto y la muerte.

Tal es la idea que me presenta Vuestra Majestad, cuando lo contemplo en la noble, pero importante actitud de destruir a sus enemigos, y de arrojarlos hasta más allá de los mares de la Bética; mas ¡ah!, que la libertad, este don del cielo, este patrimonio cuya adquisición y conservación no se consigue sino a precio de sangre y de los más costosos sacrificios, cuya valía está en razón del trabajo que cuesta su recobro, ha cubierto a nuestros hijos, hermanos y amigos, de luto y amargura, porque ¿quién es de nosotros el que no haya sacrificado algunas de las prendas más caras de su corazón? ¿Quién no registra, entre el polvo de nuestros campos de batalla, el resto venerable de algún amigo, hermano o deudo? ¿Quién es el que en la soledad de la noche, no ve su cara imagen y oye sus acentos lúgubres, con que clama por la venganza de sus asesinos? ¡Manes de las Cruces, de Aculco, Guanajuato y Calderón de Zitácuaro y Cuautla! ¡Manes de Hidalgo y Allende, que apenas acierto a pronunciar, y que jamás pronunciaré sin respeto, vosotros sois testigos de nuestro llanto!; ¡vosotros que sin duda presidís esta augusta asamblea, meciéndoos plácidos en derredor de ella... recibid a par que nuestras lágrimas, el más solemne voto que a presencia vuestra hacemos en este día de morir o salvar la patria! Morir o salvar la patria, déjeseme repetirlo. Estamos, señor, metidos en la lucha más terrible que han visto las edades de este continente; pende de nuestro valor y de la sabiduría de Vuestra Majestad la suerte de siete millones de americanos, comprometidos en nuestra honradez y valentía; ellos se ven colocados entre la libertad y la servidumbre; ¿decid, ahora, si es empresa ardua la que acometimos y tenemos entre manos? Por todas partes se nos suscitan enemigos, que no se detienen en los medios de hostilizarnos, aun los más reprobados por el derecho de gentes, como consigan nuestra reducción y esclavitud. El veneno, el fuego, el hierro, la perfidia, la cábala, la calumnia, tales son las baterías que nos asestan y con que nos hacen la guerra más cruda y omniosa. Pero aún tenemos un enemigo más atroz e implacable, y ése habita en medio de nosotros. Las pasiones que despedazan y corroen nuestras entrañas, nos aniquilan interiormente, y se llegan, además, al abismo de la perdición, innumerables víctimas. Pueblos hechos el vil juguete de ella. ¡Buen Dios!, yo tiemblo al figurarme los horrores de la guerra; pero más me estremezco todavía, al considerar los estragos de la anarquía: no permita el cielo que yo emprenda ahora el describirlos; esto sería llenar a vuestra majestad de consternación, que debo alejar en tan fausto día; sólo diré que sus autores son reos, delante de Dios y de la patria, de la sangre de sus hermanos, y más culpables con mucho que nuestros descubiertos enemigos. ¡Tiemblen los motores y atizadores de esta llama infernal, al contemplar los pueblos envueltos en las desgracias de una guerra civil, por haber fomentado sus caprichos! ¡Tiemblen al figurarse la espada entrada en el pecho de sus hermanos! ¡Tiemblen, en fin, al ver, aunque de lejos, a esos cruelísimos europeos, riéndose y celebrando con el regocijo de unos caribes, sus desdichas y desunión, como el mayor de sus triunfos!

Este cúmulo de desgracias reunidas a las que personalmente han padecido los heroicos caudillos libertadores de Anáhuac, orpimidos ya en las derrotas, ya en las fugas, ya en los bosques, ya en los países calidísmos y dañosos, ya careciendo hasta del alimento preciso para sostener una vida mísera y congojosa, lejos de arredrarlos, sólo han servido para mantener la hermosa y sagrada llama del patriotismo y exaltar su noble entusiasmo. Permítaseme repetirlo, todo les ha faltado alguna vez, menos el deseo de salvar la patria, recuerdo tiernísimo para mi corazón... Ellos han mendigado el pan de la choza humilde de los pastores, y enjugado sus labios con el agua inmunda de las cisternas; pero todo ha pasado como pasan las tormentas borrascosas: las pérdidas se han repuesto con creces; a las derrotas y dispersiones se han seguido las victorias, y los mexicanos jamás han sido más formidables a sus enemigos, que cuando han vagado por las montañas, ratificando a cada paso y en cada peligro el voto de salvar la patria y vengar la sangre de sus hermanos.

Vuestra Majestad, señor, por medio del infortunio, ha recobrado su esplendor: ha consolado a los pueblos; ha destruido en gran parte a sus enemigos, y logrado la dicha de asegurar a sus amados hijos que no están lejos el suspirado día de su libertad y de su gloria. Vuestra Majestad ha sido como un águila generosa que ha salvado a sus polluelos, y colocándose sobre el más elevado cedro, les ha mostrado desde su cima la astucia y vigor con que los ha reservado. Vuestra Majestad, tan majestuoso como terrible, abre en este momento sus alas paternales para abrigarnos bajo de ellas, y desafiar desde este sagrado asilo la rapacidad de ese león orgulloso que hoy vemos entre el cazador y el venado. Las plumas, pues, que nos cobijen, serán las leyes protectoras de nuestra seguridad; sus garras terribles, los ejércitos ordenados en buena disciplina; sus ojos perspicaces, vuestra sabiduría que todo lo penetre y anticipe. ¡Día grande! Fausto y venturoso día es éste, en que el sol alumbra con luz más pura, y aun parece que en su esplendor muestra regocijo en alegrarnos. ¡Genios de Moctezuma, de Cacamatzin, de Cuauhtemotzin, de Xicoténcatl y de Catzonzi, celebrad, como celebrasteis el momento en que fuisteis acometidos por la pérfida espada de Alvarado, este dichoso instante en que vuestros hijos se han reunido para vengar vuestros desafueros y ultrajes, y librarse de las garras de la tiranía y fanatismo que los iba a absorber para siempre! Al 12 de agosto de 1521, sucedió el 14 de septiembre de 1813. En aquél, se apretaron las cadenas de nuestra servidumbre en México Tenoxtitlán; en éste, se rompen para siempre en el venturoso pueblo de Chilpancingo.

¡Loado sea para siempre el Dios de nuestros padres, y cada momento de nuestra vida sea señalado con un himno de gracias por tamaños beneficios! Pero, señor, nada emprendamos ni ejecutemos para nuestro bienestar, si antes no nos decidimos a proteger a la religión, y también sus instituciones; a conservar las propiedades; a respertar los derechos de los pueblos; a olvidar nuestros mutuos resentimientos; y a trabajar incesantemente por llenar estos objetos sagrados... Desaparezca antes el que posponiendo la salvación de la América a un egoísmo vil, se muestre perezoso en servirla y en dar ejemplo de un acrisolado patriotismo. Vamos a restablecer el Imperio Mexicano, mejorando el gobierno: vamos a preparar el asiento que debe ocupar nuestro desgraciado príncipe Fernando VII, recobrando que sea el cautiverio en que gime; vamos a ser el espectáculo de las naciones cultas que nos observan; vamos, en fin, a ser libres e independientes. Temamos el inexorable juicio de la posteridad que nos espera; temamos a la historia que ha de presentar al mundo el cuadro de nuestras acciones; y así ajustemos escrupulosamente nuestra conducta a los principios más sanos de religión, de honor y de política. Señor, yo me congratulo con vuestra instalación. Dije.

Documento 20

MORELOS

SENTIMIENTOS DE LA NACIÓN O PUNTOS DADOS POR MORELOS
PARA LA CONSTITUCIÓN (1813)

1.º   Que la América es libre e independiente de España y de toda otra Nación, Gobierno o Monarquía, y que así se sancione, dando al mundo las razones.

2.º   Que la Religión Católica sea la única, sin tolerancia de otra.

3.º   Que todos sus ministros se sustenten de todos y solos los diezmos y primicias, y el pueblo no tenga que pagar más obvenciones que las de su devoción y ofrenda.

4.º   Que el dogma sea sostenido por la jerarquía de la Iglesia, que son el Papa, los Obispos y los Curas, porque se debe arrancar toda planta que Dios no plantó: *omnis plantatis quam nom plantabir Pater meus Celestis Cradicabitur.* Mat. Cap. XV.

5.º   La Soberanía dimana inmediatamente del Pueblo, el que sólo quiere depositarla en sus representantes dividiendo los poderes de ella en Legislativo, Ejecutivo y Judiciario, eligiendo las Provincias sus vocales, y éstos a los demás, que deben ser sujetos sabios y de probidad.

6.º   (En todas las reproducciones, no existe el artículo de este número).

7.º   Que funcionarán cuatro años los vocales, turnándose, saliendo los más antiguos para que ocupen el lugar los nuevos electos.

8.º   La dotación de los vocales, será una congrúa suficiente y no superflua, y no pasará por ahora de ocho mil pesos.

9.º   Que los empleos los obtengan sólo los americanos.

10.º   Que no se admitan extranjeros, si no son artesanos capaces de instruir y libres de toda sospecha.

11.º   Que la patria no será del todo libre y nuestra, mientras no se reforme el gobierno, abatiendo al tiránico, sustituyendo el liberal y echando fuera de nuestro suelo al enemigo español que tanto se ha declarado contra esta Nación.

12.º   Que como la buena ley es superior a todo hombre, las que dice nuestro Congreso deben ser tales que obliguen a constancia y patriotismo, moderen la opulencia y la indigencia, y de tal suerte se aumente el jornal del pobre, que mejore sus costumbres, aleje la ignorancia, la rapiña y el hurto.

13.º   Que las leyes generales comprendan a todos, sin excepción de cuerpos privilegiados, y que éstos sólo lo sean en cuanto el uso de su ministerio.

14.º   Que para dictar una ley se discuta en el Congreso, y decida a pluraridad de votos.

15.º Que la esclavitud se prescriba para siempre, y lo mismo la distinción de castas, quedando todos iguales, y sólo distinguirá a un americano de otro, el vicio y la virtud.

16.º Que nuestros puertos se franqueen a las naciones extranjeras amigas, pero que éstas no se internen al reino por más amigas que sean, y sólo haya puertos señalados para el efecto, prohibiendo el desembarco en todos los demás señalando el 10% u otra gabela a sus mercancías.

17.º Que a cada uno se le guarden las propiedades y respetos en su casa como en un asilo sagrado señalando penas a los infractores.

18.º Que en la nueva legislación no se admitirá la tortura.

19.º Que en la misma se establezca por la ley Constitucional la celebración del día 12 de diciembre en todos los pueblos, dedicado a la patrona de nuestra libertad, María Santísima de Guadalupe, encargando a todos los pueblos, la devoción mensual.

20.º Que las tropas extranjeras o de otro reino no pisen nuestro suelo, y si fuere en ayuda, no estarán donde la Suprema Junta.

21.º Que no hagan expediciones fuera de los límites del reino, especialmente ultramarinas, pero que no son de esta clase, propagar la fe a nuestros hermanos de tierra dentro.

22.º Que se quite la infinidad de tributos, pechos e imposiciones que más agobian, y se señale a cada individuo un cinco por ciento en sus ganancias, u otra carga igual ligera, que no oprima tanto, como la alcabala, el estanco, el tributo y otros, pues con esta corta contribución, y la buena administración de los bienes confiscados al enemigo, podrá llevarse el peso de la guerra y honorarios de empleados.

23.º Que igualmente se solemnice el día 16 de septiembre todos los años, como el día aniversario en que se levantó la voz de la independencia y nuestra santa libertad comenzó, pues en ese día fue en el que se abrieron los labios de la Nación para reclamar sus derechos y empuñó la espada para ser oída, recordando siempre el mérito del gran héroe el señor don Miguel Hidalgo y Costilla y su compañero, don Ignacio Allende.

Chilpancingo, 14 de septiembre de 1813.

José María Morelos.

## Documento 21
### CHILPANCINGO

#### ACTA DE INDEPENDENCIA DE CHILPANCINGO (1813)

El Congreso de Anáhuac, legítimamente instalado en la ciudad de Chilpancingo de la América Septentrional por las provincias de ella, declara solemnemente la presencia del Señor Dios, árbitro moderador de los Imperios y autor de la sociedad, que los da y los quita según los designios inescrutables de su providencia, que por las presentes circunstancias de la Europa ha recobrado el ejercicio de su soberanía usurpado; que en tal concepto queda rota para siempre jamás y disuelta la dependencia del trono español; que es árbitra para establecer las leyes que convengan para el mejor arreglo y felicidad interior; para hacer la guerra y la paz, y establecer alianzas con los monarcas y repúblicas del antiguo continente, no menos que para celebrar concordatos con el Sumo Pontífice romano, para el régimen de la iglesia católica, apostólica, romana, y mandar embajadores y cónsules; que no profesa ni reconoce otra religión más que la católica, ni permitirá ni tolerará el uso público ni secreto de otra alguna; que protegerá con todo su poder y velará sobre la pureza de la fe y de sus demás dogmas, y conservación de los cuerpos regulares. Declara reo de alta traición a todo el que se oponga directa o indirectamente a su independencia, ya protegiendo a los europeos, opresores, de obra, palabra o por escrito, ya negándose a contribuir con los gastos, subsidios y pensiones para continuar la guerra hasta que su independencia sea reconocida por las naciones extranjeras; reservándose al congreso presentar a ellas por medio de una nota ministerial, que circulará por todos los gabinetes, el manifiesto de sus quejas y justicia de esta revolución, reconocida ya por la Europa misma.

Dado en el Palacio Nacional de Chilpancingo, a seis días del mes de noviembre de 1813.

Licenciado Andrés Quintana, vicepresidente. Licenciado Ignacio Rayón. Licenciado José Manuel de Herrera. Licenciado Carlos María Bustamante. Doctor José Sixto Verduzco. José María Liceaga. Licenciado Cornelio Ortiz de Zárate, Secretario.

## Documento 22

## MANIFIESTO

MANIFIESTO QUE HACEN AL PUEBLO MEXICANO LOS REPRESENTANTES
DE LAS PROVINCIAS DE LA AMÉRICA SEPTENTRIONAL (6 DE NOVIEMBRE DE 1813)

Conciudadanos: hasta el año de 1810, una extraña dominación tenía holladas nuestros derechos; y los males del poder arbitrario, ejercido con furor por los más crueles conquistadores, ni aun nos permitían indagar si esa libertad, cuya articulación pasaba por delito en nuestros labios, significaba la existencia de algún bien, o era sólo un prestigio propio para encantar la frivolidad de los pueblos. Sepultados en la estupidez y anonadamiento de la servidumbre, todas las nociones del pacto social nos eran extrañas y desconocidas, todos los sentimientos de felicidad estaban alejados de nuestros corazones, y la costumbre de obedecer heredada de nuestros mayores, se había erigido en la ley única que nadie se atrevía a quebrantar. La corte de nuestros reyes, más sagrada mientras más distante se hallaba de nosotros, se nos figuraba la mansión de la infabilidad, desde donde el oráculo se dejaba oír de cuando en cuando, sólo para aterrarnos con el majestuoso estruendo de su voz. Adorábamos como los atenienses, un Dios no conocido, y así no sospechábamos que hubiese otros principios de gobierno, el fanatismo político que cegaba nuestra raza. Había el transcurso de los tiempos arraigado de tal modo el hábito de tiranizarnos, que los virreyes, las audiencias, los capitanes generales y los demás ministros subalternos del monarca, disponían de las vidas y haberes de los ciudadanos, sin traspasar las leyes consignadas en varios códigos, donde se encuentran para todo. La legislación de Indias, mediana en parte, pero pésima en su todo, se había convertido en norma y rutina del despotismo; porque la misma complicación de sus disposiciones y la impunidad de su infracción aseguraban a los magistrados la protección de sus excesos en el uso de su autoridad; y siempre que dividían con los privados del fruto de sus depredaciones y rapiña, la capa de la ley cubría todos los crímenes, y las quejas de los oprimidos o no eran escuchadas, o se acallaban prestamente con las aprobaciones que salían del trono para honrar la inicua prevaricación de los jueces. ¿A cuáles de éstos vimos depuestos por las vejaciones y demasías con que hacían gemir a los pueblos? Deudores de su dignidad a la intriga, al favor y a las más viles artes, nadie osaba emprender su acusación, porque los mismos medios de que se habían servido para elevarse a sus puestos, les servían también, tanto para mantenerse en ellos como para solicitar la perdición de los que representaban sus maldades. ¡Dura suerte a la verdad! ¿Pero habrá quien no confiese que la hemos padecido? ¿Dónde está el habitante de América que pudo decir: yo me he eximido de la ley general que condenaba a mis conciudadanos a los rigores de la tiranía? ¿Qué ángulo de nuestro suelo no ha resentido los efectos del mortífero influjo? ¿Dónde las más injustas exclusivas no nos han privado de los empleos en nuestra patria, y de la menor intervención en los asuntos públicos? ¿Dónde las leyes rurales no han esterilizado nuestros campos? ¿Dónde el monopolio de la metrópoli no ha cerrado nuestros puertos a las introducciones siempre más ventajosas de los extranjeros? ¿Dónde los reglamentos y privilegios no han desterrado las artes, y héchonos ignorar hasta sus más sencillos rudimentos? ¿Dónde la arbitraria y opresiva imposición de contribuciones, no ha cegado las fuentes de la riqueza pública? Colonos nacidos para contentar la codicia nunca satisfecha de los españoles, se nos reputó desde que estos orgullosos señores acaudillados por Cortés juraron en Zempoala morir o arruinar el imperio de Moctezuma.

Aún duraría la triste situación bajo que gimió la patria desde aquella época funesta, si el trastorno del trono y la extinción de la dinastía reinante no hubiese dado otro carácter a nuestras relaciones con la península, cuya repentina insurrección hizo esperar a la América, que sería considerada por los nuevos gobiernos como nación libre, e igual a la metrópoli en derechos, así como lo era en fidelidad y amor al soberano. El mundo es testigo de nuestro heroico entusiasmo por la causa de España, y de los sacrificios generosos con que contribuimos a su defensa. Mientras nos prometimos participar de las mejoras y reformas que iba introduciendo en la metrópoli el nuevo sistema de administración adoptado en los primeros períodos de la revolución, no extendimos a más nuestras pretensiones: aguardábamos con impaciencia el momento feliz tantas veces anunciado, en que debían quedar para siempre despedazadas las infames ligaduras de la esclavitud de tres siglos; tal era el lenguaje de los nuevos gobiernos, tales las esperanzas que ofrecían en los capciosos manifiestos y alucinadoras proclamas. El nombre de Fernando VII bajo el cual establecieron las juntas de España, sirvió para prohibirnos la imitación de su ejemplo, y privarnos de las ventajas que debía producir la reforma de nuestras instituciones interiores. El arresto de un virrey, las desgracias que se siguieron de este atentado, y los honores con que la junta central premió a sus principales autores, no tuvieron otro origen que el empeño descubierto de continuar en América el régimen despótico y el antiguo orden de cosas introducido en tiempo de los reyes. ¿Qué eran en comparación de estos agravios las ilusorias promesas de igualdad con que se nos preparaba a los donativos, que precedían siempre a las enormes exacciones decretadas por los nuevos soberanos? Desde la creación de la primera regencia se nos reconoció elevados a la dignidad de hombres libres, y fuimos llamados a la formación de las Cortes convocadas en Cádiz para tratar de la felicidad de dos mundos; pero este paso de que tanto debía prometerse la oprimida América, se dirigió a sancionar su esclavitud y decretar solemnemente su inferioridad respecto de la metrópoli. Ni el estado decadente en que la puso la ocupación de Sevilla y la paz de Austria, que convertida por Bonaparte en una alianza de familia hizo retroceder a los ejércitos franceses a extender y fortificar sus conquistas hasta los puntos litorales del Mediodía: ni la necesidad de nuestros socorros a que esta situación sujetaba la península: ni finalmente, los progresos de la opinión que empezaba a generalizar entre otros el deseo de cierta especie de independencia que nos pusiese a cubierto de los estragos del despotismo; nada fue bastante a concedernos en las Cortes el lugar que debíamos ocupar, y a que nos impedían aspirar el corto número de nuestros representantes, los vicios de su elección, y las otras enormes nulidades, de que con tanta integridad y energía se lamentaron los Incas y los Mejías. Caracas, antes que ninguna otra provincia, alzó el grito contra estas injusticias: reconoció sus derechos y se armó para defenderlos. Creó una junta, dechado de moderación y sabiduría; y cuando la insurrección como planta nueva en un terreno fértil empezaba a producir frutos de libertad y de vida en aquella parte de América, un rincón pequeño de lo interior de nuestras provincias se conmovió a la voz de su párroco y nuestro inmenso continente se preparó a imitar el ejemplo de Venezuela.

¡Qué variedad y vicisitud de sucesos han agitado desde entonces nuestro pacífico suelo! Arrancados de raíz los fundamentos de la sociedad; disueltos los vínculos de la antigua servidumbre; irritada por nuestra resolución la rabia de los tiranos; inciertos aún de la gravedad de la empresa que habíamos echado sobre nuestros hombros, todo se presentaba a la imaginación como horroroso, y a nuestra inexperiencia como imposible. Caminábamos, sin embargo, por entre los infortunios que nos afligían, y vencidos en todos los encuentros, aprendíamos a nuestra costa a ser vencedores algún día. Nada pudo contener el ímpetu de los pueblos al principio. Los más atroces castigos, la vigilancia incansable del gobierno, sus pesquisas y cautelosas inquisiciones encendían más la justa indignación de los oprimidos, a quienes se proscribía como rebeldes, porque no querían ser esclavos. ¿Cuál es, decíamos, la sumisión que se nos exige? Si reconocimiento al rey, nuestra fidelidad se lo asegura; si auxilio a la metrópoli, nuestra generosidad se lo franquea; si obediencia a sus leyes, nuestro amor al orden, y un hábito inveterado nos obligará a su observancia si contribuimos a su sanción, y se nos deja ejecutarlas. Tales eran nuestras disposiciones y verdaderos sentimientos. Pero cuando tropas de bandidos desembarcaron para oponerse a tan justos designios; cuando a las órdenes del virrey marchaban por todos los lugares precedidas del terror y autorizadas para la matanza de los americanos; cuando por esta conducta nos vimos reducidos entre la muerte o la libertad, abrazamos este último partido, tristemente convencidos de que no hay ni puede haber paz con los tiranos.

Bien vimos la enormidad de dificultades que teníamos que vencer, y la densidad de las preocupaciones que era menester disipar. ¿Es por ventura obra del momento la independencia de las naciones? ¿Se pasa tan fácilmente de un estado colonial al rango soberano?; pero este salto, peligroso muchas veces, era el único que podía salvarnos. Nos aventuramos, pues, y ya que las desgracias nos aleccionaron en su escuela; cuando los errores en que hemos incurrido nos sirven de avisos, de circunspección y guías del acierto, nos atrevemos a anunciar que la obra de nuestra regeneración saldrá perfecta de nuestras manos para exterminar la tiranía. Así lo hace esperar la instalación del Supremo Congreso a que han concurrido dos provincias libres, y las voluntades de todos los ciudadanos en la forma que se ha encontrado más análoga a las circunstancias. Ocho representantes componen hoy esta corporación, cuyo número irá aumentando la reconquista que tanto vigor ha emprendido el héroe que nos procura con sus victorias la quieta posesión de nuestros derechos. La organización del ramo ejecutivo será el primer objeto que llame la atención del congreso, y la liberalidad de sus principios, desterrarán los abusos en que han estado sepultados: pondrán jueces buenos que les administren con desinterés la justicia: abolirán las opresivas contribuciones con que lo han extorsionado las manos ávidas del fisco; precaverán sus hogares en la invasión de los enemigos, y antepondrán la dicha del último americano a los intereses personales de los individuos que lo constituyen. ¡Qué arduas y sublimes obligaciones! Conciudadanos: invocamos vuestro auxilio para desempeñarlas: sin vosotros serían inútiles nuestros desvelos, y el fruto de nuestros sacrificios se limitaría a discusiones estériles, y a la enfadosa ilustración de máximas abstractas inconducentes al bien público. Vuestra es la obra que hemos comenzado; vuestros los frutos que debe producir; vuestras las bendiciones que esperamos en recompesa, y vuestra también la posteridad que gozará de los afectos de tanta sangre derramada, y que pronunciará vuestro nombre con admiración y reconocimiento.

Dado en Palacio Nacional de Chilpancingo, a 6 días del mes de noviembre de 1913.

Licenciado Andrés Quintana, vicepresidente. Licenciado Ignacio Rayón. Licenciado José Manuel de Herrera. Licenciado Carlos María Bustamante. Doctor José Sicto Verduzco. José María Liceaga. Licenciado Cornelio Ortiz de Zárate, secretario.


## Documento 23

### FRANCISCO JAVIER MINA

#### Proclama del general Francisco Javier Mina (1817) *

Soldados españoles del rey Fernando:

Si la fascinación os hace instrumento de las pasiones de un mal monarca o sus agentes, un compatriota vuestro que ha consagrado sus más preciosos días al bien de la patria, viene a desengañaros, sin otro interés que el de la verdad y justicia.

* *Fuente:* C. M. de Bustamante, *Cuadro histórico de la revolución de América mexicana, comenzada en quince de septiembre de mil ochocientos diez por el ciudadano Miguel Hidalgo y Costillla, cura del pueblo de los Dolores en el obispado de Michoacán.* Dedicado al Excelentísimo Señor don Ignacio Trigueros, Secretario del Despacho y Hacienda, 2.ª edición, 5 v., México, Talleres Linotipográficos Soria, 1926, IV-236.

Fernando, después de los sacrificios que los españoles le prodigaron, oprime a la España con más furor que los franceses cuando invadieron. Los hombres que más trabajaron por su restauración y por la libertad de ese ingrato, arrastran hoy cadenas, están sumergidos en calabozos, o huyen de su crueldad. Sirviendo, pues, a tal príncipe, servís al tirano de vuestra nación; y ayudando a sus agentes en el Nuevo Mundo, os degradáis hasta constituiros verdugos de un pueblo inocente, víctima de mayor crueldad por iguales principios, que los que distinguieron al pueblo español en su más gloriosa época ¡soldados americanos del rey Fernando!

Si la fuerza os mantiene en la esclavitud, y obliga a que persigáis a vuestros hermanos, tiempo es de que salgáis de tan vergonzoso estado. Un esfuerzo ahora, os realzará hasta elevaros a la dignidad de hombres de que estáis privados ha tres siglos: uníos a nosotros, que venimos a libraros sin más fin que la gloria que resulta en las grandes acciones.

¡Qué triste experiencia tenéis de la Metrópoli, y qué dolorosas lecciones habéis recibido de los malos españoles que para oprobio de los buenos han venido aquí a subyugarnos, y enriquecer a costa vuestra!

Si entre vosotros hay quienes abanderizados con ellos hacen causa común por cobardía, interés o ambición, abandonadlos, detestadlos y aun destruirlos; son peores que los tiranos principales a quienes se juntan, pues degeneran de su naturaleza y se sacrifican a tan rastreras pasiones.

El suelo precioso que poseéis no debe ser el patrimonio del despotismo y la rapacidad, si perdéis estas miras contrarias a las de la providencia que os proporciona la mayor coyuntura para cambiar vuestra abyección y miseria. Uníos, pues, a nosotros; y los laureles que ceñirán vuestras sienes, serán un premio inmarchitable superior a todos los tesoros.

Soto la Marina,

Javier Mina.

## Documento 24

### FRAY SERVANDO TERESA DE MIER

#### MEMORIAS DEL PADRE MIER

Cuando la felonía de Napoleón contra nuestros reyes electrizó la cólera de la nación, respirando yo la misma indignación, vine en socorro de Cataluña con las tropas españolas prisioneras de los franceses en Portugal, en calidad de capellán, cura castrense del batallón de infantería ligera de Voluntarios de Valencia. Pero me distinguí de suerte que, cuando volví al ejército, después de haber estado prisionero y haber hecho aun en ese estado grandes servicios, el general Joaquín Blake me recomendó a la Junta Central en 1809 para una canonjía o dignidad de la catedral de México, lo que no tuvo lugar por haberse disuelto la Junta.

Acumulados nuevos méritos, pues casi no hubo batalla o combate en que entrase mi batallón que yo no obtuviese mención honorífica, no sólo por mi caridad sino por mi valor, pasé a Cádiz en 1811 con las correspondientes dimisorias del vicario general de Cataluña, el señor Fivaller; y la Regencia, en atención no menos a mis servicios militares que a la justicia debida por el pleito ganado el sermón de Guadalupe, mandó al Consejo de Indias se me consultase en primer lugar para canónigo o dignidad de la catedral de México, conforme ya pidiera el general Blake. No había vacante sino una media ración con que se me brindó y no acepté.

Como entre los papeles que perdí cuando caí prisionero perdí también mi rescripto de secularización y otros, aunque ya mi coronel había procurado salir con un certificado, acordándome que el Provisorato de Cádiz había presentado éste y otros rescriptos contra el Procurador dominico de la provincia de México, que en 1804 había litigado contra mí creyéndome aún religioso, recogí del Provisorato testimonio de haberlos presentado. Este documento legalizado presenté a la Inquisición, como el certificado de mi Coronel don José Torres, de mis servicios, etcétera, al señor virrey, y ni éste ni aquélla me han vuelto nada aunque todo lo he pedido.

Por aquel tiempo que yo estaba últimamente en Cádiz, cayó mi batallón prisionero en Figueras. Cádiz iba a ser bombardeado, y, por decirlo así, España estaba perdida. Pasé por eso con el correspondiente pasaporte a Londres para imprimir algunas de mis obras, especialmente la *Historia de la Revolución de Nueva España* —que es un tejido de documentos en defensa de la ciudad de México contra las calumnias de Cancelada sobre las ocurrencias de 1808...

Cuando volvió a su corte Fernando VII yo me puse también en camino para ella, y fui el primero de los americanos que obtuve en París el supremo honor literario de Europa, que era ser miembro del Instituto Nacional de Francia. Pero encontré huyendo en dispersión a los más beneméritos españoles de la persecución del servilismo enseñoreado. Y con esto volví apresuradamente a Londres, antes que se cerrasen los caminos con el desembarco contemporáneo de Napoleón desde la isla de Elba. Es costumbre de la Corte anglicana pensionar o socorrer a los sujetos que sobresalen por algún talento, y me dio un socorro respetable para irme a Nueva Orleans, de donde se decía haberse abierto correspondencia con las Provincias Internas del Oriente de Nueva España, donde tuve mi cuna. Quería ponerme en comunicación con mi familia y recibir auxilios siempre prometidos y muy rara vez transmitidos por la dificultad de los tiempos.

Tenía ya ajustado mi pasaje cuando recibí un recado de don Javier Mina, a quien no conocía sino por fama, ofreciéndomelo de balde en el buque de un amigo suyo que iba a partir de Liverpool. Llegó allá el mismo Mina. Este joven de veintiséis años había enviado sus antiguos oficiales desde Londres a levantar tropas en Navarra, que se disponía a ir a mandar para procurar restablecer la Constitución, y ya tenía juntos mil hombres, al mismo tiempo que Porlier hacía igual tentativa por Galicia. Habiéndose aquélla desgraciado, y no hallando los oficiales de Mina buques en la costa donde embarcar su gente, venían a juntarse por Francia, cuando a su rey llegaron las quejas del nuestro sobre la tercera conspiración que se atribuía también a maniobra de los españoles residentes del otro lado de los Pirineos. Como los oficiales venían precipitados fueron detenidos como sospechosos en Burdeos. De manera que Mina se embarcó casi solo conmigo para los Estados Unidos de América.

Su objeto era, según decía y dijo en su manifiesto, establecer, si podía, el sistema liberal de la Constitución en México, o darle la libertad que una vez establecida en algún punto de los dominios españoles tan principal como México, correrá todo su horizonte. En América, decía, se ha de libertar a Europa. Aquí es donde se ha de hacer la guerra al despotismo como en su raíz porque con el dinero de América, Felipe II asalarió tropas y encadenó a la nación. No pensaba Mina que España perdiese con la independencia de las Américas. Inglaterra, decía, creyó perder con la de las suyas su brazo derecho y no ha hecho sino quintuplicar su riqueza y su comercio. La América alguna vez ha de ser libre, porque los fastos de la historia no presentan colonia que no se haya emancipado, como todos los hijos en llegando a una edad viril. Si los mismos españoles damos generosamente a los americanos lo que al cabo han de conseguir con una ruptura violenta que acabe de separar los ánimos, ellos nos perdonarán los antiguos agravios por este beneficio y se estrecharán más sin obstáculo los lazos de la sangre y la amistad, más útiles y provechosos, y los liberales tendrán su asilo. Estas ideas estaban muy bien desenvueltas en una larga carta que envió de Soto la Marina a Arredondo, comandante general de las Provincias Internas del Oriente.

Yo, de Baltimore, en el Norte de América, en donde desembarcó Mina, proseguí mi viaje a Nueva Orleans, y no hallando allí la comunicación que deseaba con mi patria, me embarqué para la isla de Galveston, donde se decía haberla, y, en efecto, habían bajado algunas familias de Texas por el río de la Trinidad. Se había formado allí una pequeña población que gobernaba el francés Aury con poderes del Congreso Mexicano, sostenía el almirantazgo que, al doce por ciento de las presas, rindió en tres meses catorce mil pesos fuertes.

Allí volví a encontrar a Mina que había salido en octubre de 1816 de los Estados Unidos del Norte para México, con dos mil fusiles que ya traía de Londres, doscientos cincuenta oficiales y treinta artilleros con alguna artillería. Es decir, que llevaba oficiales y armas, única cosa que podía faltarle al Congreso Mexicano que creía existente en Tehuacán. Habiendo recibido noticia de su disolución por una sublevación de Mier y Terán, arribó para tomar lengua a la isla de Santo Domingo, donde se le murió parte de su gente y se le desertó otra. Sustituyó algunos isleños y franceses, y en busca del ministro del Congreso que se aseguraba estar en Galveston, retrocedió hasta allá para consultar. Llegó con unos ciento cincuenta hombres, los más oficiales y de las mejores familias de Estados Unidos, atraídos al crédito de su nombre, que aun todavía reunió algunos de Nueva Orleans.

Poco después de mí llegó a Galveston el caraqueño don Mariano Montilla, el mismo que había sido desterrado por el gobierno republicano de Venezuela a los Estados Unidos por sus intrigas contra el general Miranda y que, habiéndose después ido a meter en Cartagena, fue autor de la guerra entre ella y Bolívar que destruyó a entrambos. No he visto hombre de presencia y talentos más seductivos. Pero es una calamidad para el partido donde se le admita. Mina, que era incauto y sencillo, lo hizo jefe de su Estado Mayor, y lo dejó por comandante mientras iba a Nueva Orleans. No supe verdaderamente la causa de este viaje, aunque luego entendí que Montilla lo promovió a fin de que algunos españoles de su partido que allí dejó, indujen a Mina a llevar su expedición a Caracas, y en todo caso ganarle mientras la gente, reuniendo la de Aury.

En cuanto lo consiguió, por medio de una sublevación quemó Galveston para que nadie volviese a establecerse allí, y que todos los corsarios cargasen hacia Caracas para donde, en la realidad, embarcada toda la población, comenzamos a salir. Mas, en apariencia, dejábamos a Galveston por ser tan mala su entrada que se habían perdido cuatro barcos e íbamos a la isla de Matagorda que, enviada a sondear, se había hallado su entrada con dieciocho pies de agua, y para defender el puerto dos isletas fortificables con ocho y nueve pies de agua.

Estábamos saliendo cuando volvió Mina de Nueva Orleans, con un transporte viejo, y se halló sin expedición. Como la reunión, empero, de la gente se había hecho a su nombre, supo revestirse de autoridad y con poco más de doscientos cincuenta hombres siguió, escoltado de Aury. Había hallado en Nueva Orleans un joven de Soto la Marina, insurgente del tiempo de Hidalgo; lo trajo por guía para ir a desembarcar allí, y aún pienso que fue inducido por su narrativa. Aún ignoraba el joven que su patria se había trasladado a dieciséis leguas del puerto, y éste ya no lo era, porque lo habían cegado las arenas y las avenidas de las lagunas.

Cuando me vi desembarcado allí, el 21 de abril de 1817, al año puntualmente de haber salido de Londres, quedé asombrado. Desembarcar en Nueva España con un puñado de gente era un despropósito, pero hacerlo en Provincias Internas, pobres, despobladas y distantes doscientas leguas del teatro de la guerra, era un absurdo. No digo yo, Mina tampoco ignoraba el estado de las cosas porque en saliendo de Galveston leímos la correspondencia interceptada a un correo de Tampico para España. A mi reconversión contestó que contaba con sus paisanos, como si los españoles fuesen los mismos que en España: «Con doce hombres —me dijo— comencé allá, y no saldré de acá aunque me vea solo con mi fusil al hombro». Yo me habría reembarcado, como cincuenta americanos del norte que igualmente sorprendidos se fueron por tierra con el coronel Perry a la Luisiana, si aquel joven, temerariamente valiente, no hubiese, a lo Cortés, mandado echar a pique un transporte, dejando otro abandonado. Este viejo transporte fue el que se llevaron los marinos reales con un gato a bordo, y el reducto que dicen destruyeron era el casco del echado a pique, que las aguas habían orillado. Se les dio un escudo de preferencia por la hazaña y lo que merecían era un castigo, pues si hubiesen desembarcado hubieran tomado cuanto Mina llevaba, que aún estaba todo abandonado en la playa sin otra guardia que algunos marineros, los cuales se pusieron en fuga desde que divisaron la fragata y dos corbetas de guerra. Dejaron también los marinos alargarse a su vista una corbeta americana con un cargamento de cincuenta y seis mil pesos en ropas y municiones.

El nuevo Soto la Marina, al cual Mina marchó inmediatamente, se reduce a algunas chozas, o como llaman, jacales. En él estuvo Mina hasta principios de junio habilitándose de caballería, y sustituyó a los angloamericanos que partieron a la Luisiana por unos cincuenta vaqueros de la jurisdicción. Luego resolvió internarse para lo que allá llaman «tierrafuera», dejando para defensa de un pequeño fuerte que hizo levantar al lado del río, con grados no oficiales, una treintena de reclutas que aún no sabían hacer fuego; aunque después, con otros indígenas, y algunos de los marineros (cuyo resto estaba aislado a la boca del río) ascendió la guarnición a más de cien hombres de fusil.

Ya me había hecho firmar algunas patentes de sus oficiales, que traía impresas y eran provisionales hasta que las aprobase el Gobierno independiente de México; yo resistí objetando que no era su secretario; me respondió que su firma no era conocida, y a lo menos por la mía se sabía que aquella era la suya. Como la mía no daba algún valor a la suya, que en sí tampoco lo tenía, cedí; que ni era enteramente libre para dejar de hacerlo. Pero yo no tomé patente alguna aunque ellos me llamaban, ya Vicario General, ya Vicario de la División, ya Capellán del Cuartel General, como se les antojaba. Nada mandé y estuve tan lejos de intervenir que se incomodaron porque a la puerta de mi alojamiento puse este cartel: «Aquí se agradecen, pero no se reciben visitas».

Por lo mismo no quise acompañar a Mina y me quedé, sin embargo de que Arredondo estaba con su tropa a sólo ocho leguas y el Fuerte no podía defenderse, como se lo dije a Mina. No tenía víveres, ni carbón, ni agua; estaba incompleto y casi enteramente descubierto del lado del río, ancho sólo de diez varas. El terreno de la orilla opuesta lo dominaba y tenía, tras de sí, una hondonada que estaba provocando a plantar impunemente una batería, la cual había de rasar el Fuerte. Mina repuso que lo creía muy defensable los dos meses que él tardaría en volver. El comandante del Fuerte, que era un joven italiano llamado Salardete, pérfido, como casi todo italiano, lo que hizo en divisando a Arredondo fue pasarse con otro paisano suyo y avisarle por dónde atacarse al Fuerte con la batería susodicha.

El comandante de la plaza, que era un catalán honrado y valiente, me dijo que no rendiría el Fuerte confiado por su general, sin batirse primero para capitular con honor. Así lo hizo cuatro días, desde el 11 de junio, y hubiera durado más la resistencia si, muertos tres artilleros, los demás, que eran franceses, no se hubieran casi todos pasado al enemigo entre el segundo y tercer parlamento. Yo, después de avisar a la gente del pueblo para que se retirase del peligro (y no quedaron sino algunas familias infelices que se metieron dentro del Fuerte por temor de la tropelía y latrocinios de la tropa de Arredondo), me metí en un hoyo que abrí fuera del Fuerte, esperando la primera ocasión para presentarme al indulto. Arredondo lo había publicado a nombre del Rey, bajo su palabra de honor «que nunca había sido quebrantada», para cuantos se presentasen a él o alguno de sus oficiales. Estaba mezclado, según costumbre, de injurias y de calumnias, como la de asegurar que yo había sido procesado por el Santo Oficio, con quien nunca había tenido que ver. Al mismo tiempo, el virrey de México hacía poner en la gaceta del gobierno que yo era apóstata, después de quince años de estar notoriamente secularizado. Parece que no saben pelear los sátrapas de América sino con injurias y calumnias, como las mujeres y los cobardes. Un largo silencio de nuestra artillería, el día 14 de junio, proveniente de haberse volteado los obuses, y haber todos los cañones rompido [sic] sus cureñas, aunque pronto se rehabilitaron seis, dio lugar al primer parlamento enviado por Arredondo que carecía de municiones. Entonces, con el pretexto de auxiliar a un francés herido en la herrería casi contigua al lugar del parlamento, me presenté con el indulto en la mano al capitán Martínez, edecán de Arredondo. Pero como al retirarse, concediendo la vida a los del Fuerte, diese una hora para deliberar, con permiso suyo me fui a vestir y, con algunas cosas más necesarias en un pañuelo, me pasé al segundo parlamento, ya con permiso de Sardá. Al tercero, concediéndome en él cuantas condiciones favorables cupiesen en las facultades del comandante general, pasaron dos mayores a su campo para estipular los artículos de la capitulación.

Presupuesto por Arredondo que excedía a sus facultades recibirlos como prisioneros de guerra, según exigían, se capituló bajo palabra de honor, que a más de la vida ya concedida, serían todos tratados con decoro conforme al rango y grado que entre ellos tenían, y Arredondo prometió, además, recomendarlos al virrey. Los equipajes de los oficiales quedaban libres. Oficiales y soldados extranjeros enviados libres a sus patrias. Todos los paisanos que hubiesen abrazado su partido, libres y perdonados.

Se cumplió como nuestros bajaes acostumbran cumplir su palabra de honor «nunca quebrantada». Lo primero que hizo la guardia de Arredondo fue saquear los equipajes y uno de ellos el mío, que menos debía serlo por haberme yo presentado al indulto, y que valía unos mil pesos, sin contar tres cajones de libros que después se recogieron. De la guardia de Arredondo fueron los ladrones porque devolvieron un cáliz que estaba en mi baúl. Nada era más fácil que recobrarlo todo con un registro de mochilas por ser todas piezas extranjeras y conocidas. Pero permiten a las tropas el merodeo para tenerlas contentas y les dan el ejemplo sus jefes enriquecidos escandalosamente con el pillaje, devastación, extorsiones crueles y hasta fusiladuras de curas pacíficos para obtener dinero.

Inmediatamente me puso el bajá de Monterrey sin comunicación porque se había provisto contra mí, en aquella sede vacante, de una de tantas excomuniones ridículas como se han estado prodigando desde el principio de la insurrección. Toda excomunión en materias políticas es un abuso; y toda excomunión contra la multitud es nula según la regla del derecho tantas veces inculcada por Santo Tomás: *Multitudo non potest excomunicari*; pero la que traía aquel capataz era sólo propia de un vicario general de entre los mecos; pues en virtud de que me anunciaba como prelado doméstico del papa y protonotario apostólico y se decía que había hecho confirmaciones y concedido indulgencias, me notificaba la excomunión que hay en el derecho contra el obispo que ejerza los pontificales en ajena diócesis. Y sin más ni más fulminaba excomunión mayor, *ipso facto incurrenda*, contra toda persona que se comunicase conmigo de alguna manera. Ni dejó de alegar la cacaraqueada excomunión del Concilio toledano IV contra los que atentaren contra los reyes de la sangre de los godos.

Es necesario ser muy albarda para confundir un prelado doméstico de su Santidad o protonotario apostólico con un obispo. Es verdad que no se distinguen exteriormente, ni en el tratamiento ni en el vestuario; pero no llevan los primeros toquilla verde ni pectoral, distintivos de los obispos. Y yo no sólo no llevaba nada de esto, pero ni aun me vestí sino de corto y sólo un rato los domingos por la mañana y no todos. Mi traje era el mismo que llevaba en España y ante las Cortes de Cádiz. Probé, con el testimonio del religioso vicario del lugar, a los capellanes que fueron a intimarme la pamplina de los canónigos de Monterrey, que tampoco había hecho otra cosa eclesiástica que decir los domingos una misa rezada conforme al rito dominicano que conservo, y conceder, a once personas, indulgencia plenaria para el artículo de la muerte, advirtiendo que tenía para hacerlo facultad especial del Sumo Pontífice. Ahora, prescindiendo de que toda excomunión *ipso facto* es un abuso y en sustancia se reduce a una amenaza, si yo no estaba excomulgado ¿cómo podían excomulgarse los que comunicasen conmigo, cuando sólo se participa de la excomunión comunicando con el excomulgado citado o en tablillas?

En cuanto a la excomunión del IV Concilio toledano, ya que tanto han abusado de ella para fanatizar los pueblos y ensangrentar la insurrección, les diré a los canónigos de mi tierra que aun dado que nuestros reyes tengan sangre de los godos, lo que niegan muy graves historiadores de la nación en disertaciones a propósito, sepan que esas fueron unas cortes que los godos llamaban concilios, porque también solían serlo, y en esas que citan de Toledo depusieron al rey legítimo Suintila, lo excomulgaron con toda su familia y lo privaron de todos sus bienes, excomulgando a los que atentasen contra el nuevo rey Sisenando que eligieron, y cuyo partido temían. Masdeu dice que los obispos que concurrieron presididos por san Isidoro de Sevilla hubieran dejado mejor opinión de sí, si no hubiesen consentido a un decreto en que todo fue tropelía e injusticia. Para lo único que sirve ese canon, como varios otros de los concilios toledanos, es para demostrar que las cortes siempre se creyeron con facultad para deponer al rey, como las de Cádiz amenazaron de deponer a Fernando y las de Madrid mandaron no reconocerlo. ¡No es una excomunión muy buena de alegar en el caso, señor vicario general de entre los mecos!

Arredondo, sin embargo de haber yo demostrado que no me comprendía por ningún título la excomunión, me mantuvo incomunicado, porque ya se sabe que no creen tal excomunión los mismos que la solicitan de los eclesiásticos aduladores. Son farsas que juzgan oportunas para desacreditar al prójimo y fascinar a la plebe. Pero en dos días no le ocurrió arbitrio para eludir su palabra de honor sobre el indulto ante los oficiales de su tropa, que casi todos eran mis parientes, como los principales del pueblo. Envió, en el tercero, sus capellanes a que me despojasen de lo poco que había sacado en un pañuelo para presentármele, del vestido único que me quedó sobre el cuerpo, porque tenía algunas piezas moradas, como si yo no pudiese llevarlas; y me quitaron hasta el cubierto de comer. Hallaron en mi poder un ejemplar de la citada *Historia de la Revolución de Nueva España* y aunque no lleva mi nombre usual y, como he dicho, es en favor del rey, triunfó con el nombre sólo de historia de la revolución para alucinar la gente y encapuzar la poca vergüenza de quebrantar su palabra de honor.

Al virrey, dice Cerquera, su auditor, escribió que no me había cumplido el indulto porque sólo me presenté por necesidad, y porque después del indulto intenté seducir a los sencillos habitantes de Soto la Marina. Pero esa necesidad no la sabía Arredondo, ni el comandante mismo del Fuerte que todavía trataba de defenderlo. Y si tal necesidad valiera para eludir los indultos, ningunos subsistiría, pues muy raro sería el que se presentase a la mala fe notoria de nuestros bajaes, si estuviese cierto del triunfo. En cuanto a la seducción ¿cómo podía intentarla estando incomunicado a título de excomunión desde que Arredondo entró en el Fuerte? ¿A quiénes había de seducir si no había en Soto, hasta que yo salí para México, otros habitantes que los mismos que estaban con nosotros en el Fuerte? ¿Y para qué objeto, sobre qué plan o sobre qué fuerzas había yo de intentar la seducción de algunos miserables? Para mentir con provecho es necesario hacerlo con verosimilitud. Claro está que éstos no son sino efugios ridículos para faltar a las promesas auténticas con las personas, cuyo influjo se les antoja temer.

Por eso no se atrevió Arredondo allá donde la mentira era patente a propalar semejante motivo, y tomando el de habérseme hallado un ejemplar de la *Historia de la Revolución de Nueva España* cuyo contenido a favor del rey ignoraba aquella gente, me mandó poner a los tres días un par de grillos sin respeto a mi carácter, graduación, dignidad y nacimiento. ¡Él sí que era el excomulgado! Y sobre un mulo aparejado me envió a deshoras de la noche para México con una escolta de veinticinco caballos capitaneados de un tal don Antonio Ceballos, europeo, quien luego me hizo saber que se había dedicado a la mística. Al momento comprendí que tenía que lidiar con toda la crueldad de un fanático, porque no hay hombre más feroz que el que aforra su mal natural con la máscara de la religión. Degüella sin compasión sus víctimas para presentárselas a Dios.

Forzosamente había de sucumbir a tal maltratamiento en doscientas leguas y la edad de cincuenta y cinco años; y me atacó en Huexotla una fiebre violenta, sin que por eso pensase en aliviarme las prisiones. Antes me añadió la pena de no cortarme la barba que me mortificaba; y siempre estaba con daca al reo y torna el reo.

Aburrido con esto y los epítetos de traidores y rebeldes que menudeaba contra los americanos este insensato malcriado, estuve mil veces tentado de oponerle este argumento: Fernando VII desde Valencia, en mayo de 1814, expidió un decreto solemne declarando ilegítimos todos los gobiernos de España habidos durante su ausencia; las Cortes, un puñado de facciosos, y la Constitución, un crimen de lesa majestad. Y las Cortes de Madrid, en consecuencia del artículo de la Constitución que manda no reconocer por rey al que no la jurase, expidieron otro decreto mandando no reconocer por rey a Fernando. ¿Cuál de los dos decretos vale? Si el de Fernando, ustedes que reconocieron aquellos gobiernos y cortes y juraron la Constitución, son facciosos y criminales de lesa majestad; y leales los insurgentes que no reconocieron aquéllos ni juraron ésta aunque reconocían por rey a Fernando. Si vale el decreto de las Cortes, los insurgentes, no reconociéndole más por rey, hacen lo que ustedes debieran haber ejecutado si no fuesen traidores y rebeldes a la nación representada en las Cortes en quien juraron reconocer la soberanía, y perjuros a Dios, ante quien juraron con la Constitución no reconocer por rey a Fernando si no la juraba igualmente. Con que todo caso ustedes, y no los insurgentes, son los traidores y rebeldes.

Pero los militares, como los mahometanos en defensa de su ley, presentan por toda razón la cimitarra, y el arráez Ceballos amenazaba de fusilarme a cada momento, o como él decía, partirme el corazón con dos balas conforme a sus instrucciones. Aún creo entraba en ellas proporcionar que me matase sin tener el aire de haberme despachado; pues en vano le representaron con eficacia en Huexotla que el camino por donde me llevaba, recién abierto sobre los Andes que allá llaman Sierra Madre, no era camino sino ríos caudalosos, voladeros y precipicios en que apenas podían tenerse los caballos y jinetes, principalmente en aquel tiempo de lluvias. Mucho menos podría yo con prisiones y que tampoco podía asirme sino con una mano por tener la otra enferma, a más de estarlo yo mismo.

Era a veces tanta la elevación, que marchábamos dentro de las nubes; y habiendo caído ya varias veces, supliqué al arráez, que si temía con tan grave escolta de un anciano enfermo, me hiciese asegurar de otra manera que no me impidiese montar, para evitar la muerte. No habría escapado de ella sin la caridad de los bagajeros y soldados, que maldiciendo al «gachupín judío» cuando iba en la descubierta, me ayudaban en los pasos más difíciles.

En Zacualtipan se me puso inhumanamente sobre un caballo que al ensillarlo había respingado con violencia, y repitiendo su maña me hizo volar por los aires, dejándome hecho pedazos el brazo derecho, de que aún hoy apenas puedo servirme. ¿Se creerá que cuando estaba tirado en la tierra, aturdido por el golpe y los dolores del brazo de que media canilla quedaba sobre la otra, se puso a insultarme aquel bárbaro? Me colocaron después en una especie de parihuela, porque me iba desmayando; y aquel día descubrió el fondo de su corazón maléfico porque estuvo extraordinariamente alegre, con escándalo de la tropa. En el día siguiente me hizo seguirle al trote sobre el mismo caballo respingón para no perder la misa en Atotonilco el Grande, como si no fuese primero la caridad que el cumplimiento de un precepto eclesiástico.

Desde aquel lugar debía retroceder porque llegó a relevarle, de México, un capitán con doce húsares de Tulancingo. Pero él pidió pasar a presentar al virrey algunos harapos morados, entre ellos un gorro de campaña polaco, muy mal zurcido y formado de las vueltas viejísimas de una casaca mía, que aquel bruto, por más que se lo expliqué, había tomado por bonete de obispo, como si lo llevasen morado. Especialmente tenía empeño de presentar tres cartas que le había pérfidamente entregado el sargento Treviño después de haberme excitado a escribirlas en Huexotla franqueándome el recado necesario. Estaban dirigidas a tres personas de México, mis parientes y amigos antiguos, realistas conocidos, a fin de que intercediesen por mí, caso de llegar vivo, para que se me cumpliese el indulto.

Este era un crimen para Ceballos, cuyo descubrimiento debía valerle un grado. Ignoran estos tigres, que no cristianos, que según la doctrina de Jesucristo se deben aborrecer los delitos sin dejar de amar a las personas. Acriminan a éstas de pedir misericordia y a su prójimo de tenérsela. En Pachuca, donde a los cinco días de quebrado trataron aunque inútilmente de componerme el brazo, viéndome el oficial americano, mi nuevo conductor, tendido boca arriba en la cama, con grillos y sin poder valerme a mí mismo para nada, se le escapó decir que le causaba compasión. Y se la reprendió Villaldea, comandante de aquel punto, mandando que no obstante estar así y con centinela de vista, se me mantuviese encerrado conforme a orden de su comandante Concha. Esto era añadir aflicción al afligido contra el precepto de Dios.

Así se me tuvo allí quince días, porque el gobierno de México estaba coludiéndose con los inquisidores para que me recibieran en sus cárceles. Mientras, contaré las memorables palabras que dijo Humana, secretario del virrey, al oficial de húsares enviándole a escoltarme desde Atotonilco: «Lo que debía haber hecho Arredondo con ese Padre era pasarlo por las armas. Que si hubo capitulación, etcétera, así como así nada se cumple; acá se lo hubiéramos aprobado y no enviarnos este engorro». Las conservó literalmente el oficial porque le chocaron; pero yo no las extrañé.

Acordado ya el virrey con la Inquisición para desembarazarse del engorro de mi persona, según la frase de su secretario Humana, se me extrajo de Pachuca para Perote, camino de Veracruz, con el fin de eludir a los mexicanos sobre mi marcha y destino a ser emparedado, como dicen, en las cavernas de los cíclopes de puños azules. Pasé en el castillo de Perote una noche encerrado tiritando sobre unas tablas, y a la mañana revolvimos para México por camino extraviado. Ya estábamos cerca cuando se me hizo retroceder hacia Texcoco de orden de Concha, que me recibió en una hacienda y me colocó en una mazmorra tal, que los soldados en mirándola me abrazaron diciendo tiernos: «Adiós, Padrecito, por si no nos volviésemos a ver». Yo tragué la muerte viéndome así en poder de un hombre que desde una taberna ha llegado en poco tiempo a empuñar el bastón de coronel por la prisión de Morelos, y es famoso por la frecuente fusiladura de sacerdotes y los tormentos horribles con que ha mutilado algunos miserables para sacarles confesiones de delitos supuestos. Pero pronto me trasladaron con obsequioso miramiento a mejor habitación por haberse desengañado, por mis papeles, de la apostasía que me atribuyera el gobierno en sus gacetas. Este es el provecho que saca de calumniar a sus víctimas, y casi otro tanto me había acontecido en Perote; aunque yo no sé quien mete a los militares a castigar apostasías monásticas.

Serían las 8 de la noche del día 13 de agosto de 1817, cuando volvimos a tomar el camino de México en el coche de Concha, que cambiamos en la garita de San Lázaro. Por estas tramoyas nocturnas ya era fácil colegir que me aguardaban las tinieblas de la Inquisición, donde entré a las dos de la mañana del día 14. Me quitaron luego los grillos y pidieron cortésmente lo que trajese conmigo. Concha también exigió, de parte del virrey, mi reloj de oro. Sospeché que sería para ver el sello, cosa importante entre los ingleses a quienes sirve de firma. Pero nada tenía grabado en la cornerina; y sin embargo ha corrido borrasca. La costumbre del pillaje ha quitado sobre la uña todo escrúpulo a nuestros militares.

Cuando yo me vi en el encierro número diecisiete, que es una pieza espaciosa y bien pintada, aunque no muy clara, que se pusieron vidrieras a una ventana luego que lo insinué, se me dio mesa, vino y postres en cuanto los pedí, aunque no se daban a los otros presos, y que los inquisidores mismos me incitaban a pedir algunos antojos, como no se niega nada a los que se van a ahorcar, auguré que estaba destinado a realizar en la cárcel inquisicional el nombre que dio a su calle de Perpetua. Como no tenía delito alguno, los inquisidores no sólo me trataban con atención sino con cariño y amistad.

Me divertía en leer, aunque escaseaban los libros entre gentes que no estudiaban sino enredos, y en cultivar un jardincito acomodado de propósito para mí. En él, bajo una yerbabuena llegué a establecer, dentro de un tacón, una estafeta de correspondencia con otros presos, a quienes suministraba tinta de nueces.

Aunque a lo último éramos nueve, según el número de vasos excretorios que cada día se sacaban a limpiar en el patio, y desde su ventanilla en el número 18 observaba el doctor Verduzco, yo no llegué a saber distintamente que estaban allí por insurgentes sino el padre Luna, franciscano que al tiempo de mi ingreso llevaba ya dos años; el canónigo Cardeña, que llevaba diecisiete meses, y el dicho doctor, menos antiguo que yo seis meses, en la farnaun, con el cual tuve una correspondencia seguida sin que la presumiesen los vigilantes alcaides. A pesar del silencio universal que guardaban aun sobre las cosas más indiferentes, por más que yo les predicase que a esas no obligaba el sigilo, el cual tiene a uno allí como fuera de este mundo, el doctor Verduzco y yo por muchas combinaciones llegamos a penetrar muchas cosas. Remito a una nota los detalles. Ahora diré en general, solamente, que así como un paisano que perdió su pleito en cabildo después de haberle tratado benévolos cada uno de los canónigos, decía después que éstos eran buenos pero la canóniga mala; así puedo decir yo, que los inquisidores eran buenos y el oficio era el malo, aunque se llamaba Santo Oficio.

## Documento 25

## GUERRERO

Carta de Vicente Guerrero de 20 de junio de 1817, relativa a su actividad militar

«El día 17 del corriente arribé a este pueblo, con la mira de tener una entrevista con el teniente general don Nicolás Bravo, deseoso de acordar varios asuntos de importancia, combinar nuestras operaciones militares e imponerme del estado de estas provincias que absolutamente se ignoran por aquéllas. La falta de comunicación es ocasionada por lo mucho que los enemigos guarnecen la línea que nos divide; pero arrastrando peligros, me resolví y logré pasar sin más novedad que haber tenido una escaramuza en mi tránsito en que perdí mi equipaje, obligado de la fuerza que me cargó, insuperable a la mía.

«No podré significar a Vuestra Excelencia, el regocijo que en medio de mis tribulaciones tuve cuando fui instruido por este Jefe de que tenemos ya un Gobierno establecido bajo el sistema republicano que apetecemos, y de cuya dirección necesitamos para poner término a los males que nos afligen. Deseoso, pues, de tributar a Vuestra Excelencia mis homenajes, lo hago por medio de éste, porque no me es posible pasar en persona hasta esos puntos; y aunque sucintamente, haré referencia del actual estado de aquellas provincias, para que de ello forme alguna idea.

«A la alta consideración de Vuestra Excelencia dejo que entienda las convulsiones que hemos tenido en medio de tan larga serie de acontecimientos funestos, que acarreó el exterminio de nuestro gobierno; y contrayendo solamente a las desgracias que han padecido nuestras armas, diré que desde la Pascua de Navidad del año pasado se dedicaron los enemigos a mi persecución. Al principio logré destrozarles dos partidas que me acometieron en las llanuras de Piaxtla, donde me mantuve algunos días. Resistí un mes y veinte días que me atacaron sin intermisión, y después de que precisado de algunas consideraciones me retiré a la fortaleza de Xonacatlán sin perder de vista a mis enemigos, que me hostilizaban con empeño, trataba de repararme de aquél cuando los Teranes se rindieron entregando las armas y la fortaleza del cerro Colorado. Siguió su ejemplo Sesma, entregando la fortaleza de Tzilacayoapan, donde sacrificó a sus miras las armas y algunos hombres beneméritos.

«Desembarazados los perversos de estas fuerzas, que protegidas eran capaces de resistirlos y aún arrojarlos del país, reunieron mucha tropa sobre mí,

*Fuente*: A. Magaña Esquivel, *Guerrero, el héroe del Sur*, México, Ediciones Xóchitl, 1946, 190 pp. (Vidas Mexicanas 26), pp. 46-50.

haciéndome sufrir una persecución muy obstinada, de que ellos recibieron también algún perjuicio; pero reforzados con más de dos mil hombres, uniéndoseles muchos de Oaxaca, pusieron a mi campo un asedio tan formal que, aunque lo resistí por mucho tiempo, fue preciso ceder a la fuerza, abandonándoles la plaza, tanto por la escasez de víveres y agua como por falta de pertrechos, que se consumió, viéndonos a lo último forzados a hacer cortadillos de cuanto hierro y cobre teníamos.

«Emprendimos una retirada en orden, pero al romper la línea de circunvalación, se me dispersó alguna tropa. No obstante esto, me dirigí a la sierra y en el punto llamado Potladeje, reunidos más de quinientos hombres con sus armas, pero sin pertrechos, y además, perseguidos por otras partidas, se dividieron en trozos por diferentes direcciones para obrar como pudiesen.

«En tal estado determiné pasar a la provincia de Veracruz, para conferenciar con el señor Victoria, solicitar algún parque, traer mil fusiles que tengo comprados allí y acordar lo conveniente a nuestras operaciones. Marché con veinticinco dragones, pero en la cañada de Ixtapa me atacaron los españoles y me hicieron retroceder; desde allí torné la dirección para este rumbo.

«Los pueblos y tropa de mi departamento esperan con ansia, deseos de saber mi suerte y el estado de la revolución; según el ascendiente que logro sobre aquellos habitantes, no me es difícil hacer una nueva sublevación, como la efectué después de la jornada de Valladolid, y rehacerme de mayores fuerzas de las que tenía a mi mando, contando por principio con más de ochocientos hombres armados y mil fusiles seguros. Para verificarla, sólo espero la aprobación de Vuestra Excelencia, y si fuera de su superior agrado, un despacho formal que me autorice suficientemente para obrar con desembarazo y confirmar la elección que generosamente hicieron de mi persona aquellos fieles patriotas en 20 de marzo de 1816, cuya acta, celebrada con toda solemnidad, no traje conmigo, por cuya causa no la remito a esa superioridad. Mi conducta es bien conocida en la revolución, mis servicios positivos los ignoran muy pocos, y me será fácil hacerlos ver por medio de la hoja de ellos, si Vuestra Excelencia lo juzgares necesario para formar alguna idea de los mismos. Mi solicitud no es movida por la ambición, por la gloria de mandar, sino por unos sentimientos patrióticos que me animan a continuar mi carrera hasta sacrificarme en aras de la patria; pero si esto no fuera asequible, seré conforme con su resolución, y de cualquier forma debe contar Vuestra Excelencia con que mi persona y mi tropa estarán a su disposición, pues no he aspirado a otra cosa que al restablecimiento del orden del Gobierno, a quien protesto mi ciega obediencia y en todo tiempo daré pruebas de mi subordinación. Puedo asegurar a Vuestra Excelencia que luego que me dio noticia de la creación de esta corporación, no vacilé ni un momento en ponerme bajo sus órdenes lleno de alegría. He tenido algunas contestaciones del señor plenipotenciario, don José Manuel de Herrera, que ha desembarcado ya algunos oficiales auxiliares y que en unión del señor Victoria obran ya sobre Veracruz, pero estas contestaciones corrieron la suerte de mi equipaje.

«Dios guarde a Vuestra Excelencia, etcétera.

Axuchitlán, junio, 20 de 1817».

Vicente Guerrero.

## Documento 26

### GUERRERO

CARTA DE DON VICENTE GUERRERO A ITURBIDE EN LA QUE ACEPTA LLEGAR
A UN ACUERDO QUE PONGA FIN A LA GUERRA DE INDEPENDENCIA
(20 de enero de 1821) *

Señor don Agustín de Iturbide.
«Muy señor mío:
«Hasta esta fecha llegó a mis manos la atenta carta de usted de 10 del corriente, y como en ella me insinúa que el bien de la patria y el mío le han estimulado a ponérmela, manifestaré los sentimientos que me animan a sostener mi partido. Como por la referida carta descubrí en usted algunas ideas de liberalidad, voy a explicar las mías con franqueza, ya que las circunstancias van proporcionando la ilustración de los hombres y desterrando aquellos tiempos de terror y barbarismo en que fueron envueltos los mejores hijos de este desgraciado pueblo. Comencemos por demostrar sucintamente los principios de la revolución, los incidentes que hicieron más justa la guerra, y obligaron a declarar la Independencia.

«Todo el mundo sabe que los americanos, cansados de promesas ilusorias, agraviados hasta el extremo, y violentados por último, de los diferentes gobiernos de España —que levantados entre el tumulto uno de otro, sólo pensaron en mantenernos sumergidos en la más vergonzosa esclavitud, y privarnos de las acciones que usaron los de la península para sistemar su gobierno durante la esclavitud del rey— levantaron el grito de libertad bajo el nombre de Fernando VII, para sustraerse sólo de la opresión de los mandarines. Se acercaron nuestros principales caudillos a la capital para reclamar sus derechos ante el virrey Venegas, y el resultado fue la guerra. Esta nos la hicieron formidable desde sus principios, y las represalias nos precisaron a seguir la crueldad de los españoles.

* *Fuente:* A. Magaña Esquivel, *op. cit.*, pp. 71-78.

Cuando llegó a nuestra noticia la reunión de las Cortes de España, creímos que calmarían nuestras desgracias en cuanto se nos hiciera justicia. ¡Pero qué vanas fueron nuestras esperanzas! ¡Cuán dolorosos desengaños nos hicieron sentir efectos muy contrarios a los que nos prometíamos! ¿Pero cuánto y en qué tiempo? Cuando agonizaba España, cuando oprimida hasta el extremo por un enemigo poderoso, estaba próxima a perderse para siempre, cuando más necesitaba de nuestros auxilios para su regeneración, entonces... descubren todo el daño y oprobio con que siempre alimentan a los americanos; entonces declaran su desmesurado orgullo y tiranía; entonces reprochan con ultraje las humildes y justas representaciones de nuestros diputados; entonces se burlan de nosotros y echan el resto a su iniquidad; no se nos concede la igualdad de representación, ni se quiere dejar de reconocernos con la infame nota de colonos, aun después de haber declarado a las Américas parte integral de la monarquía. Horroriza una conducta como ésta tan contraria al derecho natural, divino y de gentes. ¿Y qué remedio? Igual debe ser a tanto mal. Perdimos la esperanza del último recurso que nos quedaba, y estrechados entre la ignominia y la muerte, preferimos ésta y gritamos Independencia y odio eterno a aquella gente dura. Lo declaramos en nuestros periódicos a la faz del mundo; y aunque desgraciados y que no han correspondido los efectos a los deseos, nos anima una noble resignación y hemos protestado ante las aras del Dios vivo ofrecer en sacrificio nuestra existencia, o triunfar y dar vida a nuestros hermanos. En este número está usted comprendido. ¿Y acaso ignora algo de cuanto llevo expuesto? ¿Cree usted que los que, en aquel tiempo en que se trataba de su libertad y decretaron nuestra esclavitud, nos serán benéficos ahora que la han conseguido y están desembarazados de la guerra? Pues no hay motivo para persuadirse que ellos son tan humanos. Multitud de recientes pruebas tiene usted a la vista; y aunque el transcurso de los tiempos le haya hecho olvidar la afrentosa vida de nuestros mayores, no podrá ser insensible a los acontecimientos de estos últimos días. Sabe usted que el rey identifica nuestra causa con la de la península, porque los estragos de la guerra, en ambos hemisferios, le dieron a entender la voluntad general del pueblo; pero véase cómo están compensados los caudillos de ésta y la infamia con que se pretende reducir a los de aquélla. Dígase, ¿qué causa puede justificar el desprecio con que se miran los reclamos de los americanos sobre innumerables puntos de gobierno, y en particular sobre la falta de representación en las Cortes? ¿Qué beneficio le resulta al pueblo cuando, para ser ciudadano, se requieren tantas circunstancias que no pueden tener la mayor parte de los americanos? Por último, es muy dilatada esta materia, y yo podría asentar multitud de hechos que no dejarían lugar a duda; pero no quiero ser tan molesto, porque usted se halla bien penetrado de estas verdades, y advertido de que, cuando todas las naciones del universo están independientes entre sí, gobernadas por los hijos de cada una, sólo América depende afrentosamente de España, siendo tan digna de ocupar el mejor lugar en el teatro universal. La dignidad del hombre es muy grande, pero ni ésta ni cuanto pertenece a los americanos, han sabido respetar los españoles. ¿Y cuál es el honor que nos queda, dejándonos ultrajar tan escandalosamente? Me avergüenzo al contemplar sobre este punto y declamaré eternamente contra mis mayores y contemporáneos que sufran tan ominoso yugo.

«He aquí demostrado, brevemente, cuanto puede justificar nuestra causa, y lo que llenará de oprobio a nuestros opresores. Concluyamos con que usted equivocadamente ha sido nuestro enemigo, y que no ha perdonado medios para asegurar nuestra esclavitud; pero si entra en conferencia consigo mismo, conocerá que siendo americano ha obrado mal, que su deber le exige lo contrario, que su honor lo encamina a empresas más dignas de su reputación militar, que la patria espera de usted mejor acogida, que su estado le ha puesto en las manos fuerzas capaces de salvarla y que si nada de esto sucediere, Dios y los hombres castigarían su indolencia. Éstos a quien usted refuta por enemigos, están distantes de serlo, pues que se sacrifican gustosos por solicitar el bien de usted mismo; y si alguna vez manchan sus espadas en la sangre de sus hermanos, más la ignorancia de éstos, la culpa de nuestros antepasados, y la más refinada perfidia de los hombres, nos han hecho padecer males que no debiéramos, si en nuestra educación varonil nos hubiesen inspirado el carácter nacional. Usted y todo hombre sensato, lejos de irritarse con mi rústico discurso, se gloriarían de mi residencia y sin faltar a la racionalidad, a la sensibilidad de la justicia, no podrían reargüir a la solidez de mis argumentos, supuesto que no tiene otros principios que la salvación de la patria, por quien usted se manifiesta interesado. Si inflama a usted ¿qué pues, hace retardar el pronunciarse por la más justa de las causas? Sepa usted distinguir y no confunda; defienda sus verdaderos derechos y esto le labrará la corona más grande; entienda usted: yo no soy el que quiero dictar leyes ni pretendo ser tirano de mis semejantes; decídase usted por los verdaderos intereses de la nación, y entonces tendrá la satisfacción de verme militar a sus órdenes y conocerá un hombre desprendido de la ambición e intereses, que sólo aspira a sustraerse de la opresión y no a elevarse sobre la ruina de sus compatriotas.

«Esta es mi decisión y para ello cuento con una regular fuerza disciplinada y valiente, que a su vista huyen despavoridos cuantos tratan de sojuzgarla; con la opinión general de los pueblos que están decididos a sacudir el yugo o morir, y con el testimonio de mi propia conciencia, que nada teme, cuando por delante se le presenta la justicia a su favor.

«Compare usted que nada me sería más degradante como el confesarme delincuente y admitir el perdón que ofrece el gobierno contra quien he de ser contrario hasta el último aliento de mi vida; mas no me desdeñaré de ser subalterno de usted en los términos que digo; asegurándole que no soy menos generoso y que con el mayor placer entregaría en sus manos el bastón con que la nación me ha condecorado.

«Convencido, pues, de estas terribles verdades, ocúpese usted en beneficio del país donde ha nacido, y no espere el resultado de los diputados que marcharon a la península; porque ni ellos han de alcanzar la gracia que pretenden, ni nosotros tenemos necesidad de pedir por favor lo que se nos debe de justicia, por cuyo medio veremos prosperar este fértil suelo y nos eximiremos de los gravámenes que nos causa el enlace con España.

«Si en ésta, como usted me dice, reinan las ideas más liberales que conceden a los hombres todos sus derechos, nada le cuesta, en ese caso, el dejarnos a nosotros el uso libre de todos los que nos pertenecen, así como nos lo usurparon el dilatado tiempo de tres siglos. Si generosamente nos deja emancipar, entonces diremos que es un gobierno benigno y liberal, pero si como espero, sucede lo contrario, tenemos valor para conseguirlo con la espada en la mano.

«Soy de sentir que lo expuesto es bastante para que usted conozca mi resolución y la justicia en que me fundo, sin necesidad de mandar sujeto a discurrir sobre propuestas ningunas, porque nuestra única divisa es libertad, independencia o muerte. Si este sistema fuese aceptado por usted, confirmaremos nuestras relaciones; me explayaré algo más, combinaremos planes y protegeré de cuantos modos sea posbile sus empresas; pero si no se separa del constitucional de España, no volveré a recibir contestación suya, ni verá más letra mía. Le anticipo esta noticia para que no insista ni me note después de impolítico, porque ni me ha de convencer nunca a que abrace el partido del rey, sea el que fuere, ni me amedrentan los millares de soldados con quienes estoy acostumbrado a batirme. Obre usted como le parezca, que la suerte decidirá, y me será más glorioso morir en la campaña, que rendir la cerviz al tirano.

«Nada es más compatible con su deber que el salvar la patria, ni tiene otra obligación más forzosa. No es usted de inferior condición que Quiroga ni me persuado que dejará de imitarle osando comprender como él lo aconseja. Concluyo con asegurarle que la nación está por hacer una expulsión general, que pronto se experimentarán sus efectos y que me será sensible perezcan en ellos los hombres que como usted, deben ser sus mejores brazos.

«He satisfecho el contenido de la carta de usted, porque así lo exige mi crianza; y le repito que todo lo que no sea concerniente a la total independencia, lo demás lo disputaremos en el campo de batalla.

«Si alguna feliz mudanza me diera el gusto que deseo, nadie me competirá la preferencia de ser su más fiel amigo y servidor, como lo protesta su atento que su mano besa.

Vicente Guerrero. Rincón de Santo Domingo, a 20 de enero de 1821».

Documento 27

## PLAN DE ÍGUALA

PROCLAMA DE DON AGUSTÍN ITURBIDE LANZADA EN ÍGUALA EL 24 DE
FEBRERO DE 1821

Americanos:

Bajo cuyo nombre comprende no sólo a los nacidos en América sino a los europeos, africanos y asiáticos que en ella residen, tened la bondad de oírme:

Las naciones que se llaman grandes en la extensión del globo fueron dominadas por otras y hasta que sus luces no les permitieron fijar su propia opinión, no se emanciparon. Las europeas, que llegaron a su mayor ilustración y política, fueron esclavas de la romana; y este imperio, el mayor que reconoce la historia, asemejó al padre de la familia que, en su ancianidad, mira separarse de su casa a los hijos y los nietos, por estar ya en edad de formar otras y fijarse por sí, conservándole todo el respeto, veneración y amor, como a su primitivo origen.

Trescientos años hace la América Septentrional de estar bajo la tutela de la nación más católica y piadosa, heroica y magnánima. La España la educó y engrandeció, formando esas ciudades opulentas, esos pueblos hermosos, esas provincias y reinos dilatados que en la historia del Universo van a ocupar lugar muy distinguido; aumentándose las poblaciones y las luces, conocidos todos los ramos de la natural opulencia del suelo, su riqueza metálica, las ventajas de su situación topográfica, los daños que origina la distancia del centro de unidad y viendo que la rama es igual al tronco, la opinión pública y la general de todos los pueblos, es la independencia absoluta de la España y de toda otra nación. Así piensa el europeo, y así los americanos de todo origen.

Esta misma voz que resonó en el pueblo de Dolores el año de 1810, y que tantas desgracias originó al pueblo de las delicias, por el desorden, al abandono, y otra multitud de vicios, fijó también la opinión pública de que la unión general entre europeos y americanos, indios e indígenas, es la única base sólida en que puede descansar nuestra común felicidad. Y ¿quién pondrá en duda que, después de la experiencia horrorosa de tantos desastres, no hay uno siquiera que deje de prestarse a la unión para conseguir tanto bien? ¡Españoles europeos: vuestra patria es la América porque en ella vivís; en ella tenéis comercio y bienes! Americanos: ¿Quién de vosotros puede decir que no descien-

*Fuente*: M. Cuevas, «*El Libertador*». *Documentos selectos de Don Agustín de Iturbide*, colegiados por el P..., Editorial Patria, México, 1947, 480 (4) pp., 192-194.

de de español? Ved la cadena dulcísima que nos une, añadid los otros lazos de amistad, la dependencia de intereses, la educación e idioma, y la conformidad de sentimientos; y veréis son tan estrechas y tan poderosas, que la felicidad del reino es necesario la hagan todos reunidos en una sola opinión y en una sola voz.

Es llegado el momento en que manifestéis la uniformidad de vuestros sentimientos, y que nuestra unión sea la mano poderosa que emancipe a la América sin necesidad de auxilios extraños. ¡Al frente de un ejército valiente y resuelto, he proclamado la Independencia de la América Septentrional! Es ya libre, es ya señora de sí misma, ya no reconoce ni depende de la España, ni de otra nación alguna. Saludadla todos como independientes, y sean nuestros corazones bizarros los que sostengan esta dulce voz, unidos con las tropas que han resuelto morir, antes de separarse de tan heroica empresa. No anima otro deseo al ejército, que el conservar pura la santa religión que profesamos, y hacer la felicidad general. Oíd, escuchad las bases sólidas en que funda su resolución.

1. La religión católica, apostólica romana, sin tolerancia de otra alguna.

2. La absoluta Independencia de este reino.

3. Gobierno monárquico, templado por una Constitución análoga al país.

4. Fernando VII y en sus casos los de su dinastía o de otra reinante serán los emperadores, para hallarnos con un monarca ya hecho y precaver los atentados de ambición.

5. Habrá una Junta, ínterin se reúnen Cortes que hagan efectivo este Plan.

6. Ésta se nombrará gubernativa, y se compondrá de los vocales ya propuestos al señor virrey.

7. Gobernará en virtud del juramento que tiene prestado al rey, ínterin éste se presenta en México y se lo presta, y entonces se suspenderán todas ulteriores órdenes.

8. Si Fernando VII no se resolviere a venir a México, la Junta de la Regencia mandará a nombre de la nación mientras se resuelve la testa que debe coronarse.

9. Será sostenido este gobierno por el Ejército de las Tres Garantías.

10. Las Cortes resolverán si ha de continuar esta Junta o sustituirse por una regencia, mientras llega el emperador.

11. Trabajarán, luego que se unan, la constitución del Imperio Mexicano.

12. Todos los habitantes de él, sin otra distinción que su mérito y virtudes, son ciudadanos idóneos para optar cualquier empleo.

13. Sus personas y propiedades, serán respetadas y protegidas.

14. El clero secular y regular, conservado en todos sus fueros y propiedades.

15. Todos los ramos del Estado, y empleados públicos, subsistirán como en el día, y sólo serán removidos los que se opongan a este plan, y sustituidos por los que más se distingan en su adhesión, virtud y mérito.

16. Se formará un ejército protector, que se denominará de las Tres Garantías, y que se sacrificará del primero al último de sus individuos, ante la más ligera infracción de ellas.

17. Este ejército observará a la letra la Ordenanza, y sus jefes y oficiales continúan en el pie que están, con la expectativa no obstante a los empleos vacantes y a los que se estimen de necesidad o conveniencia.

18. Las tropas de que se componga se considerarán como de línea y lo mismo las que abracen luego este Plan; las que lo difieran y los paisanos que quieran alistarse, se mirarán como milicia nacional, y el arreglo y forma de todas, lo dictarán las Cortes.

19. Los empleos se darán en virtud de informes de los respectivos jefes, y a nombre de la nación provisionalmente.

20. Interin se reúnen las Cortes se procederá en los delitos con total arreglo a la constitución española.

21. En el de conspiración contra la Independencia se procederá a prisión, sin pasar a otra cosa hasta que las Cortes dicten la pena correspondiente al mayor de los delitos, después del de lesa Majestad Divina.

22. Se vigilará sobre los que intenten sembrar la división y se reputarán como conspiradores contra la Independencia.

23. Como las Cortes que se han de formar son constituyentes, deben ser elegidos los diputados bajo este concepto. La Junta determinará las reglas y el tiempo necesario para el efecto.

Americanos:

He aquí el establecimiento y la creación de un nuevo imperio. He aquí lo que ha jurado el Ejército de las Tres Garantías, cuya voz lleva el que tiene el honor de distinguirla. He aquí el objeto para cuya cooperación os incita. No os pide otra cosa que la que vosotros mismos debéis pedir y apetecer; unión, fraternidad, orden, quietud interior, vigilancia y horror a cualquier movimiento turbulento. Estos guerreros no quieren otra cosa que la felicidad común. Uníos con su valor para llevar adelante una empresa que por todos aspectos (si no es por la pequeña parte que en ella he tenido) debo llamar heroica. No teniendo enemigos que batir, confiemos en el Dios de los Ejércitos, que lo es también de la paz, que cuantos componemos este cuerpo de fuerzas combinadas, de europeos y americanos, de disidentes y realistas, seremos unos meros protectores, unos simples espectadores de la obra grandiosa que hoy he trazado, y retocarán y perfeccionarán los padres de la patria.

Asombrad a las naciones de la culta Europa, vean que la América Septentrional se emancipó sin derramar una sola gota de sangre. En el transporte de vuestro júbilo decid: ¡Viva la religión Santa que profesamos!; Viva la América Septentrional independiente, de todas las naciones del globo! ¡Viva la unión que hizo nuestra felicidad!

Agustín de Iturbide

Documento 28

## TRATADOS DE CÓRDOVA

Tratados celebrados en la Villa de Córdova el 24 de agosto de 1821, entre los señores don Juan O'Donojú, teniente-general de los ejércitos de España, y don Agustín de Iturbide, primer jefe del Ejército Imperial Mexicano de las Tres garantías

Pronunciada por Nueva España su independencia de la antigua, teniendo un ejército que sostuviese este pronunciamiento, decididas por él las provincias del reino, sitiada la capital en donde se habían depuesto la autoridad legítima y cuando sólo quedaban por el gobierno europeo las plazas de Veracruz y Acapulco, desguarnecidas y sin medios de resistir a un sitio bien dirigido y que dudase algún tiempo; llegó al primer puerto el teniente-general don Juan O'Donojú, con el carácter y representación de capitán general y jefe superior político de este reino, nombrado por Su Majestad católica. O'Donojú, deseoso de evitar los males que afligen a los pueblos en alteraciones de esta clase y tratando de conciliar los de España al poner en las reales manos del señor intereses de ambas Españas, invitó a una entrevista al primer jefe del Ejército Imperial, don Agustín de Iturbide, en la que se discutiese el gran negocio de la Independencia, desatando sin romper, los vínculos que unieron a los continentes. Verificóse la entrevista en la villa de Córdova el 24 de agosto de 1821 y con la representación de su carácter, el primero y la del Imperio mexicano, el segundo; después de haber conferenciado detenidamente sobre lo que más convenía a una y otra nación, atendiendo al estado actual y las últimas ocurrencias, convinieron en los artículos siguientes, que firmaron por duplicado, para darles toda la consolidación de que son capaces esta clase de documentos, conservando un original cada uno en su poder, para mayor seguridad y validación.

1. Esta América se reconocerá por nación soberana e independiente y se llamará en lo sucesivo Imperio mexicano.

2. El gobierno del Imperio será monárquico constitucional moderado.

3. Será llamado a reinar en el Imperio mexicano (previo el juramento que designa el artículo 4 del Plan) en primer lugar el señor don Fernando VII, rey católico de España, y por su renuncia o no admisión, el serenísimo señor Infante don Francisco de Paula; por su renuncia o no admisión, el serenísimo señor don Carlos Luis, infante de España, antes heredero de Etruria, hoy de Luca y por renuncia o no admisión de éste, el que las Cortes del Imperio designaren.

4. El emperador fijará su Corte en México, que será la capital del Imperio.

5. Se nombrarán dos comisionados por el excelentísimo señor O'Donojú, los que pasarán a la Corte de don Fernando VII, copia de este tratado y exposición que le acompañará para que sirva a Su Majestad de antecedente, mientras las Cortes del Imperio le ofrecen la corona con todas las formalidades y garantías que asunto de tanta importancia exige y suplican a Su Majestad que en el caso del artículo tercero se digne notificarlo a los serenísimos señores Infantes llamados en el mismo artículo, por el orden que con él se nombran; interponiendo su benigno influjo para que sea persona de las señaladas de su augusta casa la que venga a este Imperio, por lo que se interesa en ello la prosperidad de ambas naciones y por la satisfacción que recibirán los mexicanos en añadir este vínculo a los demás de amistad, con que podrán y quieren unirse a los españoles.

6. Se nombrará inmediatamente, conforme al espíritu del Plan de Iguala, una Junta compuesta de los primeros hombres del Imperio, por sus virtudes, por sus destinos, por sus fortunas, representación y concepto de aquellos que están designados por la opinión general cuyo número sea bastante considerable, para que la reunión de luces asegure el acierto en sus determinaciones, que serán emanaciones de la autoridad y facultades que les conceden los artículos siguientes:

7. La Junta de que trata el artículo anterior, se llamará Junta Provisional Gobernativa.

8. Será individuo de la Junta Provisional de Gobierno, será hacer un manifiesto al público, de su consideración a la conveniencia de que una persona de su clase tenga una parte activa e inmediata en el gobierno y de que es indispensable omitir algunas de las que estaban señaladas en el expresado plan, en conformidad de su mismo espíritu.

9. La Junta Provisional de Gobierno, tendrá un presidente nombrado por ella misma y cuya elección recaerá en uno de los individuos de su seno o fuera de él, que reúna la pluralidad absoluta de sufragios; lo que si en la primera votación no se verificase, se procederá a segundo escrutinio, entrando a él los dos que hayan reunido más votos.

10.  El primer paso de la Junta Provisional de Gobierno, será hacer un manifiesto al público, de su instalación y motivos que la reunieron, con las demás explicaciones que considere convenientes para ilustrar al pueblo sobre sus intereses y modo de proceder en la elección de diputado a Cortes, de que se hablará después.

11.  La Junta Provisional de Gobierno nombrará enseguida de la elección de su presidente, una regencia compuesta de tres personas de su seno o fuera de él, quien resida el poder ejecutivo y que gobierne en nombre del monarca hasta que éste empuñe el cetro del Imperio.

12.  Instalada la Junta Provisional, gobernará interinamente conforme a las leyes vigentes, en todo lo que no se oponga al Plan de Iguala y mientras las Cortes formen la constitución del Estado.

13.  La regencia, inmediatamente después de nombrada, procederá a la convocación de Cortes, conforme al método que determine la Junta Provisional de Gobierno; lo que es conforme al espíritu del artículo 24 del citado plan.

14.  El poder ejecutivo reside en la regencia, el legislativo en las Cortes; pero como ha de mediar algún tiempo antes que éstas se reúnan para que ambos no recaigan en una misma autoridad ejercerá la Junta el poder legislativo, primero, para los casos que pueden ocurrir y que no den lugar a esperar la reunión de las Cortes y entonces procederá de acuerdo con la regencia; segundo para servir a la regencia de cuerpo auxiliar y consultivo en sus determinaciones.

15.  Toda persona que pertenece a una sociedad, alterado el sistema de gobierno o pasando el país a poder de otro príncipe, queda en el estado de libertad natural para trasladarse con su fortuna a donde le convenga, sin que haya derecho para privarle de esta libertad, a menos que tenga contraída alguna deuda con la sociedad a que pertenecía, por delito o de otro de los modos que conocen los publicistas: en este caso están los europeos avecindados en Nueva España y los residentes americanos en la península; por consiguiente serán árbitros a permanecer adoptando ésta o aquella patria, o a pedir su pasaporte que no podrá negárseles, para salir del reino en el tiempo que se prefije, llevando o trayendo consigo sus familias y bienes; pero satisfaciendo a la salida, por los últimos, los derechos de exportación o que se establecieren por quien puede hacerlo.

16.  No tendrá lugar la anterior alternativa respecto de los empleados públicos o militares que son notoriamente desafectos a la Independencia mexicana, sino que éstos necesariamente saldrán de este Imperio, dentro del término que la regencia prescriba, llevando sus intereses y pagando los derechos de que habla el artículo anterior.

17.  Siendo un obstáculo a la realización de este tratado la ocupación de la capital por las tropas de la península, se hace indispensable vencerlo; pero

como el primer jefe del Ejército Imperial, uniendo sus sentimientos a los de la nación mexicana, desea no conseguirlo con la fuerza, para lo que le sobran recursos, sin embargo del valor y constancia de dichas tropas peninsulares, por falta de medios y arbitrios para someterse, contra el sistema adoptado por la nación entera, don Juan O'Donojú se ofrece a emplear su autoridad, para que dichas tropas verifiquen su salida sin efusión de sangre y por una capitulación honrosa.

Juan O'Donojú,                    Agustín de Iturbide.

## Documento 29

## ACTA DE INDEPENDENCIA, 1821

ACTA DE LA INDEPENDENCIA MEXICANA DE 28 DE SEPTIEMBRE DE 1821

La nación mexicana que, por trescientos años, ni ha tenido voluntad propia, ni libre el uso de la voz, sale hoy de la opresión en que ha vivido.

Los heroicos esfuerzos de sus hijos han sido coronados, y está consumada la empresa eternamente memorable que un genio superior a toda admiración y elogio, por el amor y gloria de su patria, principió en Iguala, prosiguió y llevó al cabo arrollando obstáculos casi insuperables.

Restituida, pues, cada parte del Septentrión al ejercicio de cuantos derechos le concedió el autor de la naturaleza, y reconocen por inajenables y sagrados las naciones cultas de la tierra, en libertad de constituirse del modo que más convenga a su felicidad, y con representantes que puedan manifestar su voluntad y sus designios, comienza a hacer uso de tan preciosos dones, y declara solemnemente, por medio de la Junta Suprema del Imperio: *que es nación soberana e independiente de la antigua España*, con quien en lo sucesivo no mantendrá otra unión que la de una amistad estrecha en los términos que prescribieren los tratados: que entablará relaciones amistosas con las demás potencias, ejecutando respecto de ellas cuantos actos pueden y están en posesión de ejecutar las otras naciones soberanas: que va a constituirse con arreglo a las bases que en el plan de Iguala y tratados de Córdova estableció sabiamente el primer jefe del Ejército Imperial de las Tres Garantías: y en fin, que sostendrá a todo trance y con sacrificio de los haberes y vidas de sus individuos (si fuera necesario) esta solemne declaración hecha en la capital del imperio a 28 de septiembre del año 1821. Primero de la independencia Mexicana.–Agustín de Iturbide.–Antonio, obispo de la Puebla.–Juan O'Donojú.–Manuel de la Bárcena.–Matías Monteagudo.–Isidro Yáñez.–Licenciado Juan Francisco de Azcárate.—Juan José Espinosa de los Monteros.—José María Fagoaga.—José Miguel Guridi y Alcocer.—El marqués de Salvatierra.—El conde de Casa de Heras Soto.—Juan Bautista Lobo.—Francisco Manuel Sánchez de Tagle.—Antonio de Gama y Córdova.—José Manuel Sartorio.—Manuel Velázquez de León.—Manuel Montes Argüelles.—Manuel de la Sota Riva.—El marqués de San Juan de Rayas.—José Ignacio García Illueca.—José María de Bustamante.—José María Cervantes y Velasco.—Juan Cervantes y Padilla.—José Manuel Velázquez de la Cadena.—Juan de Orbegoso.—Nicolás Campero.—El conde de Xala y de Regla.—José María de Echeveste y Valdivieso.—Manuel Martínez Mansilla.—Juan Bautista Raz y Guzmán.—José María de Jáuregui.—José Rafael Suárez Pereda.—Anastasio Bustamante.—Isidro Ignacio de Icaza.—Juan José Espinosa de los Monteros, vocal secretario.

Tendrálo entendido la regencia mandándola imprimir, publicar y circular.—México, 6 de octubre de 1821, primero de la independencia de este Imperio.—Antonio, obispo de la Puebla, presidente.—Juan José Espinosa de los Monteros, vocal secretario.—José Rafael Suárez Pereda, vocal secretario.

# REFERENCIAS BIBLIOGRÁFICAS

Aguado Bleye, P., y Alcázar Molina, C., *Manual de Historia de España*, 3 vs., 6.ª. ed., Madrid, Espasa-Calpe, S.A., 1956.
Excelente obra de carácter general.

Aguirre, R., *Campaña de Morelos sobre Acapulco 1810-1813*, México, Talleres Gráficos de la Nación, 1833, 214 pp.
Libro dedicado a un aspecto de la guerra.

Alamán, L., *Disertaciones sobre la historia de la República Mejicana desde la época de la Conquista que los españoles hicieron a fines del siglo xv y principios del xvi, de las Islas y Continente Americano hasta la independencia*, por... 3 vs., México, Editorial Jus., 1942, en (Obras de D. Lucas Alamán). Con su *Historia de México* y las *Disertaciones*, Alamán dejó el mejor testimonio de la emancipación.

Alcázar Molina, C., *Los hombres del despotismo ilustrado en España: el Conde de Floridablanca, su vida y su obra*, Murcia, S.A., 1934.
Buena obra sobre la época.

Anzúrez, R., *Los héroes de la independencia, colección de biografías de los principales héroes de la Independencia de México*, México, S.A., 1909, 117 pp.
Biografías apologéticas.

Arreguin, E. (ed.), *Morelos. Importantes revelaciones históricas, autógrafos desconocidos de positivo interés. Inauguración del gran monumento en memoria del héroe inmortal*, Morelia, Talleres de la Escuela Militar, 1913, 102-32 pp.
De gran utilidad.

Bravo Ugarte, J., *Historia de México*, 3 vs., México, Jus, 1941-45.
Excelente historia general.

Bustamante, C. M.ª de, *Cuadro histórico de la Revolución de América Mexicana, comenzada en quince de septiembre de mil ochocientos diez por el ciudadano Miguel Hidalgo y Costilla*, 5 vs., México, S.A., 1827.
Obra básica junto con la de Alamán.

Calderón Quijano, J. A., *Los virreyes de Nueva España en el reinado de Carlos IV*, tomo I: 1787-1798, tomo 2: 1798-1808, Sevilla, Escuela de estudios Hispano-americanos de Sevilla, 1972.
Notables contribuciones sobre los virreyes novohispanos.

Cassirer, E., *Filosofía de la ilustración*, traducción de Eugenio Imaz, México F.C.E., 1950.
Excelente síntesis del pensamiento de la época.

Castillo Ledon, L., *Hidalgo, la vida del Héroe*, 2 vs., México, Talleres Gráficos de la Nación, 1949.
Una de las más completas biografías de Hidalgo.

Castillo Negrete, E. del, *México en el siglo XIX, o sea, su historia desde 1800 hasta la época presente*, 24 vs., México, Las Escalerillas, 1875-1890.
Rico por sus aportes documentales.

Corona Baratech, C., *Las ideas políticas en el reinado de Carlos IV*, Madrid, Ateneo, 1954, 56 pp.
Pequeño pero excelente trabajo.

Chávez, E. A., *Morelos*, México, Jus, 1957, 222 pp. (Figuras y episodios de la Historia de México, año IV, n.º 39).
Seria biografía.

Dávila y Collado, M., *Reinado de Carlos III*, 6 vs., Madrid, S.E., 1981.
Libro documentado de carácter general.

«Documentos relativos al insurgente doctor don José María Cos», en *Memorias de la Academia Mexicana de la Historia correspondiente de la Real de Madrid*, tomo I, n.º 3, julio-septiembre 1942, pp. 253-282.

Esperón, V., *Morelos, estudio biográfico*, 2.ª ed., México, Orión, 1959, 303 pp., ilustraciones.
Buena biografía.

Fisher, L. E., *Champion of Reform; Manuel Abad y Queipo*, Nueva York, Library Publishers, 1955, XI-314 pp.
Es el mejor estudio biográfico sobre ese obispo.

Fisher, L. E., *The Background of the Revolution for Mexican Independence*, Boston, S.E., 1934.
Serio trabajo, bien documentado.

Florescano, E., *Mouvements paysans et problems agraires de 1770 à 1810*, Ginebra, Librairie Droz, s.d. Sobretiro de *Cahiers Internationnaux d'Histoire Economique et Sociale*, n.° 8, pp. 220-239.
Estudio sobre la economía de la época.

Forero, M. J., *Causas económicas de la Independencia de América*, Bogotá, s.e., 1943.
Bien informada síntesis económica.

Fuente, J. M.ª de la, *Hidalgo íntimo; apuntes y documentos para una biografía del benemérito cura de Dolores, D. Miguel Hidalgo y Costilla*, obra escrita como un humilde contingente del autor, para celebrar el primer centenario de la proclamación de nuestra independencia, México, Económica, 1910, 577 pp. ils.
Se trata de uno de los mejores estudios biográficos.

Gallo, E. (ed.), *Hombres ilustres mexicanos, biografías de los personajes notables desde antes de la conquista hasta nuestros días*, 4 vs., México, Imp. de I. Cumplido, 1873.
Biografías generales.

García, G., *Autógrafos inéditos de Morelos y causa que se le instruyó*, México, Librería de la Vda. de Ch. Bouret, 1907 (Documentos inéditos o muy raros para la historia de México, XII).
Obra documental seria.

García, G., *Documentos históricos mexicanos*. Obras conmemorativas del Primer Centenario de la Independencia de México, 6 vs., México, Museo Nacional de Antropología, Historia y Etnología, 1910.
Obra documental.

García Ruiz, A., *Ideario de Hidaldo*, Prólogo del Lic. José Angel Ceniceros, México, S.E.P., Museo Nacional de Historia, 1955, VI-132 pp.
Excelente libro sobre el pensamiento de Hidalgo.

Godoy, M., *Memorias de don... Príncipe de la Paz, o sea cuenta dada de su vida política, para servir a la historia del reinado del señor don Carlos IV de Borbón*, única edición original, publicada por el mismo príncipe, 6 vs., París, Librería Americana de Lecointe y Lasserre, 1839.
Libro de gran utilidad para comprender la época.

González, L., «El optimismo nacionalista como factor de la Independencia de México», en Isabel Gutiérrez del Arroyo *et al.*, *Estudios de historiografía americana*, México, El Colegio de México, 1948, pp. 153-215.
Buena síntesis de un aspecto de la época.

González Obregón, L., *Los precursores de la Independencia Mexicana en el siglo xvi*, México, Librería de la Vda. de Ch. Bouret, 1906, 388 pp.
Señala los precedentes emancipados.

Griffin, Ch. C., *Los temas sociales y económicos en la época de la Independencia*, Caracas, Editorial Arte, 1962, 88 pp.
Síntesis clara y documentada.

Guerra, J. (pseudónimo de fray Servando Teresa de Mier), *Historia de la Revolución de Nueva España antiguamente Anahuac. Verdadero origen y causas de ella con la Relación de sus progresos hasta el presente año de 1813*, 2 v., México (Imp. de la Cámara de Diputados), 1921. De esta obra hay nueva edición que es facsimilar con un estudio y anexos preparados por Manuel Calvillo, 2 vs, México, Instituto Mexicano del seguro Social, 1980.
Es obra clave junto con las de Alamán y Bustamante para comprender la emancipación.

Guzmán y Raz Guzmán, J., *Bibliografía de la Independencia de México*, 2 vs., México, D.A.P.P., 1938 *(Bibliografías Mexicanas, 4 y 5)*.

Hamill, H. M., *The Hidalgo revolt; prelude to Mexican Independence*, Gainesville, University of Florida, 1966, XI-284 pp. ils.
Estudia los aspectos sociales de un movimiento.

Hermesdorf, R., *Morelos, hombre fundamental de México*, dibujos de Juan José Espejel, México, Edit. Grijalvo, 1958, 329 (1) pp. ils. *(Bibliografías Gandesa)*.
Buena biografía.

Hernández y Davalos, J. E., *Colección de Documentos para la Historia de la Guerra de Independencia de México de 1808 a 1821*, 6 vs., México, José M.ª Sandoval, impresor, 1877-1822 (Biblioteca de El Sistema Postal de la República Mexicana).
Es la obra documental más rica.

Hernández Luna, J., *Imágenes históricas de Hidalgo, desde la época de la Independencia hasta nuestros días, 1753-1953*, introducción de Antonio Castro Leal, México, UNAM, Consejo de Humanidades, 1954, 178 pp. /1/ h. (Ediciones del Bicentenario del Nacimiento de Hidalgo, 2).
Estudio historiográfico muy válido.

*Informes y manifiestos de los poderes ejecutivos y legislativos de 1821 a 1904.* Publicación hecha por J. A. Castillón de orden del señor ministro de Gobernación, don Ramón Corral, 2 vs., México, Imprenta del Gobierno Federal, 1905.
Rica colección documental.

Jiménez Fernández, M., *Las doctrinas populistas en la Independencia de Hispanoamérica,* Sevilla, Escuela de Estudios Hispanoamericanos, 1947, VII-156 pp.
Notable contribución para el entendimiento del fenómeno insurgente.

Joublanc, L. A., *Ignacio López Rayón, libertador, unificador y primer legislador de México,* México, Impresos Donis, 1963, 212 (10) pp.
Biografía mesurada y breve.

Konetzke, R., *Die Politik des Grafen Aranda,* Berlín, s.e., 1929.

Lafuente Ferrari, E., *El virrey Iturrigaray y los orígenes de la Independencia de Méjico,* Prólogo de Antonio Ballesteros Beretta, Madrid, Consejo Superior de Investigaciones Científicas, Instituto Gonzalo Fernández de Oviedo, 1941, 450 pp. ils., mapas.
Serio trabajo en torno a los últimos años virreinales.

Lanning, J. T., *The Eighteenth Century Enlightenment in the University of San Carlos de Guatemala,* Ithaca, Nueva York, Cornell University Press, 1956, XXV-372 pp. ils. facs.
Muy buen estudio perfectamente documentado.

*Las Actas de la Independencia de América,* edición y nota preliminar de J. Malagón, estudio de Ch. C. Griffin, Washington, Unión Panamericana, 1955, CX-144 pp. ils. facs.
Obra de gran utilidad.

Lemoine Villicaña, E., *Morelos, su vida revolucionaria a través de sus escritos y de otros testimonios de la época,* México, U.N.A.M., 1965, 715 pp.
Seria obra documental y biográfica.

León Portilla, M., y otros, *Historia documental de México,* 2 volúmenes, México, U.N.A.M., Instituto de Investigaciones Históricas, 1964.
Notable obra de síntesis con modernas interpretaciones.

Lucena Salmoral, M., *Comercio de EE.UU. con España e Hispanoamérica,* Madrid, Ministerio de Educación y Ciencia, 1978, sobretiro del Congreso sobre el Bicentenario de los Estados Unidos, pp. 171-241.
Contiene rica información económica.

Lucena Salmoral, M., *Los movimientos antirreformistas en Sur América: 1777-1781. De Tupac Amaru a los comuneros,* Madrid, Universidad Complutense, 1977, separata de la Revista de la Universidad Complutense (1776, Bicentenario de la Independencia Norteamericana), volumen XXVI, n.°107, enero-marzo 1977, pp. 79-115.
Cuidadoso y documentado trabajo.

Lynch, J., *Administración colonial española, 1782-1810; el sistema de intendencias en el virreinato del Río de la Plata,* Buenos Aires, Editorial Universitaria de Buenos Aries, 1962, 312 pp.
Estudio específico y serio.

Méndez Plancart, G., *Hidalgo, reformador intelectual,* México, Letras de México, 1945, 59 pp.
Excelente estudio en torno al pensamiento de Hidalgo.

Miquel I. Verges, J. M., *La Independencia Mexicana y la Prensa Insurgente,* México, El Colegio de México, 1941, 343 pp.
Rica información sobre el periodismo.

Miquel I. Verges, J. M., *Diccionario de insurgentes,* México, Editorial Porrúa, S.A., 1969, X-623 pp. ils.
Bien documentada obra biográfica.

Miranda y Marrón, M., *Vida y escritos del héroe insurgente licenciado don Andrés Quintana Roo,* México, Imp. y Fototip. de la Secretaría de Fomento, 1910, 155 pp. ils.
Buena biografía.

Montiel y Duarte, I. A., *Derecho Público Mexicano,* 6 vs., México, Imprenta del Gobierno en Palacio, 1871.
Obra documental rica para la historia política.

Mora, J. M. L., *Méjico y sus revoluciones,* 3 volúmenes, París, Librería de la Rosa, 1836.
Obra básica como las de Alamán y Bustamante.

Morelos, *Documentos inéditos y poco conocidos,* 2 vs., México, Publicaciones de la S.E.P., 1927 (Colección de documentos del Museo Nacional de Arqueología, Historia y Etnografía).
Contribuye al conocimiento de la imagen de Morelos.

Moret y Prendergast, S., *El conde de Aranda.* Madrid, s.e. 1879.
Buen trabajo biográfico.

Navarro García, L., *Intendencias en Indias*, prólogo del doctor José A. Calderón Quijano, Sevilla, Escuela de Estudios Hispano-Americanos, 1959, XV-226 pp. ils., mapas.
Estudia con cuidado estas instituciones próximas a la insurgencia.

Navarro y Noriega, F., *Memoria sobre la población del reino de Nueva España, escrita en el año de 1814*, reimpresa ahora por vez primera con una introducción por Jaime Delgado Llanes, José Porrúa Turanzas, editor, 1954, 30 pp., tabla.
Magnífico trabajo.

*Periodismo Insurgente, 3 vs., El Despertador Americano, Correo Americano del Sur, La Avispa de Chilpancingo*, ed. facs., México, Partido Revolucionario Institucional, 1976.
Reproduce en facsímil los periódicos.

*Primer Centenario de la Constitución de 1824*, obra conmemorativa publicada por la H. Cámara de Senadores de los Estados Unidos Mexicanos, dirigida por el doctor Pedro de Alba y el profesor don Nicolás Rangel, México, Talleres Gráficos Soria, 1924, VII-394 pp., 123-152.
Contiene un estudio acerca de los últimos años del dominio español.

Ramos, D., *La ideología de la revolución española de la guerra de independencia en la emancipación de Venezuela y en la organización de su primera república*, Madrid, Instituto de Estudios Políticos, 1962, 64 pp.

Ramos, D., «Las Cortes de Cádiz y América», en *Revista de Estudios Políticos*, Madrid, n.º 126, noviembre-diciembre, 1962, pp. 433-639.
Buen trabajo en torno a la presencia de los diputados americanos en las Cortes.

Ramos Pérez, D., *La Revolución de Independencia*, Madrid, S.E., S.D., pp. 17-37.
Trabajo de síntesis.

Rangel, N., «Biografía de don Andrés Quintana Roo», en Elena González Ugarte y Aurora Pagaza, *Bibliografía sumaria del territorio de Quintana Roo*, México, D.A.A.P., 1937, 142 pp. (Bibliografías Mexicanas, n.º 3), pp. 121-126.
Biografía relevante.

Rangel, N., «Fray Vicente de Santa María y la conjuración de Valladolid», en *Boletín del Archivo General de la Nación*, México, tomo II, n.º 5, 1931, pp. 707-770.
Sólo toca la actuación de Santa María en 1809.

Rangel, N. (comp.), *La vida colonial: los precursores ideológicos de la guerra de Independencia, 1789-1794,* 2 vs., México, Talleres Gráficos de la Nación, 1929-32 (Publicaciones del Archivo General de la Nación, XIII, XXI).
Notable estudio sobre los precursores.

Rippy, J. F., *The Rivalry of the United States and Great Britain over Latin America, 1808-1830,* Londres, Oxford University Press, 1936.
Relevante estudio acerca de las influencias exteriores en la emancipación.

Rivapalacio, V., y otros, *México a través de los siglos,* 5 vs., Barcelona, J. Ballesca, 1896.

Robertson, W. S., *France and Latin America Independence,* Baltimore, S.E., 1939.
Otro estudio sobre la participación de diversos países en la Independencia.

Robertson, W. S., *Iturbide of México,* Durham, North Carolina, Duke University Press, 1952, IX-261 pp. ils.
Magnífico estudio sobre Iturbide.

Rodríguez Casado, V., «Política exterior de Carlos III en torno al problema indiano», en *Revista de Indias,* 1944, pp. 227-266.
Penetrante visión acerca de la política española anterior a la emancipación.

Romero del Valle E., «Fray Melchor de Talamantes, precursor y protomártir», en *Historia Mexicana,* México, n.$^{os}$ 41-43, 1961, pp. 28-55 y 443-486.
Magnífica biografía sobre el religioso.

Rydjord, J., *Foreing interest in the Independence of New Spain. An introduction to the war for Independence,* Durham, North Carolina, Duke University Press, 1935, XII-347 pp. mapas, facs.
Otro estudio relevante que enfoca la emancipación dentro del marco de la política internacional.

Santa María, fr. V. de, *Relación Histórica de la Colonia del Nuevo Santander,* introducción y notas de E. de la Torre Villar, México, UNAM, Instituto de Investigaciones Bibliográficas, 1973 (Nueva Biblioteca Mexicana n.º 27).
Destaca el valor historiográfico de la obra del religioso.

Sarrailh, J., *La España ilustrada en la segunda mitad del siglo XVIII,* traducción de Antonio Alatorre, México, F.C.E., 1957, 786 pp.
Notable libro que esclarece la época de la ilustración.

Sierra, C., *El nacimiento de México,* México, U.N.A.M., 1960, 221 pp.
Justo estudio acerca de los inicios de la vida independiente de México.

Sierra, J., *Evolución política del pueblo mexicano*, edición establecida y anotada por E. O'Gorman, México, UNAM, 1948, 426 pp. (Obras Completas del maestro Justo Sierra, XII).

Sierra, J., y otros, *México, su evolución social*, 3 vs., México, J. Ballescá, 1901.
Inteligente estudio general de interpretación.

Silva Andraca, H., *José Manuel Herrera, primer diputado de la nación mexicana*, Ponencia presentada al Primer Symposium Nacional de Historia sobre el Primer Congreso de Anáhuac, celebrado en Chilpancingo del 11 al 13 de septiembre de 1963, 20 pp. (mecanuscrito).
Buena biografía.

Spell, J. R., *Rousseau in the Spanish World before 1833; A study in Franco-Spanish Library Relation*, Austin, The University of Texas Press, 1938, 325 pp.
Notable trabajo acerca de la influencia de los ilustrados en la ideología precursora de la emancipación.

Sprague, W. F., *Vicente Guerrero, Mexican Libertador. A study in Patriotism*, Chicago, Illinois, impreso por R. R. Donnelley, 1939, XII-178 pp.

Stoetzer, O. C., «La Constitución de Cádiz en la América Española», en *Revista de Estudios Políticos*, Madrid, n.º 126, noviembre-diciembre, 1962, pp. 641-664.
Estudio acotado.

Teja Zabre, A., *Vida de Morelos*, México, UNAM, 1945.
Seria biografía.

Tena Ramírez, F., *Leyes fundamentales de México, 1808-1957*, México, Editorial Porrúa, 1957, XI-942 pp.
Colección documental de carácter jurídico-político.

Torre Villar, E. de la, «Dos proyectos para la Independencia de Hispanoamérica: James Workman, Aaron Burr», en *Revista de Historia de América*, México, n.º 49, junio de 1960, pp. 1-83.
Estudia algunos intentos norteamericanos para lograr la independencia.

Torre Villar, E. de la, *La constitución de Apatzingán y los creadores del Estado Mexicano*, México, UNAM, Instituto de Investigaciones Históricas, 1964, 425 pp. (publicación n.º 92, serie documental n.º 5). Nueva edición es la de México, UNAM, Instituto de Investigaciones Históricas, 1984.
Estudio documentado acerca del origen y contenido de la primera Constitución.

Torre Villar, E. de la, *Los Guadalupes y la Independencia*, México, Editorial Jus, 1966, 186 pp. Una edición muy ampliada es la siguiente: *Los Guadalupes y la Independencia. Con una selección de documentos inéditos*, Editorial Porrúa, S.A. 1985, LXXVII-138 pp. (colección Sepan cuántos, n.º 479).
Rico trabajo documental referente al grupo secreto.

Torre Villar, E. de la, *Miguel Hidalgo, Libertador*, México, Departamento del D.F. 1973. d.f. ils. Nueva edición fue hecha en México, Lotería Nacional, 1985, 16 pp.
Estudio biográfico y apologético.

Torre Villar, E. de la, *La Independencia Mexicana*, 3 vs., México, Secretaría de Educación Pública, 1982 (sep. 80, n.ᵒˢ 26-28).

Torre Villar, E. de la, y Navarro de Anda, R., *Historia de México*, 2 vs., México, Mc. Graw Hill, 1987.
Obra de carácter general.

Torre Villar, E. de la, y García Laguardia, J. M., *Desarrollo Histórico del constitucionalismo hispanoamericano*, México, UNAM, Instituto de Investigaciones Jurídicas, 1976, 314 pp.
Se refiere a los inicios.

Torre Villar, E. de la, *Labor diplomática de Tadeo Ortiz*, México, Secretaría de Relaciones Exteriores, 1974, 206 pp. (colección de Archivo Histórico Diplomático. 3.ª época, Obras monográficas n.º 4).
Trabajo de carácter biográfico.

Verlinden, C., «Sentido de la historia colonial americana», en *Estudios Americanos*, Madrid, V. IV, n.º 15, septiembre 1952.
Buena síntesis del movimiento.

Vicens Vives, J., *Aproximación a la historia de España*, 2.ª ed. Barcelona, Universidad de Barcelona, 1960, 246 pp. (Centro de Estudios Históricos Internacionales. Serie A. n.º 1).
Inteligente valoración de la emancipación.

Villanueva, C. A., *Napoleón y la Independencia de América*, París, Casa Editorial Garmier Hermanos, s.d. XII-382 pp.
Obra fundamental sobre el tema.

Villar, P., *Crítica de la Independencia y las clases populares en América Latina*, Buenos Aires, Antigua Casa Editorial Cuervo, 1977, 51 pp.
Buena síntesis dentro de su criterio dialéctico.

Villaseñor, A., *Biografías de los héroes y caudillos de la Independencia*, 2 vs., México, Imp. de El Tiempo de Victoriano Agueros, 1910.
Serias Biografías.

Villoro, L., *La Revolución de Independencia, Ensayo de Interpretación Histórica*, México, UNAM, 1953, 239 pp. (Ediciones del Bicentenario del Nacimiento de Hidalgo I).
Interpretación de carácter filosófico muy recomendable.

Webster, C.K. (ed.), *Britain and the Independence of Latin America, 1812-1830; Select documents from foreign office archives*, 2 v., Londres, Oxford University Press, 1938.
Obra fundamental para el estudio de las influencias extranjeras.

Zavala, L. de, *Ensayo Histórico de las Revoluciones de México desde 1808 hasta 1830*. 2 vs., 3.ª ed. precedida de un estudio biográfico del autor por A. Toro y con notas del mismo aclarando y rectificando algunas letras. México, Oficina Impresora de Hacienda, 1918.
Obra clásica como la de Alamán y Bastamante.

Zavala y Lera, P., *España bajo los borbones*, 4.ª ed., Barcelona Editorial, 1945, 417 pp., ils.
Serio estudio sobre la época.

# ÍNDICE ONOMÁSTICO

Villerías, Juan de, 92.
Vitrubio, Polión, Marco, 25.
Vivanco (conde de), 67.
Voltaire, 23.
Ward, Bernardo, 24, 61.
Wolf, Christian, 23.

Yáñez, José Isidro, 132.
Yermo, Gabriel de, 80.
Youg, 115, 116.
Yurtis, 116.
Zapata (mariscal), 92.
Zavala, Lorenzo de, 34, 48, 68.
Zumárraga, Juan de, 20, 22, 58.

# ÍNDICE TOPONÍMICO

Esta obra se terminó de imprimir en el mes
de septiembre de 1992 en los talleres de Mar-Co
Impresores Calle Prol. atrio de San Francisco
67, Col. San Francisco Coyoacán México, D.F.
Se tiraron 3,500 ejemplares